"思想摆渡"系列

张清江 编译

神圣与礼法

中山大学出版社

·广州·

图书在版编目（CIP）数据

神圣与礼法/张清江编译．—广州：中山大学出版社，2023.12
（"思想摆渡"系列）
ISBN 978 - 7 - 306 - 07910 - 7

Ⅰ. ①神…　Ⅱ. ①张…　Ⅲ. ①柏拉图（Platon 前 427—前 437）—法的理论—理论研究　Ⅳ. ①B502. 232 ②D90

中国国家版本馆 CIP 数据核字（2023）第 177422 号

出 版 人：**王天琪**
策划编辑：**嵇春霞　姜星宇**
责任编辑：**姜星宇**
封面设计：**曾　斌**
责任校对：**麦晓慧**
责任技编：**靳晓虹**
出版发行：**中山大学出版社**
电　　话：编辑部 020 - 84110283，84113349，84111997，84110779，84110776
　　　　　发行部 020 - 84111998，84111981，84111160
地　　址：广州市新港西路 135 号
邮　　编：510275　传　　真：020 - 84036565
网　　址：http：//www. zsup. com. cn　E-mail：zdcbs@ mail. sysu. edu. cn
印 刷 者：广州一龙印刷有限公司
规　　格：787mm×1092mm　1/16　16. 25 印张　290 千字
版次印次：2023 年 12 月第 1 版　2023 年 12 月第 1 次印刷
定　　价：62. 00 元

"思想摆渡"系列

总　序

一条大河，两岸思想，两岸说着不同语言的思想。

一岸之思想如何摆渡至另一岸？这个问题可以细分为两个问题：第一，是谁推动了思想的摆渡？第二，思想可以不走样地摆渡过河吗？

关于第一个问题，普遍的观点是，正是译者或者社会历史的某种需要推动了思想的传播。从某种意义上说，这样的看法是有道理的。例如，某个译者的眼光和行动推动了一部译作的问世，某个历史事件、某种社会风尚促成了一批译作的问世。可是，如果我们随倪梁康先生把翻译大致做"技术类""文学类"和"思想类"的区分，那么，也许我们会同意德里达的说法，思想类翻译的动力来自思想自身的吁请"请翻我吧"，或者说"渡我吧"，因为我不该被遗忘，因为我必须继续生存，我必须重生，在另一个空间与他者邂逅。被思想召唤着甚或"胁迫"着去翻译，这是我们常常见到的译者们的表述。

至于第二个问题，现在几乎不会有人天真地做出肯定回答了，但大家对于走样在多大程度上可以容忍的观点却大相径庭。例如，有人坚持字面直译，有人提倡诠释式翻译，有人声称翻译即背叛。与这些回答相对，德里达一方面认为，翻译是必要的，也是可能的；另一方面又指出，不走样是不可能的，走样的程度会超出我们的想象，达到无法容忍的程度，以至于思想自身在吁请翻译的同时发出恳求："请不要翻我吧。"在德里达看来，每一个思想、每一个文本都是独一无二的，每一次的翻译不仅会面临另一种语言中的符号带来的新的意义链的生产和流动，更严重的是还会面临这种语言系统在总体上的规制，在意义的无法追踪的、无限的延异中思想随时都有失去自身的风险。在这个意义上，翻译成了一件既无必要也不可能的事情。

如此一来，翻译成了不可能的可能、没有必要的必要。思想的摆渡究竟要如何进行？若想回应这个难题，我们需要回到一个更基本的问题：思想是如何发生和传播的？它和语言的关系如何？让我们从现象学的视角出发对这两个问题做点思考。我们从第二个问题开始。众所周知，自古希腊哲学开始，思想和语言（当然还有存在）的同一性就已确立并得到了绝大部分思想家的坚持和贯彻。在现象学这里，初看起来，各个哲学家的观点似乎略有不同。胡塞尔把思想和语言的同一性关系转换为意义和表达的交织性关系。他在《观念Ⅰ》中就曾明确指出，表达不是某种类似于涂在物品上的油漆或像穿在它上面的一件衣服。从这里我们可以得出结论，言语的声音与意义是源初地交织在一起的。胡塞尔的这个观点一直到其晚年的《几何学的起源》中仍未改变。海德格尔则直接把思想与语言的同一性跟思与诗的同一性画上了等号。在德里达的眼里，任何把思想与语言区分开并将其中的一个置于另一个之先的做法都属于某种形式的中心主义，都必须遭到解构。在梅洛－庞蒂看来，言语不能被看作单纯思维的外壳，思维与语言的同一性定位在表达着的身体上。为什么同为现象学家，有的承认思想与语言的同一性，有的仅仅认可思想与语言的交织性呢？

这种表面上的差异其实源于思考语言的视角。当胡塞尔从日常语言的角度考察意义和表达的关系时，他看到的是思想与语言的交织性；可当他探讨纯粹逻辑句法的可能性时，他倚重的反而是作为意向性的我思维度。在海德格尔那里，思的发生来自存在的呼声或抛掷，而语言又是存在的家园。因此，思想和语言在存在论上必然具有同一性，但在非本真的生存中领会与解释却并不具有同一性，不过，它们的交织性是显而易见的，没有领会则解释无处"植根"，没有解释则领会无以"成形"。解构主义视思想和语言的交织为理所当然，但当德里达晚期把解构主义推进到"过先验论"的层面时，他自认为他的先验论比胡塞尔走得更远更彻底，在那里，思想和句法、理念和准则尚未分裂为二。在梅洛－

庞蒂的文本中，我们既可以看到失语症患者由于失去思想与言语的交织性而带来的各种症状，也可以看到在身体知觉中思想与语言的同一性发生，因为语言和对语言的意识须臾不可分离。

也许，我们可以把与思想交织在一起的语言称为普通语言，把与思想同一的语言称为"纯语言"（本雅明语）。各民族的日常语言、科学语言、非本真的生存论语言等都属于普通语言，而纯粹逻辑句法、本真的生存论语言、"过先验论"语言以及身体的表达性都属于"纯语言"。在对语言做了这样的划分之后，上述现象学家的种种分歧也就不复存在了。

现在我们可以回到第一个问题了。很明显，作为"纯语言"的语言涉及思想的发生，而作为普通语言的语言则与思想的传播密切相关。我们这里尝试从梅洛－庞蒂的身体现象学出发对思想的发生做个描述。首先需要辩护的一点是，以身体为支点探讨"纯语言"和思想的关系是合适的，因为这里的身体不是经验主义者或理性主义者眼里的身体，也不是自然科学意义上的身体，而是"现象的身体"，即经过现象学还原的且"在世界之中"的生存论身体。这样的身体在梅洛－庞蒂这里正是思想和纯粹语言生发的场所：思想在成形之前首先是某种无以名状的体验，而作为现象的身体以某种生存论的变化体验着这种体验；词语在对事件命名之前首先需要作用于我的现象身体。例如，一方面是颈背部的某种僵硬感，另一方面是"硬"的语音动作，这个动作实现了对"僵硬"的体验结构并引起了身体上的某种生存论的变化；又如，我的身体突然产生出一种难以形容的感觉，似乎有一条道路在身体中被开辟出来，一种震耳欲聋的感觉沿着这条道路侵入身体之中并在一种深红色的光环中扑面而来，这时，我的口腔不由自主地变成球形，做出"rot"（德文，"红的"的意思）的发音动作。显然，在思想的发生阶段，体验的原始形态和思想的最初命名在现象的身体中是同一个过程，就是说，思想与语言是同一的。

在思想的传播阶段，一个民族的思想与该民族特有的语音和文字系统始终是交织在一起的。思想立于体验之上，每个体验总是连着其他体验。至于同样的一些体验，为什么对于某些民族来说它们总是聚合在一起，而对于另一些民族来说彼此却又互不相干，其答案可能隐藏在一个民族的生存论境况中。我们知道，每个民族都有自己的生活世界。一个民族带有共性的体验必定受制于特定的地理环境系统和社会历史状况并因此而形成特定的体验簇，这些体验簇在口腔的不由自主的发音动作中发出该民族的语音之后表现在普通语言上就是某些声音或文字总是以联想的方式成群结队地出现。换言之，与体验簇相对的是语音簇和词语簇。这就为思想的翻译或摆渡带来了挑战：如何在一个民族的词语簇中为处于另外一个民族的词语簇中的某个词语找到合适的对应者？

这看起来是不可能完成的任务，每个民族都有自己独特的风土人情和社会历史传统，一个词语在一个民族中所引发的体验和联想在另一个民族中如何可能完全对应？就连本雅明也说，即使同样是面包，德文的"Brot"（面包）与法文的"pain"（面包）在形状、大小、口味方面给人带来的体验和引发的联想也是不同的。日常词汇的翻译尚且如此，更不用说那些描述细腻、表述严谨的思考了。可是，在现实中，翻译的任务似乎已经完成，不同民族长期以来成功的交流和沟通反复地证明了这一点。其中的理由也许可以从胡塞尔的生活世界理论中得到说明。每个民族都有自己的生活世界，这个世界是主观的、独特的。可是，尽管如此，不同的生活世界还是具有相同的结构的。也许我们可以这样回答本雅明的担忧，虽然"Brot"和"pain"不是一回事，但是，由面粉发酵并经烘焙的可充饥之物是它们的共同特征。在结构性的意义上，我们可以允许用这两个词彼此作为对方的对等词。

可这就是我们所谓的翻译吗？思想的摆渡可以无视体验簇和词语簇的差异而进行吗？仅仅从共同的特征、功能和结构出发充其量只是一种"技术的翻译"；"思想的翻译"，当然也包括"文学的翻译"，必须最大限度地把一门语言中的体验簇和词语簇带进另一门语言。如何做到这一点呢？把思想的发生和向另一门语言的摆渡这两个过程联系起来看，也许可以给我们提供新的思路。

在思想的发生过程中，思想与语言是同一的。在这里，体验和体验簇汇聚为梅洛－庞蒂意义上的节点，节点表现为德里达意义上的"先验的声音"或海德格尔所谓的"缄默的呼声"。这样的声音或呼声通过某一群人的身体表达出来，便形成这一民族的语言。这个语言包含着这一民族的诗－史－思，这个民族的某位天才的诗人－史学家－思想家用自己独特的言语文字创造性地将其再现出来，一部伟大的作品便成型了。接下来的翻译过程其实是上面思想发生进程的逆过程。译者首先面对的是作品的语言，他需要将作者独具特色的语言含义和作品风格摆渡至自己的话语系统中。译者的言语文字依托的是另一个民族的语言系统，而这个语言系统可以回溯至该民族的生存论境况，即该民族的体验和体验簇以及词语和词语簇。译者的任务不仅是要保留原作的风格、给出功能或结构上的对应词，更重要的是要找出具有相同或类似体验或体验簇的词语或词语簇。

译者的最后的任务是困难的，看似无法完成的，因为每个民族的社会历史处境和生存论境况都不尽相同，他们的体验簇和词语簇有可能交叉，但绝不可能完全一致，如何能找到准确的翻译同时涵盖两个语言相异的民族的相关的体验簇？可是，这个任务，用德里达的词来说，又是绝对"必要的"，因为翻译正是要通过对那个最合适的词语的寻找再造原作的体验，以便生成我们自己的体验，并以此为基础，扩展、扭转我们的体验或体验簇且最终固定在某个词语或词语簇上。

寻找最合适的表达，或者说寻找"最确当的翻译"（德里达语），是译者孜孜以求的理想。这个理想注定是无法完全实现的。德里达曾借用《威尼斯商人》中的情节，把"最确当的翻译"比喻为安东尼奥和夏洛克之间的契约遵守难题：如何可以割下一磅肉而不流下一滴血？与此类似，如何可以找到"最确当的"词语或词语簇而不扰动相应的体验或体验簇？也许，最终我们需要求助于鲍西亚式的慈悲和宽容。

"'思想摆渡'系列"正是基于上述思考的尝试，译者们也是带着"确当性"的理想来对待哲学的翻译的。我想强调的是：一方面，思想召唤着我们去翻译，译者的使命教导我们寻找最确当的词语或词语簇，最大限度地再造原作的体验或体验簇，但这是一个无止境的过程，我们的缺点和错误在所难免，因此，我们在这里诚恳地欢迎任何形式的批评；另一方面，思想的摆渡是一项极为艰难的事业，也请读者诸君对我们的努力给予慈悲和宽容。

方向红

2020 年 8 月 14 日于中山大学锡昌堂

目 录

完成、修订和践履

——如何阅读《法义》

拉克斯（André Laks）撰

一、一部奇特的作品

可以认为,《法义》(*Laws*) 是西方传统中第一部真正的政治哲学著作。无可否认,这部作品的产生环境,是一个已然非常复杂的传统,该传统由哲学立法和思辨解释构成,《王制》(*Republic*) 在其中占有重要位置。但我们可以断言,《法义》不但探究了立法的基础,而且细致阐述了具体法律,这二者的结合史无前例。从这点来说,《王制》充其量只是个概览,《法义》却是真正为未来的政治思想破土动工。

这部作品之所以重要,部分原因在于,它通过结合后世能够分辨出的两种进路,创造了一种新的风格,或者应该说是两种风格。《法义》首先是对政治原则的阐述（类似卢梭 [Rousseau] 的《社会契约论》[*Social Contract*] 或黑格尔 [Hegel] 的《法哲学原理》[*Principles of the Philosophy of Right*]）,同时,它也是有关应用型立法的论述（类似《科西嘉制宪意见书》[*Project for the Constitution of Corsica*],或关于德国宪法的提议）。此外,《法义》详细阐述的几个概念,对于政治哲学具有永恒的价值。所谓的阿克顿勋爵原则（principle of Lord Acton）,即绝对权力导致绝对的腐败,在《法义》中已经得到系统阐发。《法义》首次明确阐发的哲学观念包括"混合政制""法的统治",以及最后但并非最不重要的"法律序曲"。柏拉图自己认为,最后一项是他在立法上的最大创新（《法义》722c1–4）。

然而,尽管在历史上很重要,但这部作品并没有受到重视,甚至受到轻视——尤其受到哲学家的轻视。① 这种反应的部分原因，可以从作品带给读者的困难来解释。看起来，这部作品过于冗长，材料不足，文风晦涩。最让人难以忍受的是，它结构混乱，让人无法理解。不过，除了这些形式上的因素之外，还有三个重要原因导致《法义》让人忽视。

其一，《法义》的影响虽然很重要，但在很大程度上，这些影响并不直接。尤其是，人们对于"混合政制"核心观念的了解，并非来自《法义》本身，而更多是借助西塞罗（Cicero）和波利比乌斯（Polybius）之手的改造。这个知识传递上看似偶然的事件，实际上表达了某种逻辑。西塞罗整合了《法义》中的柏拉图主义，将之融入廊下派（Stoic）的观点（自然法理论）；波利比乌斯则把混合政制等同于罗马的命运。柏拉图用一个不大可能出现的克里特的小殖民地阐明了自己的洞见，但前述两种情况导向的结果，在横向上掩盖了柏拉图原初洞见的光芒。

其二，第二个原因跟柏拉图政治思想的接受史有关。在思辨哲学的文化环境和新教传统中，《法义》既被认为不够"哲学"，不足以引起重视，又被视为太过"天主教式"（catholic）而受到怀疑。在柏拉图的城邦组织与罗马天主教会之间进行比较，的确有很长的历史：两者都被视为专制，反对个人主义。毫不奇怪，盎格鲁－撒克逊自由传统中的思想家尤其进行了这种对比。借着对柏拉图的解读，密尔（John Stuart Mill）和格罗特（George Grote）塑造了这个自由传统。在这种语境下，《法义》似乎突出强调《王制》中最不幸的倾向，这几乎是个讽刺；而且，《法义》更明确地预示了威权（authoritarian）政制甚至是极权（totalitarian）政制。在这个方面，没有谁比康福德（Cornford）说得更清楚了。在其1935年的作品

---

① 英语世界讨论《法义》的基本著作，包括 Morrow 的整体研究，参 Glenn R. Morrow, *Plato's Cretan City*, Princeton University Press, 1960。Saunders 的文章关注《法义》的刑罚方面，收于 T. J. Saunders, *Plato's Penal Code：Tradition, Controversy, and Reform in Greek Penology*, Oxford University Press, 1991；亦参其对《法义》的翻译, T. J. Saunders, *Plato, the Laws*, Harmondsworth, 1970。Bobonich 的创新研究，很快会收录于专著出版，参 Christopher Bobonich, "Persuasion, Compulsion, and Freedom in Plato's *Laws*", *Classical Quarterly*, n. s. 41（1991）, pp. 365 – 388；"Akrasia and Agency in Plato's *Laws*", *Archiv für Geschichte der Philosophie*, 76（1994）, pp. 3 – 36。在德语世界，Hentschke 的著作代表着理解这部对话的实质进展, Ada B. Neschke Hentschke, *Politik und Philosophie bei Plato und Aristoteles*, Frankfurter Wissenschaftliche Beiträge, 1971。Schöpsdau 的作品是对《法义》的总体评注的第一卷，将取代 E. B. England 陈旧的著作（*The Laws of Plato*, 2 vols., Manchester Unibersity Press, 1921）, 它证明了对《法义》兴趣的恢复，参 Klaus Schöpsdau, *Nomoi（Gesetze）*. Buch Ⅰ－Ⅲ, Göttingen, 1994.

中，康福德用柏拉图的风格重述陀思妥耶夫斯基的大法官传说（Dostoyevskian tale of the Grand Inquisitor）：假使苏格拉底回到《法义》中的城邦，去宣讲自由讨论的原则，那么，他会被处死——毫无疑问，就像那个奉基督之名行事的教会要处死再临的基督那样。①

其三，除了这两个一般的原因，还必须加上如下事实：在《柏拉图全集》中，《法义》的位置很奇怪（以致直到不久前，它的真实性仍受质疑）。② 一方面，这部作品中有大量的法典编纂，这在柏拉图作品中独一无二（因此，它对法律史有重要的文献价值）。另一方面，看起来，这部作品实际上完全把哲学降低到了辅助地位（整部作品仅两次提到"哲学"[857d，2967c8]，而且完全没有加以讨论）。一直以来，人们错误地认为这两个特征并不重要，因为它们并不符合人们对"柏拉图主义"的一般印象。此外，长久以来，人们一直认为，《书简七》（Seventh Letter）对柏拉图西西里历险的描述，是要引导这样一种解读：《法义》这部作品反映了政治上的挫折。据说，这种解读是必要的，以解释为何《法义》中的某些特征明显跟《王制》相悖，后者被认为是更好的作品。因此，关键问题在于，《法义》是否能够宣称具有在任何哲学上的合法性。

不过，在转向这个问题之前，描述一下这部作品的结构和内容是有益的。不仅因为读者需要引导，而且我们即将看到，这部作品的形式结构与其政治规划大有干系。③

二、《法义》的结构和内容

《法义》本身的内容，是三位老人之间关于立法的对话：一位匿名的雅典异乡人——对话者称之为"异乡人"（由于对话发生在克里特，他确

---

① F. M. Cornford, "Plato's Commonwealth", *The Unwritten Philosophy*, Cambridge, 1950, pp. 46 – 67. Cornford 文章的框架，见于 J. S. Mill, *Collected Works vol. XI: Essays on Philosophy and Classics*, Toronto and London, 1978 [1866]。Mill 甚至比较了夜间议事会（见下面第五部分 [译注：页21下"五、政治制度"]）和托尔克马达宗教裁判所（Torquemadian Inquisition）。柏拉图城邦与中世纪罗马教廷之间的对比，产生于新教神学家 F. C. Baur。关于 Baur 的看法在英国的接受情况，参 F. M. Turner, *The Greek Heritage in Victorian Britain*, New Haven and London, 1981, p. 436。

② G. Müller, *Studien zu den platonischen Nomoi*, Munich, 1951.

③ 对整部作品的概要分析，参 T. J. Saunders, *Plato, The Laws*, pp. 5 – 14；Klaus Schöpsdau, *Nomoi (Gesetze). Buch Ⅰ – Ⅲ*, pp. 95 – 98。关于这部对话不同地方主题的参考文献，Stalley 在每部分开头都做了有益的整理，参 R. F. Stalley, *An Introduction to Plato's Laws*, Oxford, 1983。

实是个异乡人）；斯巴达的墨吉罗斯（Megillus）；还有克勒尼阿斯（Clini-as），他是克诺索斯（Knossos）殖民地的公民。三位老人正走在从克诺索斯到伊达山（Mount Ida）宙斯神社的路上，此时，他们谈论起"政制和礼法"（625b），这是符合他们年纪的消遣（685a7以下，769a1以下）。

这个旅程跟主题有双重联系。首先，这个路线跟米诺斯（Minos）所走的道路相同。米诺斯是克里特的传奇立法者，他每隔九年前去宙斯那里聆听教诲（624a7 - b3）。正如学者经常注意到的，对话的第一个词是"神"，而后面也很快证明，神是柏拉图立法的基础，正如神是多里斯法律的基础一样。[①] 虽然柏拉图没有用"神权政制"这个词，但他离创造这个词也并不远，比如下面这段话所揭示出的："每一种［政制］都根据作为主宰者的权威来命名。倘若应当以此命名城邦，那么，我们必须用神的名字来命名，神作为主宰者，真正统治着那些拥有理智的人。"（713a1 - 4）[②] 此外，对柏拉图的政治规划来说，神学的发展在很多方面都至关重要（尤其见卷四713a - 714b，715c - 718a；卷十二966c - 968a；还有整个卷十）。

因此，三位对话者所走的道路，代表着向立法的第一原则前进，但也更巧妙地象征着闲暇和自由的空间，在这空间中，日常生活的束缚可以暂时置之不理。从容不迫、可以随时中止、不会被迫去做任何事情，这是在乡间小路行走的本质特征，即使最终目的地是一位"神"。这种形式上的自由跟对话内容密切相关：在对话中，即使谈到法律，也要避免现实立法的紧迫性，这非常重要。这是因为——下面会看到这些原因——《法义》基本认为，现实立法是令人生厌的"必要性"的结果（例如，参857e10 - 858c1，859b7 - c2）。

作品的整体结构大致如下。卷一到卷三提出了有关立法原则的两个总问题：法律的目的是什么（卷一和卷二），法律有权威的前提是什么（卷三）。作品首先简短阐发了神引导下的立法工作的地位，之后，前两卷的

---

① 在迈锡尼时代末期，多里安人侵略了克里特和伯罗奔尼撒。克里特和伯罗奔尼撒有着同样的方言和文化，这让它们在很多重要方面跟其他希腊地区不同，尤其跟伊奥尼亚人（Ionian）不同，而在这点上，雅典人被认为与希腊有着历史上的联系（参希罗多德《历史》，Ⅰ.56）。

② "神权政制"这个术语，在F. Josephus的《驳阿皮昂》（Contra Apión Ⅱ.16.）之前没有出现过。关于"理智政制"（noocracy）与"法治"（nomocracy）之间的关系，参后文3.2部分［译注：页12下"（二）修订"］。

余下部分对多里斯政制进行了批判性分析，认为法律必须是实现完整德性的工具，而不仅仅是要培养单一的战争德性——勇敢（624a – 632d，参963a）。第三卷的阐述方式发生了改变。卷三提到了三个多里斯城邦——阿尔戈斯（Argos）、迈锡尼（Messene）和斯巴达——的历史命运，把它们的故事嵌入人类文明发展的更大框架中（677a）。由此，卷三得出结论：单靠权力划分和混合政制就能保证法律的权威。① 斯巴达采用混合政制，从而得以避免僭政，但迈锡尼和阿尔戈斯并非如此（682e – 693d）。卷三讲述了斯巴达如何打败之前联盟的故事，这个故事在卷三中的作用，类似于前两卷中对多里斯政制的批评。这就是卷三不同于卷一的原因；卷三强调斯巴达政制的相对价值和适当性，而非强调它们各自的缺陷。这个视角转换是《法义》特有的，它巧妙地在对多里斯政制的赞扬与诘责之间转换。然而，从一开始就应当注意，虽然多里斯语境的痕迹很明显，但总体而言，《法义》的典范更多是雅典，而非斯巴达（见下面第五部分）。不过，虽然这是《法义》对政治平衡的精巧运用，但它想要综合希腊（政治）文化中这两种最重要倾向的意图（参上面注释 5［译注：页 4 下注释①]）非常明显，也非常大胆。

斯巴达政制不管已经"混合"到何种程度，都仍然存在深刻缺陷。斯巴达法律寻求促进公民的德性，却对德性的真正本质视而不见，同样，它对权力的划分也没有提到那唯一真正值得考虑的"神"，也就是 713a1 – 4（前引文）所暗示的"理智"（νοῦς）。斯巴达人靠着某位神的先见，实现了政制的稳定，但这并不足以让斯巴达成为"神权政制"，甚至也算不上"理智政制"。毫无疑问，"神权政制"或"理智政制"才最充分描绘了柏拉图城邦想要表达的东西。

正如现在总是拥有过去一样，过去也总是指向一个可能的未来。正因为多里斯政制是它们自身之所是，所以通过加入它们未曾遇到的标准，可以重新塑造这些政制。在卷三结尾，克勒尼阿斯提到，他很快会受到征召，跟其他九位公民同伴一起，为一块新的克里特殖民地立法（702c2 – 8），这块殖民地就是作品中多次提及（但直到 848d3 才首次出现）的"马格尼西亚城邦"（city of Magnesia）。② 从克勒尼阿斯的立场来看，谈话

---

① 这个假设是，人类历史跟世界历史一样，都是循环的。

② 参 860e6，919d3，946b6，969a5 以下。969a5 那段话说明，这个名字的选择只是举例。

转向立法的主题，他觉得非常幸运（702b4－6），雅典异乡人也同样感到满意。规划创建多里斯殖民地，为检审前三卷提出的那些原则提供了一个天然机会。多里斯城邦不仅培养德性（即使不是完整德性），并拥有一个混合政制的传统，而且在恰当条件下创建殖民地，为采用一套新法律提供了可能的最好环境（708a－d）。在为新殖民地立法的诸多好处中，尤其突出的是，在新殖民者刚刚到达新城邦的时候，立法者必须向他们发表演说。这个演说虽然是首次做出，没有关于其修辞或政治状况的评论，但结果证明，它是"序曲"之一，它的重要性已经受到强调——确实，它是《法义》最重要的序曲。简而言之，规划中的马格尼西亚城邦，远非仅仅提供一个检验模式的具体实例，其给雅典异乡人提供了一个意想不到的机会，可以按照他的政治理念去推进立法工程的细节。不管它对法律的描述多么具体、详细，也不管马格尼西亚在多大程度上能够成为［新殖民地立法的］参考框架（例如，见752d－e），《法义》都不会被看作这个具体实例本身。相反，雅典异乡人的建议仅仅是建议。新大陆殖民地是否采取这些建议，仍是克里特人的责任。因此，这种状况也证实了《法义》中反复出现的一个重要原则：立法者与权力的分离（702d，739b，746c）。卷四至卷十二致力于详细阐明马格尼西亚的制度，不论这个城邦的建立多么迫近，它仍然只是个理想中的马格尼西亚。

卷四至卷十二包含着严格意义上的立法工作，总体而言，这几卷的主要论述还算清楚，虽然读者会面对很多晦涩之处。重要的是区分那些偶然的晦涩之处与可谓本质性的晦涩之处。《法义》的某些特征——尤其是最后两卷的混乱——表明，柏拉图在完成作品的最后润色之前就去世了。[①]不过，其中一些晦涩之处的出现，是由于柏拉图处理立法工作的特殊方式。由于不断有意地"推迟"立法，立法工作的整体结构开始变得模糊。这种推迟有很多原因，有些纯粹是技术上的，有些则涉及柏拉图的法律观。虽然后一类原因在哲学上最让人感兴趣（我们即将看到这点），但重要的是需认识到，它们早已在前一类原因——那些看起来更技术性的因素——的背后发挥作用。

---

① 一般认为，柏拉图死后，他的学生菲利普（Philip of Opus）编辑了这部文稿。关于这点，参 L. Tarán, *Academica*：*Plato*，*Philip of Opus*，*and the Pseudo-latonic Epinomis*，Philadelphia，1975，pp. 128 ff. 。

首先，立法工作推迟的原因在于，严格地把立法定义为一种专业知识或技艺（τέχνη）。立法的任务有双重：第一，它必须确切说明一种政制，指派行政官员，并明确他们的权力。第二（用技术性的说法），它必须"向"这些统治者"颁布"法律。因此，严格来说，法律是统治者必须强制执行的药方（735a5 以下，751a5－b2）。由此，"政制"本身——根据这个术语——不是一项法律，尽管它确实属于立法者的专长领域。我们将会发现，政制与法律的这个区分，对柏拉图的计划极为重要。它表明，即使在讨论"法"之前，也有很多东西，或就此而言即是"政制"，需要从立法的角度进行讨论。只要立法是一种"技艺"，它就会想要限定某些条件，以便自身能够得到最好运用（709a－e）。①

卷四和卷五即致力于这些"前提"。这两卷内容相当混杂，讨论的是有关地理、人口统计和经济等实际问题的混合。其中也谈到一系列理论问题（或元立法［meta-legislative］的问题），例如，新政制和法律将要采取的权威的本质、政制的一般形式（这部分包含讨论"神权政制"的那段话）、法的形式（其中包括有关序曲的理论）。把立法定义为专业知识，本身就是这个讨论发展的一部分。② 第一个严格意义上的"立法"，涉及的是婚姻条例（卷四720e10－721e3），但这些条例只是作简单介绍，目的是证明法律与序曲之间的不同，而下一个真正的法律直到卷八才出现。

关于序曲的最后一个前提，在某种意义上也最重要，因为它影响着立法的总体形式。从严格或"简单"的意义上来说，法律既然是一种秩序，就伴有惩罚的威胁——万一有人违反的话（721b）。不过，立法者的技艺超出了这种对法律的狭隘表述。除了惩罚的威胁，还有另一种形式的立法演说，其作用是，在需要威胁和惩罚之前进行"劝谕"，也就是"序曲"（见下文第六部分）。与之相应，立法的任务是"双重的"，而非"单一的"（721b4 以下）。事实上，由于序曲在法律之前，相比那些对必要前提的讨论，或就此而言，相比那些对"政制"的讨论，序曲会导致显著推迟

---

① 对"政制"与"法律"的区分，在卢梭的《社会契约论》（见第二卷，8—10章）中仍然非常重要。

② 这两组问题以一种复杂的方式交缠在一起。顺序如下：城邦的位置，704a1－705b6；人口的起源，707e1－708d9；新法律权威下权力的本质，709d10－712a7；政制的一般形式，712b1－715e1；立法的形式（立法的序曲），718d2－723d4；有关财产和占有物的规定，737c1－747e11。

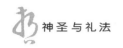

法律本身的讨论。

对序曲本质的理论解释，占据了卷四的结尾部分。打头的第一个部分是所谓的法律"总序曲"，呼吁人类尊重诸神（715c–718a）。接下来的第二部分是卷五的开头，包含着劝谕一个人对父母、朋友、同胞负责任，还有最重要的，对自己的灵魂负责任。这个面向克里特新殖民者的长篇演讲，是一篇让人印象深刻的布道，它占据了卷五的很大篇幅（直至734c）。引人注目的是，这个总序曲的后面，紧跟着的不是某个具体的法律，至少不是卷四结尾正式定义的那种法律。因为在卷五结尾处理完某些进一步的"前提"之后，卷六开头，立法者转向了"政制"，或者说，转向为城邦设立官职（κατάστασις ἀρχῶν，751a3，参735a5）。在某种特定意义上，政制本身可被描述为"法律"，异乡人确实一度谈到"政治体制的法律"（734e5），但显得不无尴尬。只有在一种扩展的意义上，建立官职系统才能称为立法，因为严格来说，"法律"这个词已经预设了官职的存在（这些官职的"设立"，是为了执行法律）。此外，这些政制的法律不是卷四结尾讨论"序曲"定义时的那种刑法。因此，在这部作品的核心，我们发现了一个没有法律的序曲（卷四和卷五的总序曲），在这个序曲之前，是一个没有相应序曲的准法律（quasi-law）（政制）。不过，这个混乱只是表面上的。因为，如果公民遵循总序曲的劝谕指令，那么，他就会参与和尊重法律的内容，而这符合法律与城邦官职组织的要求。

由此便可以理解，为什么除了"政治制度的法律"之外，立法工作直至卷六结尾（768d7–e3）才开始进行。不过，应当立刻补充，卷七使用了不成文法律（unwritten laws）的特定形式，卷七的大部分致力于有关教育的法律（接续卷四结尾提到的有关婚姻和生育的法律）。显然，口头形态和传统充当了那个劝谕性、非强制序曲的功能等价物，实际上是充当了它的可能替代物，甚至是有吸引力的替代物。因此，对立法接二连三的推迟，以及对"法律"一词界限的含蓄改变，意味着法律概念本身在很大程度上是消极的，因为它主要涉及强制的惩罚。惩罚是最后的手段，当哲学或其他的说服办法已经用尽时才会使用，虽然《法义》实际上表明，惩罚本身——包括处死——也包含某种医治的目的。①

----

① 关于这点，参 T. J. Saunders, *Plato's Penal Code: Tradition, Controversy, and Reform in Greek Penology*, pp. 182 ff. 。

与读者的预计不同，严格意义上的法律（法典），并没有跟官职接连出现，而法律依附于这些统治官员。事实上，卷七至卷十二的阐述顺序相当复杂，要解释这个顺序，必须至少考虑三个原则：（1）人类生命周期及其节点按时间顺序排列的原则：结婚和生育、教育、军事服务、政治生活、死亡和葬礼安排；（2）现实原则，据此，与生存相关的活动必须受到控制（842e3－5，参842d1－e1）；（3）处罚法规原则，它依据对违法的严重程度进行的分类［实施惩罚］（884a1－885a7）。①

对于人类生命周期各阶段的讨论，从卷六结尾一直持续到卷八的上半部分，并在卷十一至卷十二中间断性地被重新加以讨论。相应的法规可以等同于法律整体，在卷九结尾，雅典异乡人已经说明，法律整体的设计，是要培养"君子"（880d8）。与这些法规形成强烈对比的是另一类法律，其特征是强调威胁和惩罚，它们为卷九和卷十（还有卷十一的其中一部分）提供了素材，这几卷处理的是"重要的"违法行为（853a5）。这些法律是典范性的，原因在于它们被施加了"必然性"，但这种必然性不是由人类基本需求所施加，不像农业法律那样。毋宁说，这个必然性彰显出教育的失败。这就可以解释，为什么这部分立法任务的进行会发生在"羞耻"这个标记下（853b4）。

序曲的出现，使得安排这些话题变得更加复杂。从某种意义上说，根据卷四分配的任务，序曲只是先于某项法律（或某类法律）。然而，由于这相当于悬置法律（至少是暂时性的悬置），序曲也提供了推迟立法的另一种方式。这当然是卷五中总序曲的结果。序曲也会变成对原则的讨论（就像卷十反对不虔敬法律的那种情形），那时，克里特殖民地的未来立法者取代公民，成为这些"指示"的天然听众。因此，立法工作的最核心处留给了元立法（meta-legislative）的反思——对立法事业本身的状况提出质疑。

所以，《法义》由这些离题话组合在一起，有的寥寥数语，也有长篇大论，它们本身拥有某种程度的独立性。② 这个特征吸引人们将《法义》

① 为的是减少威胁，冒犯（offence）指的是针对公共领域的恶行、杀人、侵害、肆心（包括对诸神的冒犯）；犯罪则是针对财产的恶行、偷窃，有关合同和买卖或审判程序的不法行为。

② 例如，644d7－645c6（人类木偶），719e7－720e5（医疗与立法），739a1－e7（三种政制），806d7－807d6（闲暇生活），857b3－864c11（惩罚与责任）。

解读为一种文选。《法义》本身也明确支持这种解读:《法义》邀请教师去阅读他们跟学生对话的摘录（811a）。这里很难评定悖谬的程度。因为也有很好的理由认为,在类似的字句中可以发展出对《法义》的总体诠释。但无论哪种情形,毋庸置疑,这部作品最引人注目的时刻是,正在从事的这项巨大任务,突然被置于有关人及其存在的意义这些终极问题的视角之下。因此,瞬间闪过的崇高表明,这部作品并不具有如此浓重的色彩,以至于甚至在古代,它也受到"冷漠无情"这样的责难（Lucian, *Icaromenippus*, 24）。在强调立法事业的矛盾及局限的那些段落中,这点尤为真实,例如,最著名的,关于这项引人注目的工作,雅典异乡人谈到将会施加于其上的限制,此时,他把自己的制度融入了这个"最真实的肃剧"（817b5）。就此而言,在政治思想史上,《法义》不仅前无古人,而且后无来者。这并非这部作品最无趣的特征。

三、诠释《法义》的三个模式:完成、修订、践履

诠释《法义》的关键,在于它跟柏拉图其他两部伟大的政治对话作品——《王制》和《治邦者》（*Politicus*）——的关系。这种关系要如何理解?《法义》一举完成三件事情:它完成前两部作品中概述的方案,修订了它们勾画出的城邦模式,最后,它刻画了这种模式在实践上的实现。这三个任务的每一个,都反映出《法义》的本质目的。不过,它们之间也存在某种张力。但这种张力并没有威胁到整个计划的一致性,因为《法义》本身的目标,就是要清楚表达一种张力,以反映出人与神圣之间彻底的、不可化约的两极分化。

（一）完成

在这三项工作中,某种程度上,"完成"这项工作最明显。《王制》和《治邦者》不过勾勒了政治哲学的轮廓,它们提出的方案相当简略,没有描述政治机制的具体细节。在《王制》中,真正的政治学是关于灵魂的学说,城邦是灵魂的"意象"（参 443c－d 有关正义的论述）。除了这个事实之外,还有另外两个原因可以解释,为何《王制》故意搁置制定具体法律这项更大的工作（426e4－427a7）。首先,《王制》政治理论的关注点,几乎完全在那些最高执政者那里。更重要的是,它把这些执政者更多地视为潜在的哲人,而非城邦的行政官员,也就是说,《王制》所关注的

这些人的才能，恰恰并非管理城邦所需的才能。相比之下，《王制》更关心城邦与哲学之间的某种紧张，而非城邦本身。

这种紧张在《治邦者》那里仍然存在，虽然是以一种不同的装束出现的。《王制》的典型说法是，对理论生活的渴望，与统治的要求存在冲突。相反，在《治邦者》那里，我们看到一种对政治的哲学贬低：对政治的探索，纯然是一种辩证训练（285c－286b）。此外，《治邦者》甚至比《王制》更聚焦于权力的终极来源：相比《王制》中的统治者，《治邦者》中的"君主"可能更适合被称为哲人王，因为他的权力不用受制于轮流原则。《治邦者》这部对话已包含一些概念资源，这些概念在《法义》中有进一步展开（比如，有关混合政制和法度的观念），尽管如此，它对于法律具体内容的处理，仍然只是边缘性的。①

相比《王制》和《治邦者》，《法义》从头至尾都是政治性的，非常坚定，没有任何犹豫，尽管它强调了立法工作的困难，并沉溺于某种程度的生存论绝望（803b3－5：人类事务不值得高度重视，尽管有必要对它们感兴趣）。在这些限度内，可以把《法义》描述为柏拉图政治哲学"政治化"的标志。

《法义》最醒目的特征之一是，既有对基本政治原则的详细说明，又包括这些原则最详细的实例，它贯穿了整个光谱：我们可以看到它描写的各社会－政治阶层和职业，公民如何过日子（只要指出政府的最高组织夜间议事会每天早上都要开会，就足以说明这点），我们还能看到这些公民热心参加集会和宗教节日，他们把孩子送去学校，致力于法律诉讼，储备饮水，表达自己的意愿——简而言之，我们能看到公民在一切日常事务上的行为。以《法义》为基础，人们可以写出一部有关"柏拉图城邦日常生活"的研究著作。但显然，无论《王制》还是《治邦者》，都无法支撑这项研究。在这个意义上，《法义》同样不像人们设想的那样"贫寒"。

《法义》对城邦制度的描述非常详尽，以至于人们可以拿它跟现实制度进行具体对比。事实上，诠释《法义》的一项关键任务是，理解柏拉图

---

① 参 C. Rowe, "The *Politicus* and other Dialogues", 第 3 部分, in *The Cambridge History of Greek and Roman Political Thought*, edited by Christopher Rowe and Malcolm Schofield, Cambridge University Press, 2000, 第十一章。

的哲学原则与当时的某些现实，甚至是一些地方性现实之间奇特的一致性。莫罗（Morrow）的奠基性研究已清楚表明，《法义》的制度设计在多大程度上得益于历史上的雅典制度。①《法义》的制度建构，与实际的制度既有区别，又有相似之处，这两者交织在一起。站在黑格尔主义者或马克思主义者的立场上可以说，这种建构证明了特定社会－历史状况施加于哲学的限制：虽然《法义》有公开宣称的革新方案，或者甚至可以说正是由于这一点，它为我们提供了希腊城邦所拥有的最好哲学形象之一。不过，同样惹人注目的是，这种交织可以联系到柏拉图哲学自身的基本概念（确实，必须进行这种联系）。在这一点上，修订和践履这两个角度开始发挥作用，在某种程度上，它们是作为补充的。

（二）**修订**

可以认为，《法义》完成了《王制》和《治邦者》提出的政治方案，但尽管如此，这一朝向终点的运动也伴随着对前两部作品的重要偏离。某种"退却"（retreat）形态支配着《法义》，柏拉图将这种"退却"比喻为棋盘上的移动：无论是出于被迫，还是出于战术上的原因，棋手必须从一条叫作"神圣"的界线那里撤回他的棋子（739a1－5）。《法义》通过两个对比刻画了这种退却。一方面，相比那些第一等的"最好"城邦，《法义》的城邦通常被认为属于"第二好"（739a4 以下，739b3，739e4，875d3）。另一方面，相比那些适用于诸神的制度，《法义》城邦的制度明确以人类为对象（732e，853c3－8，874e－875d，对比 691c－692a，713e－714a）。这两个对比并不总是一起出现，但它们功能相当。因此，不能认为第一等的"最好"城邦与"第二好"的城邦都处于人类领域之内，毋宁说，它们是指两种原则上根本不同的秩序（但我们很快会看到，"人性"和"神性"之间的复杂关系让这种情形变得更加混乱）。

《法义》的各种退却采取了四种主要形式，这四种形式加在一起，构成了立法工作的环形构架：

（1）为了满足人类特有的自私冲动，［法律］将会有限度地允许私有财产存在（739e6－740a2，参731d－e，736e－737b）。

（2）建立法的统治，而非个人的统治，以避免人类滥用权力

---

① 参 Glenn R. Morrow, *Plato's Cretan City*.

（713e3 – 714a2，874e8 – 875d5）。①

（3）出于同样的原因，要建立一种"混合"政制（691c – 692a，756e8 – 757a5 给出了一个不同的论证）。

（4）"人类"赞扬的东西，涉及对个人快乐的追求，它们必须跟追求"荣誉"和"名声"所赞扬的其他东西相比较，并由此使它们称得上神圣（732e7 – 733a4）。

依据它们与政治生活的关联程度，可以对这四个基本原则进行排序。在最底层，拥有财产关系到生产，因而是纯粹生存性的（严格来说，这不在"政治"的范围内）。在最顶层，宪政和法的统治限定了政府的真正形式。在这两个层面之间，人类的赞扬代表了政治体内部政治沟通的最常见形式。通过详尽的立法，《法义》让这个总体框架变得丰满，因此，"第一好"和"第二好"、神和人之间的对比始终在起作用，尽管在大部分时间里，这种对比仍然很含蓄。关于性爱的法律（837a – 842a）是一个例外，但仍然可以理解，因为性欲是一种尤其强烈的人类欲望，在神圣存在那里没有直接的对应物。这提示了解释"第二好"城邦那些特殊法律条例的可能性，亦即，在每一种情形中，追问它们想要模仿的"第一好"城邦中的对应物是什么。

"第二好"城邦的一个独特之处在于，它关注新法律的执行问题，这尤其让人感兴趣。当然，这个问题本身并非制度问题，但它却关系到制度的真正实现。《王制》已经提出了这个问题：为了能尽可能地接近模式（model），原料必须是最容易锻造的那种。在卷七的结尾，《王制》描述了所有公民及十岁以上儿童的乡居生活。这种生活的情形，已经有评论者多次讨论过。人们可以争论说，柏拉图是在很现实地谈论那些希腊世界并不陌生的程序。② 无论如何，把这样一种设计加到诸神的城邦中，总是有点儿奇怪。尽管如此，仍然很难摆脱这样一种印象：相比《王制》，《法义》采取了一套更加"人类"的程序。《王制》安排了一个理想的空白石板，哲人王可以在上面勾画理想城邦，但《法义》没有这样的理想石板，

---

① 在这个意义上，《法义》的政制是一种"法的统治"。关于这种"法的统治"与其所声称的"理智政制"（参前文页 260 – 261［译注：即本文页 3 下"二、《法义》的结构和内容"部分］之间的关系，参下文页 270 及注释 20［译注：即本文页 12 下"（二）修订"部分］）。

② Myles Burnyeat 曾（口头）提到曼提尼亚（Mantinea）的情形。在公元前 386/385 年斯巴达人打败曼提尼亚之后（Xenophon, *Hellenica*, v. 2. 7），把曼提尼亚人赶到了"乡下"。

《法义》工作的假设是一块新殖民地。对于重新开始设计来说，这当然是一种不那么彻底的方式，但却是希腊政治文化中极常见的一种方式。

如前所见，在某种程度上，《法义》是对《王制》和《治邦者》两者相同的延续。至于修订的部分，这两部对话的情形就不一样了。相对《王制》，在关于善的共同体、哲人王的可能性、彻底革新的必要性等方面，《法义》"退却"了，这在对话中表现得一清二楚。相比之下，《治邦者》已经表明，希望有一位人类君主（虽然没有明确主张：301c－e），并首次强调了知识与法律之间的区别，这为《法义》铺平了道路。即便在300c那里出现的"第二好"概念并不严格，但这在《法义》中仍然有效。①

然而，要把《治邦者》简单视为对《法义》所做修订的预备，应当特别小心。《法义》对《治邦者》除了明显的重复之外，也有批评。批评的问题，恰是这两部作品看似相同而与《王制》看法不同的地方，即它们都对"法律"的作用很感兴趣。首先，在《治邦者》那里，法律要么是专业治邦者手中有效的权宜之计，要么是毋庸置疑的"第二好"选择，如果没有真正的治邦者，它是我们最希望的选择。然而，《法义》中的法律是神圣理智的体现："我们应该……顺从我们分有的一切不朽因素，给理智规定的分配赋予'法律'的名称。"（713e8－714a2）② 法律中这种理智的体现，让人很难确定《法义》中的制度是更接近法治，还是更倾向于理智政制。

其次，同样重要的是，对法律形式的关键要素，《法义》做了新的强调。《治邦者》主要关心法律的"替代"方面（君主缺席的时候，法律才发挥作用），《法义》则专注于法律"禁令"（epitactic）维度的含义（法律是对某人发布的命令）。这种看法变化导致的一个主要改变是，《治邦者》（或《高尔吉亚》［Gorgias］中的相关内容）正式辩驳了政治"劝

---

① 关于这点，参 Rowe，前揭。

② 同样将"习俗"与"理智"关联在一起的《克拉底鲁》式（Cratylus-like）"语源学"，在卷十二957c5－7再次出现：未来的法官必须学习法律，为了变得更好，他比任何其他人都更应该学习，前提是这些法律是正确的，"否则，说我们神圣而非凡的法律拥有合乎理智的名字，就徒然无效"。

谕"，而《法义》最终则对之采取了一个极不同的态度。① 自此，公民协商——不仅是关于善的问题取得的成就——成为政治技艺不可分割的部分（对比《治邦者》293a9 – c4；《高尔吉亚》521e6 – 522a3；《法义》，例如卷四722d2 – 723d4）。② 确实，在大多数情况下，《法义》对《治邦者》的批评仍然很含蓄。无论如何，这种批评不像对《王制》那样激烈，在某些情形中，《法义》对《王制》几乎是逐字逐句进行回应（711e – 712a 关于同时具备权力和明智，739c 关于善的共同体和家庭）。不过，法律在《治邦者》那里本来是作为"替代物"，这种含义却在冠以《法义》之名的作品中消失，其意义绝不能低估。

《法义》疏远功能（distancing function）的动力，不仅与《王制》和《治邦者》有关，而且在某种意义上，它跟《法义》自身固有的一个模式有关。例如，在有关公有制度的情形中，可以证明，《法义》由之退却的起点，比我们在《王制》中看到的更加极端。因为，在描画"最好城邦"的轮廓时，《法义》明确指出，这个［公有制］共同体应该尽可能扩散到"整个城邦"（739c1 以下），但《王制》明确将公有限定在护卫者这个群体内。如果转向"劝谕"的主题，这种内在的远离就变得更加明显。卷九中一段至关重要的话证明，卷四结尾引入的"序曲"并不必定意指基于褒贬的修辞话语（像人们原来认为的那样），而应当是在理想环境下采取的准哲学讨论的形式——以理性论证的方式进行（见下文第六部分［译注：即本文页 27 以下］）。相比这种立法者与公民之间理性讨论的理想境界，我们在《法义》中经常看到的那种起作用的修辞说服，显得只不过是"第二好"，而无论在《王制》还是《治邦者》中，这种理想境界都绝无对应物。

最后，某些情况中的修订比人们设想的更加轻微，竟至变得不好判定。在这里，前面所列四个基本政治特征的情形各不相同。我们看到的《法义》做出的第一个修订——用私有财产制度取代公有制——深入且不可逆转。然而，如我们所见，这不大像一条法律，而更像通常意义上的立

---

① 这里说"正式"，因为在 296a – 297b 展开了这个论证。事实上，《治邦者》确实需要"说服"，以区分君主和僭主（291e）。因此，它始终坚持 304a – e 的看法：对于真正的统治者来说，"修辞"应当成为三种主要"辅助手段"之一。但这意味着，就"说服"所关注的东西而言，在《治邦者》中的两种思想类型之间存在紧张关系，而这种紧张是《法义》力图避免的。

② A. Laks, "L'utopie législative de Platon", *Revue Philosophique*, 1991, pp. 423 ff.

法前提。另外，在顶层的夜间议事会跟《王制》的哲人王有多大程度的本质区别，并不十分清晰。或许可以说，唯一的不同在于，用作为最小控制形式的联合统治取代了权力，在这种情况中，对理论生活的渴望不再能够成为抵御权力诱惑的保证。①

因此，即使《法义》中有对《王制》和《治邦者》的批评（这确实存在），但该批评也被调节到了下述程度：这两部对话中的理想，被整合进了《法义》重建的"理想"城邦，而后者可能符合，也可能不符合之前的理想。在这个意义上，虽然乍看起来《法义》的"关联亲属"很醒目，但却有些复杂。这种复杂性绝不会阻碍人们承认，必须认为"疏远"是诠释《法义》的基本范畴。恰恰相反，"疏远"不仅是理想退却产生的结果，而且也是践履一种政治模式的必备条件。

（三）践履

从某种意义上说，迄今所考察的两个视角——完成和修订——不是相互对立，而是相互补充的。这在下述意义上是适切的：《法义》如果不是对某个模式的实际践履，至少也本该是这种践履的最初阶段（在本质上仍是理论性的）。因为，如果践履意味着把模式嵌入材料中，但二者之间并不必然相称，这必将引发材料的抗制，那么，践履就包含完成和修订两个方面。至少可以为这种看法找到两个理由。大体来说，它很符合柏拉图的模型论（paradigmatism）；更具体地说，它可让人认为，《法义》在政治学领域占有一席之地，就像《蒂迈欧》（Timaeus）在宇宙-生理学领域占有的位置那样。② 这两部对话依赖于相似的样式。《蒂迈欧》中工匠-造物主（craftsman-demiurge）依照的"模式"（"样式"［Forms］），类似《法义》中"最好城邦"的政治模式。《蒂迈欧》中讲到了原料"空间"（χῶρα），从中将产生基本的三角形和四种元素，这个空间对应着人类原料，立法者必须把这些原料浇注进一个政治机体中。甚至更让人瞩目的事实是，《蒂迈欧》的原料"载体"等于"必然性"，而《法义》的立法者同样必须与必然性斗争（例如857e10–858a6），必然性划定了立法者行

---

① 亦参下文第五部分。

② 《蒂迈欧》也有政治的面向，因为总体来说，它被认为是《克里提阿》（Critias）的导论。不过要注意，《克里提阿》的重点不是政治制度，而且古雅典人（连同亚特兰蒂斯岛）属于遥远的过去，这让它更接近《王制》中的第一等城邦，而非《法义》中的。

为的限度。①

　　相比《法义》与《蒂迈欧》之间的类似之处，两者的差异同样很有启发性。尤其重要的是，《法义》着重强调过去的时间长度和未来的不确定性，以及存在的各种可能性。跟《蒂迈欧》的造物主相比，《法义》的立法者是人，不具有造物主直接的"善"（《蒂迈欧》29e），他们必须时刻保持"审慎"。至于他们工作必须面对的原料，《蒂迈欧》中的"物质"相对比较简单，与之不同，《法义》的原料则包含了一段漫长历史的复杂积淀，对此，卷三做了生动描绘。最重要的是，虽然世界只有一个，但地球上有数不尽的城邦。正是在这样的语境中，人们必定会理解与前两种城邦（第一好和第二好）并列提到的"第三好"城邦（739e5）。"第三好"城邦的说法已经引起了很多的困惑，而此后柏拉图再未提到它。有很好的理由认为，这第三好的城邦就是马格尼西亚城邦，一旦《法义》的讨论完成，克里特的立法机构便会开始建立。但同时，第三好城邦也代表一个开放的系列，指那些愿意致力于自我改良的所有城邦，不管它们是否是殖民地。当然，这些城邦彼此之间极不相同，处于各种各样的状况之中，柏拉图并未明确说出这点。

　　因此，从条件践履这个角度来看，可以将《法义》解读为对自然与历史之差异的反映。就此而言，对可能性问题的处理非常重要。与《蒂迈欧》相比，《法义》的兴趣中心已经转移：不再是实现模式本身，而是转向模式实现的条件。在形式上，这让《法义》与《王制》联系在一起，因为《王制》一开始介绍哲人王，是将之作为实现正义城邦的可能性条件（473c–d）。尽管如此，《法义》的这种转向也表明了一个事实：只有《法义》充分注意到一连串的"人类"因素，而《王制》则有意忽略这些因素。

　　尽管践履的概念确实考虑到《法义》的某些重要方面，并提供了一个可靠而精妙的方式去理解《法义》与《王制》之间的联系，但它并没有完全公允地对待《法义》的复杂性。毕竟，《法义》呈现出的不像是对模式的践履，而更像是另一种模式。它的探讨仍然是理论性的，真正的立法到后面才出现（702d）。如果必须抛弃严格的公有制，那是因为这种制度

---

① 关于《蒂迈欧》与《法义》之间的对比，参 A. Laks, "Legislation and Demiurgy: On the Relationship Between Plato's *Republic* and *Laws*", *Classical Antiquity* 9, 1990, pp. 209–229。

适用于诸神，而不适合人类。正是人与神之间的距离，让修订必不可少。这并不意味着《法义》放弃了第一好城邦的范式：相反，第二好城邦始终"尽可能接近"第一好城邦（739e2）。

因此，在某种意义上，《王制》与《法义》之间既非"修订"也非"践履"，而只是从一个层次（神）转到另一层次（人）。不然的话，《王制》中的城邦就不能仅被视为一个理想模式，而应当是一种意欲"实现"自身的政治方案。但在这一点上，《王制》极为含糊：既可以将之解读为一种乌托邦（已经有人做了这样解读），也可以认为它是政治行动的蓝图。通过选择后一种解释——否则就无从谈到"退却"——《法义》表现出澄清这个问题的首次尝试。这是很大的功绩。《法义》以自身独特且非常柏拉图式的方式，斩钉截铁地对人类因素加以重视，由此，它开启了通向亚里士多德之途。人们甚至可以怀疑，《法义》中是否已经包含某些真正亚里士多德式的东西。

四、人与神：《法义》的人类学

跟诸神相比，人类是第二好的，因而如果《法义》详尽阐明了第二好的城邦制度，那么人们应该可以得出结论说，就人类的关注来说，这些制度是可能的最好制度——这点必须加以强调。这也让理解下面的问题变得更加重要：根据《法义》，作为人是怎么一回事？人类在哪些方面异于诸神？要为这些问题找到恰当的答案并不容易，因为在这个语境中，诸神被描述为某种类型的人，即那些能够生活在最好城邦中的人（739d6–e1）。关于这些神样的人，《法义》告诉我们的很少，除了一些否定性的描述。尽管如此，借由《王制》中的理想公民，人们仍然可以了解他们（尽管由于前面第三部分［译注：即本文页10以下］提到的理由，这二者并不能完全等同）。

《王制》中神样的人与《法义》之人的差别，并不在于他们灵魂构成的本质。与《王制》一样，《法义》中的人也是个复杂的统一体，理性与非理性的因素并存。尽管非理性因素多种多样，但最终可以化约为那些趋乐避苦的东西。此外，理性部分并不指向快乐，而是指向善。如果神样的人与纯粹的人之间有区别（这确实存在），那么该差异存在于那些构成要素之间的某种关系，而不在于那些要素本身。

各要素之间的关系取决于它们各自的力量或强度。从《法义》的观点来看，《王制》忽略了人性的因素，因为它让护卫者采取公有制，并把权力赋予最娴熟的护卫者（哲人）；同时，《王制》高估了理性部分的力量，而低估了非理性部分的力量。第二好城邦构架中表现出的退却，反映出对这种状况的重新斟酌。如果赞扬要通过允诺快乐而进行劝谕，那是因为"人的天性涉及的主要是快乐、痛苦和欲望。可以说，每个凡物都与这些东西难分难解，最为紧密地捆绑在一起"（732e4 - 7）。必须通过法的统治和分权这双重手段限制权力，因为"人的天性总是非理性地趋乐避苦，这总是促逼他（假定的君主）想要攫取更多，做出肆心之举"（875b6 - 8，参713c6 - 8）。

赞成私有财产也基于同类的考虑。对私有财产的赞成是所有其他变化的典型代表，它恰好出现在专门的立法工作开始之前。快乐和痛苦构成了人的真正本质，就此而言，财产是快乐的典型根源。① 在最普遍的意义上，"从神圣界线的退却"，在于懂得如何应对"什么是'真正'的人"这个问题，即使要以某种妥协为代价。确切地说，问题在于理解这种妥协的本质是什么。这是衡量《法义》第二好城邦与第一好城邦之间差距的唯一标准。

由于下面的事实，这个问题变得复杂（也因此变得更加有趣）：虽然《法义》中的那个人不是一位神，但他也不仅仅是个人。相反，人是他之所是，是因为在他身上有某种神圣的东西——即使对快乐来说，也同样如此。如果没有这种神圣因素，他将不是人，而变成野兽（766a3 以下，参808d4 以下）。但如果兽性始终只是残存在心里，那反过来，人的本性就会成为温顺的动物——可以认为，这是动物性的神圣形式（765e3 - 766a4）。

卷一的"人类学"段落分析了人类的动机（644c1 - 645c8），在那里，人的这种双重本性表现得十分清楚。在那段话中，人被比作"木偶"（θαῦμα，644d7），由理智的金绳索和非理性冲动的铁绳索共同控制，前者高贵而温和，后者则强而有力。这个类比很有名，但其含义往往受到误解。木偶形象本身，很容易让人做出悲观甚至悲惨的诠释。乍看起来，雅典异乡人自己似乎也赞成这点，他在卷七提到，"人被设计出来，是作为神的玩物"（803e4 以下）。然而，木偶是非常特别的东西，是个不凡之物

---

① 显然，柏拉图这里玩弄了 ἴδιον［译注：有私人、自我、财产的意思］一词的双重含义。

（prodigy），或者说，是"令人惊异"（这是θαῦμα一词的原初含义）的东西。人类木偶的惊人之处在于其调和能力——尽管受到不同因素的控制（明确反映在理性与非理性因素之间的冲突上）。在某些情况下，金绳索和铁绳索可以朝同样的方向移动。

这种调和的最好例子，是舞蹈中的快乐，这在最年轻的孩子身上就开始表现出来——通过恰当的训练，这种快乐可以发展为参与宗教节日合唱队的喜悦。在农业和政治活动之外的时间中，宗教节日是柏拉图城邦最主要的活动之一（803e）。在舞蹈中，相互对立各方之间的冲突，以一种和平的方式得到解决。因为，舞蹈中的快乐是一种有秩序的快乐，从而是一种理性的快乐（664e－665a）。因此，舞蹈代表着理性和非理性因素之间其他所有可能的调和。可以认为，拒绝调和的非理性因素，要么是人身上真正属人的部分，要么从另一个角度说，是他身上仍然保留的兽性，这正如那些为人敬重的诸神可以等同为他们自身的理性那样。

这个人类的不凡之物如果受到更普通的对待，那他不会变得如此奇妙。照现在的情况来看，非理性欲望非常顽固，到最后也无法根除。因此，必须设计一个独特的人类城邦。对于理性力量与非理性力量之间的习惯性冲突，第二好城邦的处理方式有两种：妥协和强制。在其四个基本特征中，至少有两个——分配土地和允许人类辩论（这种辩论基于人的快乐）——明显属于妥协，而混合政制（在其主要方面）和统治者服从法律，则代表着强制的温和形式。在具体法律的规划中，强制的程度各不相同（取决于其涉及的非理性程度）。确实，严格意义上的法律概念认为，法律是一种暴力形式，由理智施加于非理性欲望身上。要衡量某法律中涉及的暴力，不能单纯依据其中包含的威胁数量（719e9，890b5），而且要依据其命令"混合"或"未混合"的程度（722e7－723a4，参722b4－c2）。不过，应当强调的是，依据《法义》，妥协和强制这两个补充方面是残留下来的元素。《法义》最感兴趣的是理性和非理性二者融合的可能性：在大多数情形中，这种融合要借助培养，而非自发（舞蹈很可能是这种自发性的唯一例证）。在这个意义上可以认为，这部对话正在进行一项系统探究，考察人类非凡之处可能的各种表现。因此，《法义》的兴趣表现在下面这些现象上：理性的情感（占核心地位的是"羞耻"［αἰδώς］），不可辩驳的言辞形式（尤其是赞扬和谴责，代表着序曲的最重要特征），神话和公共意见（尤其是关于诸神的存在，参886a和887d），还有最后但并非最不重要的，对斯巴达政治体制的辩护以及对雅典制度的更多辩护。在这个方面，《法义》的混合政制正是一种制度上的非凡之物。

五、政治制度①

卷六通过提到两种系统的非理性政治形式，明确说明了"制度法"（constitutional laws）：一方面是独裁专制统治，另一方面是不受控制的民主制。虽然形式上对立，但在很大程度上，专制和民主产生的结果非常类似。权力的专制运作只会刺激君主的非理性欲望，刺激他"竭力攫取更多"（πλεονεξίαν［贪欲］，875b6）。民主政制也会放任所有公民心里滋长这些相同的欲望，这实质上表现在对快乐的许可和追求上（参照700d –701b 批评民主制为"剧场政制"）。

这两种政制之间的关系，相当于亚里士多德所说的两种相互对立的恶行。两种极端都是由于某个因素的过度（一种情形中是权力，另一种是自由），它们的恰当尺度在于"中道"（mean）。如果想要实现真正的自由，必须理性控制对它的许可，同样，要想实现真正的权威，必须对权力加以限制。这就是政治调和的全部内容。卷三提到了这种调和的两个历史范例：（好的）君主制，以居鲁士（Cyrus）统治下的波斯（Persia）为代表；好的民主制，以古代政制统治下的雅典为代表（693d 以下）。可以说，这两种政制在历史或系统发展（phylogenetic）层面上的功能，相当于舞蹈在个人或个体发育（ontogenetic）层面上的作用。

《法义》的"混合"——或更恰当地说，"中道"——政制，是迄今所能达到的君主制与民主制之间政治调和的最完善形式。可以说，它是对各种调和方式的调和。随着调和的进行，"民主制"和"君主制"这两个术语获得了新的意义。真正的"民主"制度，是那些保障公民在政治生活中有效参与和行使代表权的制度；真正的君主制度，是那些保证资格（competence）履行的制度（这跟现代用法和古代用法之间的差别显而易见）。虽然这两种要求有潜在的矛盾，但它们仍然趋向于相互融合——这正是一个成功的调和要达到的预期效果。

权威（authority）不是简单地容忍公民的自由，而是建立自由之可能

① 这部分很大程度上得益于 Morrow *Plato's Cretan City* 一书的启发，特别是有关制度细节的问题，应当参阅该书（对于这种探索，其书的附录有非常好的索引）。

的条件。也就是说，真正的自由取决于服从某个单独的合法权威，即法律（这里我们发现了一些特别强烈的观念征兆，后来卢梭也重新提出）。《法义》"中道"政制的官员，不是必须限制其权力的专制君主，而是在其行使职责时就已融合必要限制的管理者。（这并不意味着，他不必为自己履行职责的方式负责，因为滥用权力的可能性始终铭刻在人类本性之中。）另一方面，民主议事会也不单纯是剥夺了某些特权的雅典议会。《法义》中民主议事会的自由不是消极的许可自由，而是追求善的积极自由。这至少部分解释了，为何"自由"算作立法所宣称的三个目标之一，跟"明智"和"友好"并举（693b4，701d7 以下）。①

调和的逻辑要求是，自由不应当再是民众的唯一所有，就像明智也不应当再局限于统治者身上一样。换句话说，混合的要求不仅发生在各因素之间（外在混合），而且出现在它们内部（内在混合）。"君主式"（＝有资格的）统治者身上有民主的一面——要照顾到共同体的利益，这是僭主无法做到的；"民主的"议事会也有君主制的一面——要选出大部分行政官员。在《法义》城邦中，议事会成员来源广泛，而自由本身属于所有人。《法义》城邦是友好、和睦的场所，完全有理由宣称，跟其他"非宪政"的制度相比（832b10 – c3），它是唯一真正的宪政制度。

《法义》的政治制度，类似希腊（民主）城邦的那些制度，有两种类型的政府机构。第一类是议事会，包括三种：议事会（ekklesia）、理事会（boule）和夜间议事会（或许还可以加上大众司法法院）。第二类是行政官员。行政官员的界定，依据他们的职责，按照出现的顺序依次包括：法律维护者（37 位）、护卫者（军事官员：3 位将军、2 位骑兵指挥官、10 位连队指挥官和 10 位部落指挥官）、宗教人员（祭司，数目不确定）、经济管理者（60 位田地管理员，每个部落 5 人，负责农村生活；3 位城邦管理员负责城邦秩序；5 位市场管理员，负责维持市场秩序）、教育者（只有 1 名官员，仅有的不是联合领导的情形）、账目和审计（εὐθύνοι，无疑超过 12 人）、司法人员（选择高等法院的法官）。②

有关代表和资格的补充原则，或许可以为分析这些制度提供引导。

---

① "自由"一词包含多种含义，其中，它当然也指"政治"自由或城邦的自主性。

② 对于各种行政官员的分配和职责，Stalley 做了很有用的总结，参 R. F. Stalley, *An Introduction to Plato's Laws*, pp. 187 – 191。

（1）代表。

代表原则的行使，一方面是在议事会组建和行使职责的过程中，另一方面是在选择行政官员和理事会的方式中。

其一，在各个方面，议事会都是最出色的民主制度，因为它包含了全体公民（很可能也包括女人）。它的主要任务，是指派行政官员（除了"最高法官"和那位主管教育的官员），并选出理事会成员。因此，它被授权去选举城邦当局。它的其他任务涉及共善。议事会要裁决初审时的公共罪行（767e－768e），管理节日和献祭这些明显涉及整个共同体的事务（参772c－d），决定是否将权利扩展到那些为城邦做出贡献的异乡人身上（850b－c），以及以城邦的名义授予最高荣誉（921e，943c）。因此，议事会的作用是，作为组成共同体的公民的合法表达场所。

其二，可以区分三种类型的代表：行政的、经济的和政治的。如果说行政代表（按各部落）只是起很小的作用，且主要局限于乡村行政官员，那么经济代表就更为重要。经济代表的特权位置在议事会内，在雅典制度的对应物中，议事会是各部落选出来的。这是因为财富的不平等——不管在柏拉图的城邦中，它可能受到多少限制——是城邦内冲突的潜在根源。因此，不同阶层在制度领域都要有所反映，这很重要。柏拉图设计了一套独特的复杂选举系统来确保这点，表明他非常重视这个问题。[①] 但迄今为止，政治代表吸引了多大的关注，从哲学上讲，这也是最让人感兴趣的情形。对于这个问题，柏拉图采取了谨慎的态度，这明显见于如下事实：几乎所有的行政官员，皆由全体公民选举产生。

这个方案煞费苦心。它结合了向所有公民开放的"提名"阶段和最后的投票选举。将被授权的官员越重要，就会采取越多的保障手段，防止草率决定。最引人注目的是，法律维护者（37 位）和那些负责账目审计的官员（εὐθύνοι，我们可称为"审计官"）的选拔机制。就法律维护者而言，按照自己对谁最有资格担任这一职位（候选者年龄必须超过 50 岁）的判断，每个公民都要在木片上写下候选人的名字。这些名字会接受公众三天的审议。民众可以提出反对，并移走名字，但要保留讨论中最多提到

---

① 关于穷人无权投票这个事实，与其说这是隐蔽的寡头制，为的是让富人投票者握有更大的分量，更好的解释毋宁是，这是要避免选举本身对经济行为的伤害。前者是亚里士多德的解释，参 *Politics*，pp. 1266a14 ff. 。

的 300 个名字。在接下来的第二轮选举中，名单减少到 100 人，最后减少到职务所需的人数（753b – d）。审计官的选举没这么复杂。每个公民提议 1 人（同样，候选人必须超过 50 岁），保留得到最多提名的百分之五十的候选人，然后重复这个过程，直到选出所需数目的审计官（945e – 946c）。

这样的制度机制让《法义》的体制看起来好像民主制，它指向选择那些有能力拥有权力的人。相比《默涅克塞诺斯》（*Menexenus*）中描述雅典古代政制所用的说法（"民众认同的贵族制"），在某种程度上，《法义》的程序听上去更加民主，莫罗（Morrow）正是以此描绘《法义》特征的。确实，人们不会认为《法义》中是民众统治。而且，民众也不是主宰者，因为在《法义》的理论中，算得上主宰者的唯一要素是理智。① 不过，公民也的确能选择他们的行政官员。

（2）资格。

如果代表原则主要表现在官员选举的程序中，那么，有关资格的补充原则则有两种不同方式加以保证：其一，要成为行政官员，取决于某些要求。其二，更重要的是，有不同级别的行政官员和议事会。职位对法律理解的要求越高，候选者越要受过良好的教育并具备完整的知识。因此，夜间议事会是资格原则的集中表现。夜间议事会的任务，恰好是维持和加深其成员对法律的理解（951e – 952a）。

大部分行政官员都由议事会挑选，除了年龄外，不需要任何资格条件。然而，有两种情形需要第二阶的资格要求和选举。教育监管者的选举，由所有行政官员秘密投票进行，从现有的法律维护者中选出，任期五年（766b）。高等法院的法官，每年要选举一次，要对之负责的是所有的官员（显然包括议事会成员）（767c – e）。这种选民的压缩，取决于所涉及职位的本质和责任。在这个方面，某种程度上，教育监管者和高等法院占据对称的位置。教育监管者是城邦最重要的官员（765e1 以下），因为，所有其他事情都基于儿童教育，尤其是对法律的遵守。相反，高等法院对一切罪行进行最后裁决，并且是审判侵犯公众罪行的唯一法庭，其职责是

---

① "理智政制"是《法义》的政制形式，参前文页 260 以下、页 271。关于主权与政府之间的区别，参 Rousseau, *Social Contract*, vol. 3, chapter I。［译注：页 260 以下即本文页 3 下第二部分以后，页 271 为本文页 12 下（二）。］

弥补教育系统的失败。

所有行政官员，不管是由议事会还是由他们的同事选出，都要受到初步审查（δοκιμασια），这要么由理事会进行，要么由法律维护者（νομοφλακε）进行。这个程序是古代雅典的典型特征，而且，柏拉图没有给出很多细节，表明他接受当时的惯例，即要确认官员符合形式上的条件（年龄、公民权等），还要验证他们是否具有好品格。在给出程序细节的地方，柏拉图会特别强调其拥有的具体资格，在某种意义上，这个特征违背了雅典习俗。

对《法义》的解读中，现代通常所说的"夜间议事会"（因为962c10的说法），其实应当称为"黎明议事会"（依据其开会的时间，951d和961b）。这个团体是《法义》城邦最重要的制度（按照961d2以下的说法，它是城邦的"灵魂"和"头脑"）。它也最远离现存制度——不管是雅典制度，还是其他制度。长久以来，对此对话的解释一直坚持认为，这个黎明议事会只是个"附加物"，被糟糕地整合到政制中，如果没有它，这个政制早已经完成（直至卷十二才提到它）。有人甚至宣称，夜间议事会的设计，是人类权威"凌驾"法律的实例。对于这些本质上非常浅薄的解释，莫罗已经做出了公正评价。[1] 对于柏拉图的城邦来说，像夜间议事会这样的团体必不可少，就像教育一样，这似乎是不言而喻的。前面几卷的一些章节中，已经宣告或预设了这一制度。[2] 它只是应当在最后一卷进行充分讨论，这不仅是修辞上的效果（在话语的顺序上，最先的最后出现），而且在逻辑上也恰当："审计官"本身也直到卷十二才出现，因为他们的职位以所有其他官员为前提——他们是"官员中的官员"（945c1）。出于同样的原因，那些研究法律的人，要跟随已经完成的法律。因此，在某种意义上，夜间议事会只能"外在于"其他制度，因为它是保存那些制度的手段。它要解决的问题，跟建立城邦的相关问题对称，二者的重要区别显然在于夜间议事会不能使政制的开端制度化。

夜间议事会的建立，符合《王制》（497c8－d2）提出的要求：城邦自身包含"一种元素，其对城邦制度的设想，与立法者在立法时的想法相

---

[1] Morrow, *Plato's Cretan City*, p. 512.

[2] "一丁点教育"（735a4）的说法，预设了一种更高教育的计划，这个计划的宣布，要到818a1－3展开。

同"——这个曲折的说法似乎暗含一种哲学制度。夜间议事会正是这样一种准哲学（quasi-philosophical）的制度，虽然跟《王制》中的哲学家相比，夜间议事会的关注点更直接地指向政治和法律。研究法律需要广博的知识。对阐明法律问题有益的科学（952a）包括运动论（在卷十对无神论的反驳中可以看到）和数学知识。关于数学知识，卷十也有暗中提及（894a）。

由于夜间议事会并不施行统治（它没有行政权），它无法"凌驾于法律之上"。它的权力在于其理智和道德的权威。假如它是城邦的"头"，它也只不过是"头"而已：可以说，它是城邦的金绳索，要贯彻自己的意见，还需要外部的"襄助"（参645a5以下）。不过，如果认为夜间议事会跟权力完全分离，那也不对。夜间议事会确实包括一些城邦的重要官员：十位最年长的法律维护者，一定数目的祭司和"审计官"（他们已拥有很好的名声），还有教育监察官。其他成员可能是以前的行政官员（包括所有以前的教育监察官），或者是有特殊价值的公民，他们通常已积累宝贵的经验，尤其是如果他们曾到城邦之外游历的话（951d–e，961a–b）。每位高级成员都配有一位初级成员，后者年龄介乎三十到四十岁之间。这些初级者可以向高级成员提供帮助（可借给他们眼睛和耳朵，964e–965a），但除此之外，这个安排显然反映出夜间议事会的教育天职。在致力于推动对法律进行科学规范研究的同时，议事会的成员也要训练他们的继任者。

（3）管制和妥协。

政治制度的两种基本形式——议事会和行政官员——体现在代表和资格两个基本原则的不同层面。不过，这些制度之间达成的调和，不应当掩盖它们的限度。这些局限体现在那些谈强制（管制是其最温和的形式）和妥协的地方。

履行职责要受到一系列正式的、制度化的管制。在一个基本由代表和资格原则支配的系统中，仍然存在"威胁"，而管制可谓对这些"威胁"的最基本追踪。管制的目标，首先是要防止腐败。腐败的可能性，内在于人类的本性之中。例如，官员的任期有限制，个人没有资格连任。在司法领域，无论看起来是侵犯公众的犯罪，还是针对私人的罪行，都有一种上诉机制。通过这种机制，加上法律的保证，确保对司法领域的管制。例如，只有在特殊的情况下才能宣布死刑的判决，尤其是需要高等法院和法律维护者共同出席（855c）。但最重要的管制，是对账目的审计，所有行政官员（包括审计官自己）都必须接受审计。所有行政官员，不管高级还是低级，都被假定潜在地容易腐败，虽然腐败远非不可避免（跟绝对权力的情形不同），而且确实理应是特殊情况。

政治制度必须留有余地考虑威胁，不管多少余地。同样，制度也必须承认妥协的最基本形式。因为，虽然公民必须接受实际控制行政官员选举的程序——程序包含所有公民的参与，但这种接受不可能是理所当然的。在卷六有关两种"平等"的著名段落中，这点说明得一清二楚。

根据"古老的说法"（毕达戈拉斯学派的说法），友谊基于"平等"（757a5 以下）。这里涉及的不是"算术上"的平等，即每个公民拥有的财富都相同，而是"最真实和最好的"（757b5 以下）几何学或分配上的平等。关于这种平等，苏格拉底在《高尔吉亚》（508a4 – 8）中已经推荐给卡利克勒斯（Callicles）。然而，不能简单地用一种平等替代另一种。因为"平等"一词含义模糊，需要解释。现在，大多数人对它的用法，是在算术学和平均主义的意义上。因此，借助于几何学的平等，会在一个更高的层次上重现那种争论，即它原本意想去阻止的争论。因此，必须通过使抽签这种民主选择的方式制度化，给予平等的次要形式（即算术上的平等）以某种有限的范围。抽签是算术上平等的典型政治表达。

在通常的表达中，抽签的民主选择是对人类本性的让步。尽管如此，在更积极的意义上，这种方式也被解释为"神圣机运"（θεία τύχη）的表达。相应地，抽签也被用来分配一年一度的宗教职位（759b – c）。同样，在民事法庭的构成上（768b），以及在选举中最后剩下的几位候选人之间做决定的时候（763d，选举城邦管理者），抽签也发挥了作用。

可以认为，在制度层面引入平均主义原则，是经济层面允许私有财产（参前面第三部分第二点）的对应物。对真正平等的流行误解，比如认为真正的公有制不可能实现，限制了人类的优异性。但即使存在这种对应，还有一个重要差别。没有人——纯粹作为人而言——能放弃个人所有的东西。因此，卷五采取的步骤过于激进。相比之下，如果得到恰当的教育，大部分公民最终应当都会承认，几何学的平等优先于算术上的平等：《法义》的教育规划强调对于基础数学的训练（818b – e）。这就可以很好地解释，为什么在分配职位的程序上，抽签选举（它仰仗的是算术上的平等）只起到一种边缘的、很大程度上是一种象征性的作用。

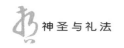

六、政治演说的形式：何谓序曲？

政治制度领域中管制和妥协之间的两极对立，涉及一个更大的问题，即教育（παιδεία）的限度问题。这里教育一词的意义按照卷一对这个术语的严格限定（教育是"德性教育"，643e4，对比 653b）。确实，《法义》理想与现实之间的基本张力，在教育中表现得最显著。为了满足人类的自然本性，人类的制度必须允许私有财产（就此而言，还有算术上的平等），而且必须包含管制的机制，以防止权力的滥用。与此相似，对教育的限制，一方面要靠修辞的劝说，另一方面要靠法律的约束。

劝谕本身是一种非暴力的过程（由于其方式是演说），不过，这个行为也可以采取毫不妥协的理性过程。这里的要害问题在于，劝谕在何种程度上能够成为毫不妥协的理性过程。原则上的立法演说（及更普遍意义上的政治演说）能否消除暴力惩罚？立法演说是否可以不妥协？虽然对话并没有明确处理这些问题，但必须基于整部作品中分散的证据重建。这些问题构成了对《法义》的大部分哲学兴趣。

如我们所见，在《法义》中，法律的基础是理论的，或者说是"智力的"（理智的)。① 不过，这部作品最引人注目的特征之一，是它保留了有关宣传法律的内容。不仅立法者不满足于仅制定法律（719e7 – 720a2），而且，在某种意义上，制定法律也不是他优先考虑的事情：他的真正任务是"教育公民，而非立法"（857e4 – 5）。这部作品的总体构造，反映了这种态度。亚里士多德说，《法义》中除了法律，几乎不包含其他内容（*Politics*，pp. 1265a1 ff.）。此时，他想到的是法律与政制之间的区分，柏拉图只在卷六处理了这一问题。事实上，从概念上讲，《法义》处理法律（laws）的方式，主要是通过对法（law）的批判。这种方式要想可行，除非在赋予法以神学基础与在批判法的时候，涉及的是"法"这个词的不同含义。因此，这部作品的标题就显示出了问题。

立法者超越了立法行为，甚至乐意宣布放弃它，如果要搞清这个看法的意思，那就要搞清法必须是什么？这个问题既涉及法的范围，也关系到法的定义形式。

柏拉图立法者的任务是，规定"关于高贵之物、正义之物和一切最重

---

① 参前文，页 260 以下。[译注：即本文第二部分以后]

大的问题……及指向德性和邪恶的东西"（890b7 - c3，对比《王制》
484d1 - 3，《治邦者》309c5 - d4）。这个包罗万象的描述表明，整个人类
生活都有潜在的可能，成为立法所关注的目标。由于人类的非凡性非常脆
弱，柏拉图有充分理由去发掘这种潜力，以确立广泛的法律监督。柏拉图
的立法专注于行为细节，这是其最引人注目的特征之一。在某种程度上，
这种专注让柏拉图的法律类似于那些伟大的宗教法典和智慧文学。特别
是，与"私人"生活有关的一切事物，也都受到严格规定，因为我们所谓
的"私人"，实际上是整个法律大厦的支架（793c，对比 780a1 - 7）。

现在，柏拉图的法律在范围上最广的那个点——就其涉及的内容而
言——同样也是法的形式最成问题的地方。事实上，法律难以用于私人领
域有两个原因。首先是情况各异。规定和管制私人生活，是在进行一项具
有无限潜在可能性的任务。要设想一部涵盖日常生活方方面面的法典极为
困难（甚至可能闹出笑话，789e）。第二个原因更深刻。在最严格的意义
上，一部法律不仅仅是对规范的陈述，它还是一剂强制性的药方（773c6，
773e4），违反它会受到规定的惩罚（789e4，790a1 以下）。但是，对家庭
犯罪的惩罚（倘若它被应用到那些相对次要的事情上，这是柏拉图的假
设），绝对无法阻挡这些罪行带来的直接利益或幻想。要在这个领域立法，
立法者只会让自己身陷城邦民的怒气之中，尤其是女人的怒气（参
773c7，789d8 - 790a7）。

因此，立法者面临进退两难的境地。他无法将法律限定在严格意义上
的政治共同体领域，因为所谓"私人"领域实际上并不私有。此外，在这
个领域又不可能借助法律：不仅因为这"既不合适也不体面"（788b5 以
下），而且因为一定没有效果。要解决这个两难，需要立法者创作出一种
在功能上等同于法律却又不是法律的叙述。有关这种叙述的名称，是一个
开放的问题。柏拉图可称之为"不成文法"（793a9 以下，参照 773e3），
或"介于劝谕与法之间的媒介"（822d6 以下）。最常见的情况，是把它们
呈现为一种赞扬和谴责的言辞（例如，见 730b5 - 7，773e2 - 4，824a10
以下）。显然，这些描述符合卷四分配给法律序曲的作用，虽然其着重点
更加明确——要紧的是"习俗"（黑格尔的伦理［Sitte］）在哲学上的适
当性。在这个意义上引人注目的是，女人对（家庭）法观念的抵制（它
远未构成立法事业的障碍），正如它乍看起来的那样，事实上滋养了一项
立法工程，这项工程本质上要致力于限制法律的扩张。这是因为在《法

义》中，法代表着某种类型的暴力（βία，722b7）。但法律的暴力是在两个非常不同的意义上。

刑法（penal laws）所涉及的暴力很明显。这种法律代表一种判决的法的概念，就像现在的法典中体现出的那样。从这个角度看，法律涉及两种不同元素：命令和威胁。这可以用柏拉图自己的例子来说明："在30岁和35岁之间，人人必须结婚。如果没结婚，就必须处以罚金和不光彩，罚金是某某数量，不光彩是诸如此类。"（721b1－3）跟所有其他法典一样，《法义》经常规定各种惩罚或威胁（890b5，参719e9），用于违反法律的情况，例如处死、殴打、没收财产，或流放。①

不过，对命令本身一种非常含蓄的分析，深化了这种司法威胁的概念。就其本身而言，命令的暴力性并不输于威胁，因为它不提供理由。从这个角度讲，"命令"（imperative）——至少在一段话中，柏拉图将这种命令等同于法（723a5）——中已然存在暴力，强制不过是对这种暴力的扩展。甚至可以认为，在某些方面，命令比法律暴力更加"暴力"。威胁只不过是相对的暴力，依据定义，它不是对惩罚的执行，而只是一种劝谕的具体形式，也就是劝阻。然而，命令根本不提供任何理由（甚至劝诫的内容），就此而言，它是赤裸裸的暴力：这就是为什么柏拉图称"未混合的法律"（即未混合劝谕的序曲）为"僭主的命令"（722e7－723a2）。尽管如此，不管把法律看作单纯的命令，还是视其为一种刑罚法，其内在的"暴力"都会导致对立法者任务的重新描述——将之描述为一种劝谕的事业。这种劝谕的场所不是法律本身，而是"序曲"，它是所有准立法叙述（para-legislative statement）的一般形式。虽然正式说来，序曲应当先于法律（723a2－4，参720d6－e2），但在很多情况下，柏拉图赋予"法"这个术语宽泛的意义，这使得序曲本身也成了法的一部分（对比"未混合的法律"这个表达），或者使整个推理的药方都被称为"法"（情况往往如此）。

这就解释了为何在《法义》中，对法律的详细阐述总是伴随想要超越法律的冲动。我们已经看到，在结构层面上，对立法工作的一再拖延如何反映了这点（参前文第二部分）。不过，这种形式上的特征有一个实质的

---

① 在很多重要的方面，柏拉图的刑罚体系都比当时的法律更加先进，对此，T. J. Saunders 的 *Plato's Penal Code: Tradition, Controversy, and Reform in Greek Penology* 一书有透彻的分析。

对应物。《法义》的部分哲学计划，是要精简法律（就其涉及法律的形式而言），以便对话能成为立法交谈的理想形式。

这一步很可能是这部作品最让人费解的特征之一，它直接关系到劝谕在《法义》中的地位这一困难问题。一种带有偏见却广泛流行的解释认为，序曲不过是一种对操控性修辞的运用；与这种解释相反，一些评论家最近强调，在作品中有争议的劝谕，原则上是理性的。[①] 确实，《法义》中最接近于解释序曲本质的两段话，很容易引起争论。但重要的是认识到这种争议如何出现。立法者与医生之间的扩展类比（719e7 – 720e5，857c4 – e6）为此提供了框架。在柏拉图全集中，治疗类比经常出现，柏拉图阐述这个类比的方式是全新的。他区分了两种治疗实践。不像"奴隶"医生那样，好医生或"自由"医生不满足于只是给病人适当的药物，而是依据希波克拉底（Hippocratic）的传统，通过言语交流，让病人参与到治疗中。[②] 病人的状态是讨论的对象。《法义》甚至描述说，在跟病人的准哲学讨论中，医生"追溯到身体的整体自然本性"（857d）。这里使用的夸张显而易见，但这样做的原因也一清二楚：这种苏格拉底式的辩证交谈构成了一种视域，而法律序曲的理论，必须位于这种视域之内。而如果将《法义》解读为柏拉图对苏格拉底的终极背叛（参前面第一部分），那这点就更加值得注意。

当然，这并不是说，柏拉图的序曲是一种苏格拉底式对话。相反，序曲的理论概念出自卷四和正在讨论的卷九中的几段，而它跟人们在卷五至卷十二中真正发现的实际序曲，差距非常明显。不可否认，长篇序曲构成了卷十的主要部分，在这一卷中，柏拉图给出了其运动论的最终版本，它有着浓厚的辩论意味（但这个论证很难说是辩证的，因为事实上，一超出某个范围，克勒尼阿斯和墨吉罗斯就无法跟得上异乡人的说法，参893a）。但这是个例外情况。在多数情况下，序曲是有关赞扬和谴责的演讲。人们或许有理由问，这些演讲形式从哪里获得劝谕的力量（这是《法义》带来的基本问题，虽然它并没有明确处理这一问题）。不过，无论如

[①] Ada B. Neschke Hentschke, *Politik und Philosophie bei Plato und Aristoteles*; Christopher Bobonich, "Persuasion, Compulsion, and Freedom in Plato's *Laws*".

[②] *Epidemics* 1. 5："病人必须跟医生一起与疾病斗争。"关于治疗类比，参 J. Jouanna, "Le médecin modele du legislateur dans les Lois de Platon", *Ktema* 3, 1978, pp. 77 – 91; A. Laks, "L'utopie législative de Platon", pp. 422 ff. 。

何，它更多是一个"修辞学"问题，而不是恰当"理性"程序的问题。①
确实，如果不像《王制》那样扯一个实际的谎言，那就必须明确求助于谎
言的潜在益处（663d6 – 664a7）。此外，在大部分刑法的序曲中，都会出
现有关报应的古老神话，这些神话模糊了劝谕与威胁之间的界线，这点很
有趣，但也很奇怪。即使可以合理地认为，劝阻是一种"说服"，但在本
质上，它也仍然是一种威胁，并因此是一种暴力。

不过，理论与实践之间的差距不应当困扰我们。情况恰恰相反，如果
恰当分析的话，这不仅因为治疗类比意味着承认，立法言辞无法遵循治疗
的自由交谈模式，② 而且，理论与实践、理想与现实之间的鸿沟贯穿整部
《法义》。序曲的典范概念与其"近似的"实现物（通常跟所谓的模式相
去甚远）之间的对比提示我们处于专为人类而设的第二好城邦，同时，这
种对比也意味着，人性本身并不同质。在第二好城邦的公民中，可以看到
从兽到神的整个范围。立法者必须使用各种各样的序曲，序曲的种类惊
人，只是公民多样性的结果。

在这个意义上，这部作品最悖论的地方之一是，卷十那个著名的序曲
最接近劝阻演说，因此（人们会认为）也最接近由治疗类比所表现出的苏
格拉底式讨论范例，却根本不是呈现为一种理想性的。它试图阻止的罪
行，在所有罪行中最为严重，因为显然，立法以神学为基础，而无神论则
质疑此基础的可能性。对手的这种性质就解释了克勒尼阿斯和墨吉罗斯的
沉默，由此，雅典异乡人将其基于物理理论的论证，发展为证明宇宙的理
性。求助这种论证，是不得已而为之，并非雅典异乡人的意愿，它是两个
因素共谋的结果：前苏格拉底的物理学（它让自然成为万物的原则）和智
术师对人类习俗的批判（889b – 890a）。相反，常识受到称赞，因为对天
体有序排列的发现，足以证明诸神存在（887d – e）。从柏拉图笔下产生对
常识的称赞，可能让人觉得惊奇，这种称赞表明，卷十的序曲并不像人们
设想的那样接近卷四概述的理性讨论模式。它也证实，柏拉图在其晚期政
治作品中关心的是，那些可谓"人类非凡"理性的自然表现的东西。

---

① 参 R. F. Stalley, "Persuasion in Plato's *Laws*", *History of Political Thought* 15, 1994, pp.
157 – 177。这篇文章是对 Bobonich《柏拉图〈法义〉中的说服、强制与自由》一文的批评。

② 对这点的详细论述，超出了本章的范围。不幸的是，对于这两段非常复杂的文字，以及
它们之间的关系，还没有人做过充分的分析。

七、结论

柏拉图最后、最长的作品，是一部让人印象深刻的文献，不仅是柏拉图政治哲学的文献，也是柏拉图整体哲学的文献。廊下派的波西多尼乌斯（Posidonius）虽然是柏拉图的仰慕者，但他必定发现，即使相对他的品位来说，这部作品也过于柏拉图式，因此他坚决反对序曲理论，理由是，法律应当"简洁，以便那些不熟悉的人能够更容易理解"。他强调，法律的目标是"秩序，而非争论"（iubeat lex，non disputet）——在十六世纪对《法典汇编》（*Digest*）的评注中，这个准则最终得到反映。[①] 与此相反（如果可以把克勒尼阿斯看作代言人的话，而在这个问题上，这似乎是事实），柏拉图宣称，"拒绝［对法律］进行尽可能最好的解释，以帮助人的理解"，属于"不虔敬"的行为（891a5 – 7）。

正是因为这部作品具有如此浓厚的柏拉图色彩，如果它碰巧与其他柏拉图对话——甚至是"晚期"的那些对话——并不总是协调一致，人们也不会感到惊讶。因为柏拉图作品的唯一共同性是，大部分柏拉图对话都是从头写起，而在这一点上，《法义》并不例外。必须承认，如前文所论（见第三部分），在《法义》中，某些教诲上的"变化"非常明显，它们有着非常特殊的地位。或许，还有一些这里无法分析的条目人们也想要了解，比如在处理苏格拉底"无人自愿作恶"的原则时，柏拉图使用的概念框架含蓄地拒绝了德性与知识之间的同一性；[②] 或者让人吃惊的对于成文法的平反，他所用的语言，正是《斐德若》（*Phaedrus*）中用以谴责成文法的："起码对于立法，这样做是审慎的，或许，这对于将法律的有关规定制定成文也大有裨益，因为成文法可以随时让人检审，彻底固定下来。"（890e6 – 891a2，*Phaedrus*，275d）

不过，跟《柏拉图全集》中其他对话相比，《法义》最显著的地方是，在人类事务的行为中首次强调了"神"，或者更普遍地说，强调了虔敬。这并不是说在其他对话中找不到对神和虔敬的关注，只要举几个明显

---

① F. Duaren（参 *Digest*. 1.3）。Posidonius 对《法义》看法的来源，以及那个准则，来自 Seneca，*Letter*，94.38（=F178 Kidd）。

② 参 859c – 864b。关于这点的讨论，参 T. J. Saunders, "The Socratic Paradoxes in Plato's *Laws*: A Commentary on 859c – 864b", *Hermes* 96, 1968, pp. 421 – 434, 691a5 – 7。

的例子即可，比如《游叙弗伦》（*Euthyphyro*）、《会饮》（*Symposium*）、《斐德若》和《王制》，但笔者认为，公平地说，只有在柏拉图的《法义》中，神占据着如此核心的位置。卷一设定任务的方式，卷十中的神义论，以及将法律视为神圣理智的表达这一观念，都表明《法义》认可那个著名的神秘界线（Orphic line），并且要成为其注释。这个界线的提出，是在卷四总序曲的一个关键节点：神"掌握着一切生灵的开端、终点和中段"（715e7 – 716a1）。在这个意义上，柏拉图的《法义》不仅如前所论是第一部真正的政治哲学作品，而且还是第一部神学 – 政治学著作。这让它在政治思想史上更加重要，无论是让其变得更好或更坏。此外，这也解释了为何这部作品强调"人的因素"，但仍然与亚里士多德相去甚远，即使是在它看起来为亚里士多德铺平道路的地方。这是因为，在根本方向上，《法义》是一部反普罗塔戈拉（anti-Protagorean）的著作：神，而非人，才是政治秩序的尺度（716c4 – 6）。

神立法还是人立法

普兰尼克（Zdravko Planinc）撰

《法义》的第一句话让人想起荷马的神义论。在《奥德赛》I.32－34，宙斯说，凡人将恶归咎（αἰτιόωνται）于诸神，简直愚蠢透顶，因为他们所受的灾祸，乃是他们自己造成。在凡人自己造成的恶中，他们没有区分依靠自己与按照礼法（νόμοι）指引所做的行为。《法义》第一句话问的是礼法。雅典异乡人问他的两个对话者："神还是某个人，异乡人啊，你们礼法的制定可归因于（αἰτίαν）他？"克勒尼阿斯回答说，最正确（δικαιότατον）的回答是一位神：克里特人说宙斯是礼法的起因，拉刻岱蒙人说是阿波罗。接着，他受到提醒，克里特人也说米诺斯是他们法律的起因。然而，他们不相信米诺斯仅仅是个凡人。根据荷马的说法，克里特人认为，按照其父宙斯的指引，米诺斯为他们制定法律。他们同样认为，米诺斯的兄弟剌达曼堤斯（Rmanthus）是最正义的（δικαιότατον γεγονέναι）。显然，为了成为正义的人，单靠起源于宙斯并不够（624a－625a）。

克勒尼阿斯非常坦诚，向雅典异乡人解释了他所理解的米诺斯立法（在宙斯指引下）的结果。他说，米诺斯对所有事物的规定，公共的或私人的，都着眼于战争。因此，在公共领域，一切人对一切人都是敌人，而在私人领域，每个人都是自己的敌人（626a－bd）。与克勒尼阿斯相比，雅典异乡人对荷马的理解要好很多。他看到，克勒尼阿斯描述了凡人自己可能造成的最大的恶，但克勒尼阿斯也提出，对克里特人而言，说他们的法归因于宙斯是最正确的。不过，雅典异乡人并没有因此视克勒尼阿斯为愚人。克勒尼阿斯拥有充分的坦率、善意和智力，足以让雅典异乡人接过他所说的话，引导他更好地理解这些事情（*Gorgias*, 487a）。雅典异乡人对神义论的更好理解，明显表现在建立马格尼西亚城邦的时候。基本上，它可以媲美荷马的神义论。不过，它的出现是在散文和对话中，而非在诗歌或吟诵中，并且直接关联到城邦的立法。在对话开头，米诺斯的立法和剌达曼堤斯的正义，被认为是最正义的凡人能够达到的最好标准。到了对话结尾，马格尼西亚的建立即将完成时，出现了新的标准。雅典异乡人说："剌达曼堤斯的技艺（τέχνη）不再适合当今人类的审判。"（948c – d）米诺斯的技艺同样如此。雅典异乡人的技艺已经超过他们两者，因为他建立了一个真正正义的城邦。更重要的是，通过这样做，他成功说服克勒尼阿斯和墨吉罗斯——他们言辞中的城邦的建立应当依据对神义的理解，这种正义无可指摘。而在对话开始时，他们两人都没有接受这点。

雅典异乡人说，神是所有事物完美的正义尺度，甚至是人类事务的尺度。然而，对于自己的事务，人类负有完全的责任。他们是自身行为的起因，礼法是他们自己的。但是，对于并非起因于人类的事务，对于不用负责的事物，神如何能够成为它们的尺度？对这一问题，荷马的神义论没有明确回答。雅典异乡人的神义论明白地作了回答：通过凡人身上的不朽之物，神成为所有人类事务的尺度。人类可以变得神圣，并非因为源出于神，而是通过在其人性的限度内，尽可能变得像神。此外，人类可以制定他们的法律，与他们所学到的东西一致，即通过追随灵魂中神的金绳索的向上拉力学习。然而，为了实现这点，神圣的立法者必须给予法律一个恰当的起点。雅典异乡人正是这样的人。他建立的城邦，其法律在所有事情上都指向神。在以此方式制定法律方面，他的技巧最明显表现在最重要的城邦法律上，即关于公开谈论神的那些法律。这些法律最明显地表达了雅典异乡人的神义论：人类事务中所有的善，在某种程度上都归于神；而所有的恶，都归于凡人的盲目与愚蠢。

同样，克勒尼阿斯也是一位立法者。从对话的一开始就很明显，他很严肃地看待自己的责任。现在，他正效仿米诺斯每九年一次的上升，从克诺索斯前往宙斯神社。因此，对于他负有部分责任的克诺索斯殖民地，克勒尼阿斯倾向于效仿米诺斯的法律来建立——他相信这一法律最正义。克勒尼阿斯决不会到达宙斯神社。因其作为立法者的技艺，这一点很明显。与雅典异乡人的交谈让他相信，马格尼西亚的法律是可能的最好法律，远比他所有的更好。克勒尼阿斯从神社的方向折回，与雅典异乡人一起返回家乡克诺索斯，这具有划时代的意义。一旦描述出马格尼西亚城邦，宙斯神社所象征的社会秩序，就不再是权威。三人在对话中攀登的目标（τέλος），取代了他们正走向的目标。因此，宙斯的时代结束，一个新的时代开始了。

《法义》开篇就宣告了这个新时代，虽然直到马格尼西亚完全建立，它才开始。按克勒尼阿斯对米诺斯立法的论述，在公共领域，每个人都与所有人为敌，而私底下又成为自己的敌人。当雅典异乡人揭示这一点时，克勒尼阿斯赞扬了他，说他正确把握了从开头（άρχε）以来的论证（λόγος）。接着，他同意雅典异乡人说，首要的、最好的胜利，是在灵魂中战胜自己，灵魂令所有的德性成为可能。这样，克勒尼阿斯表明，他愿意从开头那里返回。在他同意后，雅典异乡人建议："还是让我们从反方向回到那个论证。"（τὸν λόγον ἀναστρέψωμεν）在所有人类事务中，对导致战争（πόλεμος）和内战（στάσις）的反方向论证，必定导致另一个开端。雅典异乡人、克勒尼阿斯、墨吉罗斯三人间的对话，所要攀登的目标正是这个新的开端。它是灵魂的目标，使灵魂能够胜过自己，获得完整德性。同样，它也是法律的目标，使城邦能够生活在和平与友谊之中（626d - 627a，628c - e）。

在柏拉图的对话中，动词 ἀνατρέψω［回返］并不常见。雅典异乡人以将来时态使用它，其重要意义，最好通过克洛诺斯（Kronos）的神话来理解，在《治邦者》（Statesman）269c - 273e，爱利亚异乡人（Eleatic stranger）讲述了这个神话。爱利亚异乡人谈到两个根本不同的时代，克洛诺斯的黄金时代与宙斯的当今时代。在前一个时代中，神亲自引导着万物的循环、旋转进程（τό πάν）。不过，当这一进程达到时代的尺度（μέτρον）时，神就会撒手不管。于是，它不再沿着相同方向转动。相反，它朝着相反方向倒转（περιάγεται）。它能够做到这点，是因为在起初（κατ' ἀρχάς），神把它创造成为明智（φρόνησις）的活物（269c - d，参照《蒂迈欧》，29e - 30c，34a - b）。爱利亚人说，宇宙反向旋转（ἀνέστρεφεν）自身，并且，当舵手完全放开了对舵的操控时，宙斯的时代开始了。对所有事物而言，这是个划时代的变化：回转（μεταστρεφόμενος）以相反的方式，产生了开端和目标（ἐναντίαν ὁρμὴν ὁρμηθείς，272e - 273a，参 271a）。①有朝一日，宙斯的时代必定到头，并以另一个回转结束。然而，爱利亚人没有提到将来，而雅典异乡人提到了。在《法义》中，从反方向回到那个论证，是一个划时代事件。它标志着在人类当中，宙斯时代的终结，以及一个新的开端和目标的时代的开始。②

---

① 柏拉图这一神话创作，在其幽默的爱利亚式呈现中独具特色。关于其来源及特征的总结，参 W. K. C. Guthrie, *A History of Greek Philosophy*，第 5 卷，pp. 193 - 196。

② 参 Thomas Alan Sinclair, "Myth and Politics in the Laws"，pp. 274 - 276.

新时代的命名，是根据那位以理智（νοῦς）统治全人类的神。面对克勒尼阿斯明确的问题："这位神是谁?"雅典异乡人答之以克洛诺斯时代的神话（713a－714a）。他告诉克勒尼阿斯，克洛诺斯的幸福统治，是人类幸福生活方式的起因（αἴτια）。克洛诺斯并没有直接统治支配事务，而是在人类各城邦里设立了君王和统治者——他们并非人类，而是精灵，是一种更神圣的种族成员。他们的统治带来了和平、敬畏、良法（εὐνομία）和正义，而没有嫉妒（ἀφθονία）。因此，人类种族没有内乱（ἀστασίαστα），活得幸福（εὐδαίμονα）。在当前时代，人类试图自己统治一切。雅典异乡人没有称当前为宙斯的时代。他只是说，在这个时代，由某个凡人而非某位神进行统治，城邦将无法摆脱各种邪恶和艰辛（cf. *Republic*，473c－e，499b－c，502a－c）。神的幸福统治在城邦中缺席，他似乎放弃了引导所有事物——可朽或不朽之物。然而，这仅仅是一种表象。是人类自己背弃了神和所有不朽之物。更重要的是，这种背弃导致他们试图从自己身上获得神的权威。雅典异乡人说，当人类拥有主宰一切（πάντα）的权威时，没有不充满肆心（ὕβρις）和不义（ἀδικία）的。相反，他们应该千方百计地模仿（μιμεῖσθαι）克洛诺斯时代的生活方式，在公共生活和私人生活中，按照分有的一切不朽（ἀθανασίας）因素安排一切。于是，他说，理智规定的分配（διανομήν），值得赋予"法律"的名称（cf. 957d，*Minos*，317d）。

根据理智安排法律，雅典异乡人的城邦是第一个。这个城邦的建立，不单纯是在宙斯的时代模仿克洛诺斯的时代。它是理智时代的开始。跟前两个时代相比，理智的时代具有品质上的差异。克洛诺斯的精灵统治之下的人类，不能背弃神明。在宙斯时代的那些人，可以并确实背弃了神明。在理智的时代，每个人都仍然可以自由的背弃［诸神］，但没有人这样做。为了过一种幸福的生活，人类不再需要精灵种族的仁慈统治。相反，每个人都根据自身之内的不朽因素生活，他的灵魂（ψυχή）和理智转向所有事物的开端——神圣理智。他们自身中最接近神的那些东西，支配着一切。

反方向论证宙斯的时代，宣告这个新时代的产生，雅典异乡人立刻告诉克勒尼阿斯和墨吉罗斯，"有必要再次从头开始（ἐξ ἀρχῆς）"（632d－e）。他再次开始，谈到据说是从宙斯和阿波罗而来的礼法，即米诺斯和吕库戈斯（Lycurgus）制定的法律，并乐意听到两个对话者对他们的看法

（631b－632c）。根据新时代的开端，重新制定克里特和拉刻岱蒙的法律，这很可笑，但它也有严肃的目的。它揭示出，雅典异乡人言辞中的城邦如何安排和统治。

他说，法律的制定应该使所有使用它的人幸福，通过向他们提供所有好东西（πάντα τὰ ἀγαθά）。有些好东西属神，其他一些则属人。依据重要性依次下降的顺序，属人的诸善，包括健康（ὑγίεια）、美貌（κάλλος）、力量（ἰσχύς）和财富（πλοῦτος）。作为善的事物，它们不能被单独获得。如果属神的诸善缺席，属人的诸善也不会存在（参 649d，661a－c）。属神的诸善以升序排列，包括勇敢（ἀνδρεία）、正义（δικαιοσύνη）、节制（σώφρων），以及第四个，其他诸善的领头（ἡγεμονοῦν）。雅典异乡人没有用智慧（σοφία）一词完成这个清单，他给予了最重要的属神的善两个名称：明智（φρόνησις）和理智（νοῦς）。对于凡人身上的不朽因素来说，这两个名称涉及其两个方面。当向上转向神圣理智时，它就叫理智；当它依据理智统治所有属人和属神的诸善时，就叫明智。接着，雅典异乡人说，立法者首先应该致力于关注这些善的事物，确保它们正确排序。特别是，公民必须知道，属人的善向属神的善寻求引导，属神的善则向理智寻求引导。同样，他们必须知道，这些善作为整体，优先于所有其他事物。公民能够在如下方式中学到这些：立法者的法律对荣誉与耻辱的分配、对高贵和卑贱的教导，以及对收入与支出的控制（参 726a－729a）。雅典异乡人说，如果在法律中，立法者把所有这些都联结起来，那么他就可以为公民设置护卫者（φύλακας）——有的护卫者明智，另一些则具有真实的意见（ἀληθοῦς δόξης）。在对话中，这是第一次描述夜间议事会。在雅典异乡人的城邦中，夜间议事会是明智和理智的体现。

在城邦和灵魂中，明智和理智必须具有优先性。雅典异乡人说，有别于克里特人和拉刻岱蒙人，他制定的法律着眼于整体德性，尤其是德性的领头（ἡγεμόνα）："也就是明智、理智和意见（δόξα），连同遵循它们的爱欲（ἔρως）和欲望（ἐπιθυμία）。"（688a－b）马格尼西亚的法律不同于宙斯时代的法律，它能够灌输明智作为人类事务的最大德性，并能驱逐无知（ἀμαθία）。为了做到这点，他们必须引导灵魂指向恰当的爱欲（ἔρως）和友谊（φιλία）目标。雅典异乡人说，很明显，最大的一类无知在于，某人视为高贵或好的东西，自己却憎恶它，反而喜欢（φιλέω）他视为邪恶（πονηρός）和不义的东西（689a）。人类对恰当爱欲目标的无知，起因于过分的爱自己（έαυτόν φιλίαν），导致认为自己的无知是智慧。雅典异乡人甚至说，这种过分的爱自己，是"所有情况下，每个人恶行（άμαρτημάτων）的根源（αΐτια）"（863c）。自认为聪明的那些人，即使他们精于算计（λογιστικοί），并且在一切精细的工作上（πάντα τα κομψά）训练有素，这都无关紧要。他们应该为自己的无知受责备，并且不应当让他们分享城邦的统治权。在雅典异乡人的城邦中，统治职位总是掌握在明智者（έμφροσιν）手中，他们可以恰当地被称为智慧者（σοφούς，689c - e）。

自爱是不义、肆心（ΰβρις）和鲁莽（αφροσυνε）的根源，导致人类的毁灭，不管他们看起来多么聪明。正义、节制和明智的结合，才能挽救他们。换句话说，只有遵循明智和理智，他们才能获救（906a - b）。他们必须使其灵魂转向，从自爱转向爱所有分有明智和理智的事物。正如雅典异乡人的描述，在某种程度上，天体诸神分享着它们。对人类而言，最大的爱的对象，是神圣理智。这位神高于所有天体诸神，是所有事物的开端和目标。自认为聪明的那些人，拒绝承认天体诸神的神性，并试图自己设想超越天体的神明力量。这种智术师相信，在所有论证中，他们的论证最聪明（σοφώτατον），拥有最大的明智（μέγιστε φρόνησις）。然而，雅典异乡人说，他们的论证仅仅显露出他们极度的无知（μάλα χαλεπή άμαθία）。最聪明的是神，而非任何人（886b，888d - e，902e）。智术师们自称具有神一般的智慧，他们试图将神圣理智拉向人类理智（cf. *Philebus*，22c）。这不仅仅是推论的错误，或是过分聪明，它源于最大可能的自爱，是最大可能的不明智。

对那些服从法律的人，雅典异乡人的法律通过教育（παιδεία）指导他们的爱和欲望，从而引导他们趋向明智和理智。借由开篇再次启动对话后不久，雅典异乡人告诉克勒尼阿斯和墨吉罗斯，他们的谈话若想要继续进行，直至抵达神明的话，首先要给教育下个定义（643a）。接着，他提到一个定义。这个定义无法让对话达到恰当目标，它更适合格劳孔（Glaucon）的 καλλίπολις［美好城邦］，而非他要建立的言辞中的城邦。雅典异乡人提到，教育是正确的教养（όρθήν τροφήν），这种教养就是尽可能把孩子的灵魂，从玩游戏的爱欲（έρωτα）之情，引领到他必须要做的事情上，这样他才能在自己的职业德性上（τοΰ πράγματος άρετής）成为完美（τέλειον）之人（643c - d）。不过，他马上解释说，为什么这根本不是教育的定义。他说，现在提到的教育，通常只是关于某种交易或职业。然而，精通某种事情的人，并不因此就是一个好人。教育指向德性和善本身，而必定不能指向金钱、力量或者"其他某种不带理智和正义的智慧（σοφίαν ἄνευ νοῦ καὶ δίκης）"。后面那种教养庸俗（βάναυσόν）又卑贱（ἀνελεύθερον）。与之相对，雅典异乡人提供了另一个定义：童年起就进行的德性教育，那种教育让人渴望并乐于（ἐπιθυμητήν τε καὶ ἐραστήν）成为一名完美的公民（πολίτην ... τέλεον），懂得如何依据正义行统治和被统治。受过这种教育的男人和女人，基本上变成了有德性的好人，但他们的教育必须贯穿一生，如果教育误入歧途的话，他们必须始终尽其所能去改正（643d–644b）。

雅典异乡人的定义并未完成，不过，它使谈话得以继续，并达到其目标。第一个定义不恰当。从他所说可以清楚看出，以类别区分的教育并非真正的德性教育。所有人都必须受教育，以防止卑贱主导下层集团，以及不义和轻率的庸俗主导上层集团。所有人必须成为完美的公民，能够进行统治，并且反过来也能够被统治。但是，这种公民需要完美的城邦（πόλις），以培养他们的德性；需要完美的政制（πολιτεία），以便他们轮流统治。换句话说，他们需要的是，雅典异乡人将要在其言辞中描述的城邦和政制。如果雅典异乡人能够成功描述这个城邦的法律，那么，下一步的谈话就应当从他定义教育的论点出发。这一论点尚有待澄清：儿童的爱欲和渴望，如何引向他们的恰当目标？

为了澄清这一问题，雅典异乡人向对话者呈现了木偶意象（puppet ikon，644c–645c）。他将这一意象描述为德性神话，但他补充说，如果它能够拯救谈话，这一神话将保存（σεσωμένος）下来。同样，这一神话也未完成。雅典异乡人说，每个人都是神明的木偶，在德性和邪恶之间的区域挣扎。每个人身上都有三条绳索。其中两条坚硬的铁质的绳索，以各种形式剧烈地拉扯灵魂往下降。它们叫作快乐和痛苦，或以灵魂对未来的意见而言，称为大胆和恐惧。这两者都是灵魂愚蠢的（ἄφρονε）顾问。同样，还有一条金质而柔软的推理（λογισμός）绳索。推理本身就是计算灵魂的意见中何者更好何者更坏。这种推理不是德性，而是聪明（cleverness）。单凭推理的绳索，无法从邪恶中拯救灵魂。拯救它的是绳索中神圣（ἱεράν）的拉力，它拉扯灵魂上升，远离鲁莽，趋向明智和理智。此拉力很温和，需要帮手。通过获得真正的推理（λόγον ἀληθῆ），每个人都

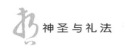

要学习帮助它。①

雅典异乡人的意象揭示出，对于灵魂正确的东西，对城邦也同样正确。对城邦而言，推算其关于未来的意见何者更好何者更坏，然后，赋予这些共同的意见（它们的推理是最好的）以法律的名称。这样，城邦有可能变得聪慧。在这种法律中，没有显著的德性。有些人看起来勇敢，但是在他们显著的德性面前，则过于大胆。但对城邦而言同样可能的是，襄助向上的拉力，将法律建基于推理之上。这种推理要么来自某位神，要么来自这些事情的知者。于是，通过帮助所有公民使他们遵循自己灵魂内的向上拉力，并教导他们懂得如何依据正义行统治和被统治，关于法律的真正推理就会从鲁莽中拯救城邦。

教育的首要任务是，使灵魂能抵制快乐和痛苦、大胆和恐惧的向下的剧烈拉力。一旦学会抵制它们，灵魂便赢得了最重要、最好的胜利——战胜自己。如果能通过游戏恰当引导儿童的爱欲和渴望，那么童年时期就能赢得这场胜利。如果以某种方式组织游戏（παιδία），引导儿童养成好习惯，那么，教育就可能成功地引导他们走向全部德性。雅典异乡人说，只有那些能够统治自身（ἄρχειν αὐτόν），并且在整个一生中受到恰当教育的人，才能成为好人。在赢得第一场胜利后，恰当的教育要避免误入歧途。尤其是，它必须避免单纯计算中的聪明，那是很大的愚蠢和鲁莽。它必须使灵魂能靠真正的推理，沿着向上的拉力，直到获得属神的诸善中首要的和最好的善。

对那些遵循向上拉力的人，雅典异乡人称之为"黄金种族"。这个名字让人想起，《王制》中使用了赫西俄德的神话，以区分美好城邦中的三个种族或等级。在美好城邦中，神在所有儿童的灵魂中掺入了金属，根据金属的不同，所有孩子一出生就被分作几类。对话没有解释如何发现灵魂中的这些金属。于是，儿童受到指导，从事最适合自己的职业，并接受他们城邦职责要求的恰当教育。② 相反，木偶意象揭示出，神往所有人类灵魂中掺入了各种金属。雅典异乡人的黄金种族成员无法一出生就确定。只

① 关于木偶意象，Eric Voegelin 做了几个比较性分析，参 Eric Voegelin, *Order and History*，第 3 卷，pp. 230 – 236；"The Gospel and Culture", pp. 71 – 76；"Wisdom and the Magic of the Extreme: A Meditation", pp. 253 – 256。

② 关于《王制》中的腓尼基人（Phoenician）传说，对其富有洞见的讨论，参 Eric Voegelin, *Order and History*，第 3 卷，pp. 104 – 108。

有教育，贯穿整个一生的教育，而非出生或职业，能表明谁是黄金种族的成员。因此，在雅典异乡人的城邦，所有人都接受相同的教育。

关于谁可谓黄金种族，雅典异乡人没有明说。他只是说，向上的拉力需要"帮手"（ὑπηρετῶν），如果黄金种族要胜过其他种族的话。这是一个含糊的说法。在木偶意象中使用了赫西俄德神话，在这种情形下，其他种族由那些成员组成，他们跟随低贱金属绳索向下的拉力。因此，看起来，黄金种族包括所有那些胜过自己、获得第一场胜利的人，在某种意义上，他们紧抓住金绳索，追随它的拉力，并战胜了快乐和痛苦。但是，雅典异乡人的意象也涉及城邦。在这种情形下，黄金种族由所有适合统治城邦的人组成——他们的一生，都在靠着真正的推理襄助向上的拉力，并由此获得了明智和理智。这两种情形，雅典异乡人都有意谈到，要理解他的意思，必须把两个情形结合起来。黄金种族包括所有那些人——他们已经赢得了第一场胜利，在某种意义上，他们生活在神或神圣理智的引导下。一些人是"桨手"，其他一些是娴熟的领航员。他们联合起来可胜过其他种族；如果各自为战，则不可能（cf. *Republic*, 540d – 541a）。雅典异乡人建立城邦，是为了希腊的黄金种族。他逐出了所有其他种族，并且制定了法律，引导桨手和领航员联合起来，朝着共同目标航行。更重要的是，城邦的教育允许所有桨手学习尽可能多的领航技艺，如果他们想要学的话。要确保他们最终成为完美的公民，懂得如何依据正义行统治和被统治，这是最好的方法。

在《法义》第二半部分的开端（791a – 794a），雅典异乡人对教育进行了延伸讨论。在那里，木偶意象及其意在阐明的教育定义的重要性，表现得更清楚。儿童体验到低贱绳索极为强烈的向下拉力，他们需要最大的帮助，以追随温和的向上拉力。早年时代的习惯（ἔθος, cf. *Nichomachean Ethics*, 1103a14 – 18），对品性（ἔθος）的形成最为关键。如果这时候能赢得第一场胜利，那么，他们就能用审慎的习惯（ἕξεις ἔμφρονας）取代狂乱的性情（μανικῶν διαθέσεων）。审慎的习惯是那些正确的生活方式，它们既不完全追求快乐，也不彻底逃避痛苦。极端追求快乐会让儿童易怒（δύσκολον）、暴躁（ἀκράχολα），一点小事就会暴跳如雷。此外，过度劳苦的极端奴役会使他们卑躬屈膝（ταπεινούς）、偏执（ἀνελευθέρους）、憎恶世人，不适合在共同体中与他人共处。正确的生活方式取其中道（τό μέσον）。通过劝谕和强制混合的方式，它慢慢向儿童灌输审慎的习

惯。游戏的诙谐的严肃性，引导他们远离劳苦的奴役；而正直的惩罚性强制，则引导他们免受快乐的奴役。但是，中道并非单纯的两个极端之间的算术中点。正确的生活方式并非单单依据推理，它依据向上的拉力，通向审慎和理智。雅典异乡人明确地说，中道也是神自己的状态。因此，如果人类渴望尽可能地变得像神，就必须遵循中道的习惯（ἕξιν）。由此，他们可以称得上神圣（θεῖον）。

同样，从审慎习惯到神的中道方式，雅典异乡人也描述为航程。他说，在肉体和灵魂上，新生儿都很狂乱。同样，酒醉式的（Bacchic）和狂舞的（Corybantic）狂欢者也是如此。狂欢者们用音乐和舞蹈治疗他们的狂乱。对新生儿，或许可以用同样方法。为了平息他们的狂乱，让他们进入中道的方式，护士们应该持续地摇动他们，并唱歌给他们听。这不仅仅是一种同类疗法的朴素建议，它揭示出一个基本原则："这有益于所有人安定，而非仅仅有益于较幼小者，倘若有可能的话，就像始终在航船上。"（790c－e）稍后，雅典异乡人解释说，这确实可能。他说，所有的生活就是一次航程（τό πλοῦ）。他对儿童游戏和教育的讨论，类似造船匠们的工作，他们铺设船的龙骨，由此勾画出它的形状——这是他们所设想的船造好时的形状。为了勾画出最好的生活道路，雅典异乡人正在为灵魂铺设龙骨（803a－b）。正如我们能知道船的最好形状，同样也能知道最好的生活方式：通过考察他们航程所要达到的目标。

每个灵魂都是一艘朝向同样目标的航船。为了说明这点，雅典异乡人回忆起木偶意象。用他自己的话说，他的目标是神，但这是根据经验（πάθος）来说。人类事务不配有巨大的严肃性（μεγάλα σπουδες），不过，在某种意义上，却必须严肃对待它们。雅典异乡人说，谈论这些人类事务的方式是采取一种恰当的尺度（σύμμετρον），也就是说，依据中道原则，它也是神自身的状态。他说，依据自然（φύσει），神的事务配有完全的和神圣的严肃性。由于人类是神的玩物（παίγνιον），因此，他们应该把一生献给最美的游戏（καλλίστας παιδιὰς）：献祭、歌唱和舞蹈。对要生活在这个城邦中的那些人，雅典异乡人的法律描述了这些游戏。他们将依据其天性（κατὰ τὸν τρόπον τῆς φύσεως）度过一生，即他们是神明的木偶，只分享一丁点真实（σμικρὰ δὲ ἀληθείας，803b－804c）。

对于所有出生于其城邦的孩子，如果雅典异乡人能够教育他们，进行严肃的游戏，目标指向神，那么在某种程度上，所有这些孩子的父母也要接受他的劝说。这意味着，反过来他们也非常幸运，年幼时就被铺设了好的龙骨，在前来城邦拓殖之前，他们自己已遵循着中道的生活方式。换言之，所有前来雅典异乡人城邦拓殖的那些人，都是好的桨手，他们会追随一位娴熟的领航员，以寻求最好的生活方式。只有希腊的黄金种族，才能入住这个城邦。

同样，雅典异乡人跟克勒尼阿斯关于殖民的讨论，也得出这个结论。他说，城邦的殖民者不应当是那些乌合之众，他们来自其他某个城邦，一窝蜂地聚集在一起。相反，殖民者应该全部从希腊挑选。但雅典异乡人也坚持，不会接纳每个希腊人，无论他多么想来（707e – 8b）。正如［牧人］会清理畜群，剔除体质上不健康和质量差的那些，对想要进入城邦的那些人也要如此。对所有由于坏的教养，灵魂已毁坏，并无可救药的那些人，要全部剔除。选择的标准很简单：拒绝坏人进入，给予好人尽可能亲切的邀请。雅典异乡人没有进一步阐明好人和坏人的差别，也没有描述选择的过程。他仅仅指出，通过"足够长时间内各种形式的劝谕（πειθοῖ）"加以检验，这种区分是可能的（735a – 736c）。

雅典异乡人的城邦所拣选的殖民者，自愿遵从法律生活。法律的目标是，使每个遵行它们的人得到最大的幸福（εὐδαιμονέστατοι），彼此之间尽可能相互友善（μάλιστα ἀλλήλοις φίλοι, 743c）。在到达城邦之后，他们不会彼此憎恨（737b），在很大程度上，这是因为他们迁居的理由。最好的殖民者很可能是这些人："由于内乱（στάσεσιν），一个城邦的某部分会被迫迁移到异乡。"（708b）这个段落让人想起，苏格拉底论述的那条更长的路，用他的术语来说，最好的殖民者将从城邦的这些部分中挑选，即洞穴居民中渴求利益的穷人们，发动了内战，使城邦陷入毁灭的威胁中。他们的灵魂经验丰富，拒绝继续住在这样的城邦之中，因为城邦已经成为诡辩的幻想世界。如果在希腊能够找到足够数量这样的人，那么，马格尼西亚城邦将完全实现共同家庭（common home），它将为太阳和善所照亮，而所有留下的城邦，将成为完的地狱（cf. *Republic*, 520c – 521b）。

雅典异乡人告诉克勒尼阿斯，"还有的时候，一整个城邦落荒而逃，让无法抵抗的进攻完全压倒"（708b），此时，马格尼西亚城邦将实现共同家庭，为希腊黄金种族所居住，这种可能性会体现得更加明显。这里提到的是神话，而非希腊历史。它提到了《奥德赛》中描述的费埃克斯人（Phaiakian）的迁徙。费埃克斯人曾经居住在辽阔的许佩里亚（Hypereia）

大陆，他们土地的名字——许佩里昂之子赫利奥斯（Helios Hyperion，12.176），将他们与太阳相关联。确实，他们的名字表明，他们是一个"华丽""闪耀"的民族，宙斯甚至形容说，他们"在起源上，与神明们是近族"（5.34－36）。因此，费埃克斯人是神样的凡人。然而，在许佩里亚，他们不幸与库克洛普斯人（Kyklopes）相距不远。库克洛普斯人是一个穴居种族，他们是食人的巨人，没有法律或任何好习俗的真正知识，因为他们相信，自己比诸神更好（9.105－115，215，273－298）。为了远离他们，瑙西托奥斯（Nausithoos）王带领全体费埃克斯人乘船航行到斯克里埃岛（Scheria）。在那里，他们生活得很安宁，因为库克洛普斯人没有船只，也没人懂任何造船技术（6.4－12，9.25－26）。雅典异乡人城邦的殖民者与此类似。他们是接近神明的人类，渴望摆脱荒唐、肆心的洞穴居民的无法状态（παρανομία），这些洞穴居民侵害了他们的城邦，并占据统治地位。殖民者们拥有很好的船只，愿意跟随一位君王般的领航员，驶向阳光下的岛屿，在那里，他们可以根据法律平静地生活，这些法律尊敬神明超过其他一切。换句话说，他们是希腊的黄金种族，齐心划向的城邦是希腊唯一的城邦，完全建立在共同家庭之上。

当殖民者"已经到达并出现在眼前"，首先要对他们说的话，是关于神明的论述。在一切事务上，神明都引导着黄金种族的桨手和领航员："按照古代的说法，有一位神，掌握着一切生灵的开端（ἀρχήν）、终点（τελευτὴν）和中段（μέσα），他通过循环完成依据自然的直接进程（εὐθείᾳ περαίνει κατὰ φύσιν περιπορευόμενος）。"（715e－716a）评注家写道，这里提到的"古代的说法"，是俄耳甫斯教的说法："宙斯是开端（ἀρχή），宙斯是中段（μέσσα），万物（πάντα）皆由宙斯创造。宙斯是大地和星空（οὐρανόν ἀστερόεντος）的基石（πυθμέν')。"俄耳甫斯教与雅典异乡人说法之间的差异，宣告了宙斯时代的终结，以及理智时代的开启，后者属于聚集起来的殖民者。新时代的神不仅是天地万物的开端，也是它们的目的。因此，他既是它们的存在，也是它们的完善。这位神超越了所有财物，在力量和地位上都超过（Republic，509b）。雅典异乡人的措辞，区分了万物的开端和目的，还有中段。这表明，中道方式通向明智和理智（属神诸善中的第一个），人类通过它可以归向超越万物的神。

神引导着所有马格尼西亚人，雅典异乡人以一种影射和唤起的方式描述他们。如果单独提到物理运动，他的话似乎自相矛盾，甚至不可理解。

因为看上去，直线运动与循环往复运动之间，无法协调。① 然而，马格尼西亚人不会以这种方式理解。在他们看来，雅典异乡人的话涉及宇宙和人类中理智的运动。由于他们是经验丰富的桨手，马格尼西亚人懂得，如何根据宇宙球体的旋转引导自己。对数字的学习教导他们，如何可以说宇宙也进行直线运动。他们学习的"一、二、三"，以及线、面、体之间的关系，会教导他们毕达戈拉斯哲学对万物创造起源的论述（817e – 820d）。因此，马格尼西亚人理解，所有事物都有体积，甚至宇宙自身，它们从"一"（One）那里以直线过程产生。宇宙的直线运动和循环运动，与人类中的类似运动相配。雅典异乡人说，学习数的目的是通过一门"神圣的技艺"（747b），超越一个人的天性。达到这种超越的途径是，沿着中道，上升和下降。通过忠诚地回应黄金绳索的向上拉力，一个人的灵魂和理智可以超越宇宙，向着神或神圣理智上升。但是，紧跟着这种上升的，总是必须有下降或回归（homecoming）。如果一个人想变得神圣，那么，在力所能及的范围之内，他必须尽可能经常参与这种上升和下降。对神圣生活来说，人类灵魂和理智必须进行这种重复上升和回归。因此，这种重复运动可以说成是一种直线和循环运动，与宇宙的直线和循环运动相同。所有这些运动加在一起，构成了理智的运动。

为了引导殖民者转向神，雅典异乡人选择的言辞——"他通过循环完成依据自然的直接进程"——不仅涉及那种需要学习才能理解的运动，也更直接地关涉神。它们是一种唤起的暗示，暗示穿越中（περαί［横穿］）的好神（εὐ-θέος［直线］），这位神超越所有生成之物（περι-πορευόμενος［循环］）。

对于这些聚集起来的殖民者，雅典异乡人继续向他们谈论。他提醒他们想起移居时留下的东西（716a – b）。他说，有些人背弃神法（τόν θείου νόμου），即依从理智的法律，必定遭受正义"无可指责的报复"；任何背弃神的人，也会遭神遗弃。他列出各种各样背弃神的人：充满自负的人；由于财富、荣誉或好体形而感觉飘飘然（ἄνοια）的人；那些认为自己既不需要统治者（ἄρχοντος），也不需要任何领导者（ἡγεμόνος）的人，因为其灵魂让肆心燃烧着。当人类背弃了神，他们"就与像他们那样的人厮混"，四处撒野，"捣乱一切"，在别人面前，每

---

① 参 England 对这一章的讨论，见 E. B. England, *The Laws of Plato*, 第 1 卷, pp. 447 – 448。

个都试图成为大人物。在苏格拉底描绘的从洞穴上升的影象中，一些人拒绝朝着太阳和善上升，相反，他们转回头去，在自己创造的地狱中共同生活。在那里，为了毫无意义的荣誉和奖赏，他们以愚蠢的方式彼此竞争（《王制》，514a－517a）。雅典异乡人说，正义之神对这些人的惩罚是，让他们自己、家庭及其城邦"彻底毁灭"（ἄρδην ἀνάστατον）。马格尼西亚的殖民者们非常审慎，当这些人之间存在内战和城邦战争的威胁时，他们离开了城邦。当他们离开后，神遗弃了他们的城邦。他们到达时，雅典异乡人的言辞让他们知道，他们离开的城邦已让那些仍存留的城邦彻底摧毁（《王制》，521a）。

对于殖民者，雅典异乡人接下来的训辞是，宣布新时代的神义论。在某种程度上，这些评论是讲给克勒尼阿斯听的，以便他能够更好地理解下述两种人的区分：一是愿意移居到新时代第一座城邦中的那些人，一是不会离开宙斯时代城邦的那些人。雅典异乡人说："对我们而言，在最高程度上，神会是万物的尺度（μέτρον），远远超过任何一个'人'，如他们所言。"所有愿意在理智时代生活的人，都把神作为他们的尺度，并要尽力变得像他。其他人则相反。所有追随神的人，会获取属神的诸善。而追求属人的善而背弃神的那些人，必定遭受正义无可指责的报复（716c－e，参624a－625a）。

雅典异乡人对这两种尺度的对比，让人想起苏格拉底在《泰阿泰德》（Theaetetus）和《王制》中说的几件事情。在《泰阿泰德》中，苏格拉底说，对所有人而言，有两种παραδείγματα［样式］：属神的（θεῖον）最幸福（εὐδαιμονέστατον）；无神的（ἄθεον）最不幸（ἀθλιωτάτου，176a－177c）。如果人类通过行为，使自己像（ὁμοιούμενοι）其中一种，那么，他们就变得不像（ἀνομοιούμενοι）另一种。拥有智慧（σοφία）和真正德性的那些人知道，无论在任何方面，神都决不会不义。通过逃离人类世界，转向神圣世界，他们使自己像神的样式。人类世界不可能消除邪恶，而神圣世界则不可能存在邪恶。苏格拉底说，从人类世界逃离（φυγή），是为了"尽可能像神（ὁμοίωσις θεῷ）"。以此种方式，凡人变得正义、神圣（ἀνόσια）和明智。但也有一些人，他们看上去有智慧，却犯了许多不义，言行不神圣（ἀνόσια）。他们的愚蠢及极度缺乏理智（ἐσχάτης ἀνοίας），让他们无视神的无可指摘。他们没有意识到，因为其不义行为，无可避免地要遭受惩罚。他们所受的惩罚——"与像他们那样的人共同生活", 是最不幸的样式。在《泰阿泰德》中, 对于最像那两种样式的生活, 苏格拉底并没有给它们命名。在《王制》中, 他给它们命了名: 真正哲人的生活与僭主的生活。哲人认为, 善高于存在者 (ἐπέκεινα τῆς οὐσίας) ——这是他的样式。僭主一旦远离法律和理性 (φυγὼν νόμον τε καὶ λόγον), 就会认为某种奴役的快乐高于 (ἐπέκεινα) 各种真正的快乐, 及各种次一级的快乐 (苏格拉底所描述的) ——这是他最不幸的样式 (*Republic*, 509b, 587b – c)。甚至, 僭主不会将"某个人"作为万物的尺度, 对他而言, "万物的尺度是, 一只猪、一个狗头猿, 或其他罕见物种" (*Theaetetus*, 161c)。①

并非所有人都是哲人或僭主, 但所有人都生活在这两种样式之间, 哲人和僭主各自最接近它们。所有人, 甚至包括哲人和僭主, 都是悬于两种绳索之间的神的木偶, 一种绳索向上拉, 指向神圣的样式, 另一种向下拉, 指向最悲惨的样式。换句话说, 所有人都悬于德性与邪恶之间的区域。没有人能够逃离这一区域, 以及这两种拉力之间的紧张。拉力要求回应, 而且所有人都要为他们回应的方式承担责任。哲人的回应是, 追随中间、向上的道路, 它通向所有德性。作为人类, 哲人尽其可能地上升, 但他无法完全摆脱向下的拉力。僭主的回应是, 拒绝以任何方式追随向上的拉力。作为人类, 僭主尽其可能地下降, 但他无法完全摆脱向上的拉力。因为这种下降, 僭主受到的惩罚是, 成为可能的最邪恶的人类, 而不单单是动物。

雅典异乡人明确地告诉克勒尼阿斯, 他给殖民者们的演说, 对象不是那些"完全粗鄙的灵魂" (παντά πασινομαῖς), 而是那些"能够被说服尽可能顺从德性的人" (εὐπειθεστάτους πρὸς ἀρετὴν)。他的演说意在那些人: 他们能够接受真正哲人的劝说, 并愿意追随他, 沿着中道, 朝着所有

----

① 为了支持对《泰阿泰德》和《王制》的这种理解, 及其与《法义》的关系, 可以举出哲学的论证。《王制》中描述哲人和僭主样式的章节与其直接相关, 因为在柏拉图对话中, 只有这两处用到了语词 ἐπέκεινα [超越]。以一种类似的方式, 它们也都与苏格拉底《泰阿泰德》中的神义论有关。《泰阿泰德》中描述了从人类中逃离 (φυγή), 这使他变得像神的样式, 但没有说从他人那里逃离。另一方面,《王制》描述了僭主从法律和推理那里逃离, 走向了某种甚至远不如次级快乐的东西, 但是, 它没有描述哲人向着超越逃离的善上升。这两个文本相互补充。为了尽可能精确地描述僭主的最不幸样式, 在《泰阿泰德》中, 柏拉图对普罗塔戈拉 (Protagoras) 关于万物尺度的格言进行了独特的重新表述。这表明, 这两个文本的论述与《法义》关于两种尺度的论述有关。

德性上升。对那些选择追随僭主的粗鄙方式的人，不允许他们进入城邦。接着，雅典异乡人描述了这两种方式及其追随者之间的不同。他援引赫西俄德，毋庸置疑，克勒尼阿斯熟悉这位诗人（718c – 719a）。雅典异乡人告诉克勒尼阿斯，赫西俄德是睿智的（σοφόν），他说，通往邪恶之路（ὁδός）是"平坦的"，走起来"毫不费力"，因为它"非常短"，但更长的路不同：

> 永生的诸神铺下了
> 艰辛，通往有识之士的路又长又陡，
> 到达顶点艰难曲折；一旦抵达顶峰，
> 道路从此变得平坦，无论前路多么艰难。
>
> （《劳作与时日》，289 – 292）

不管哪条道路，都很少有人曾经到达其顶峰，大部分人的生活介于两者之间。此外，相比旅途的安适，更少有人会因为路途更短而受到吸引，因为所有人都明白，路的尽头是什么。雅典异乡人并没有完整引述赫西俄德的诗句，他假定克勒尼阿斯能够记起下面的内容，并会明白，要走上那条又长又陡的路，有很多方式。诗篇继续道：

> 亲自思考一切事情，并且看到以后以及最终什么较善的那个人是至善的人；
> 能听取有益忠告的人也是善者；
> 相反，既不动脑思考，又不记住别人忠告的人，
> 是一个无用之徒。
>
> （《劳作与时日》，293 – 297）

赫西俄德并没有单单区分德性与邪恶，在好人中，他也区分了两种人：一种在已经完成攀登之人的指引下，愿意追随向上道路；另一种是拒绝所有指引的无用之徒。

雅典异乡人跟赫西俄德同样睿智，因为他对人类的差异有类似的理解，并用它确保好人进入马格尼西亚，拒绝无用之人进入（参 735a – 736c）。他想要让马格尼西亚成为希腊黄金种族的共同家庭。在这个城邦

中，完全的至善——神圣理智支配一切事物——统治着好人，仅仅使用教育和劝谕的手段，指引他们朝向共同追求的目的。那些以各种方式拒绝记住神圣理智忠告的人，在城邦中没有一席之地。

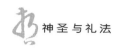

《法义》中的神学

梅修（Robert Mayhew）撰

一、导言

《法义》以"神"一词开篇。对这部对话而言，诸神的存在及本性具有核心重要性，它们也是卷十关注的焦点。然而，柏拉图对这些问题却语焉不详。

《法义》晦涩难懂，用的也是相对艰深的希腊文。在十二卷对话中，卷十大概是最具哲学挑战性的文本，特别难理解，（有时，似乎）高深莫测。之所以如此，部分原因可能在于，它尚未最终完成。众所周知，拉尔修（Diogenes Laertius）记述道："有人说，奥布斯的菲利普（Philip of Opus）抄录了《法义》，将之刻在了蜡版上。"（《名哲言行录》，Ⅲ，37）因此，如果得出结论说，在柏拉图过世时，《法义》仍处于有待修订润色的状态，这并非不合情理。此外，说一个不只是柏拉图文献才会出现的问题，从公元前4世纪到中世纪，作品在数个世纪间的流传，毫无疑问会在我们现在看到的文本中留下痕迹。

柏拉图《法义》有关诸神论述的某些含糊或不确定之处，很可能是这些原因导致的结果。例如，对于［《法义》］描述无神论者有关存在物概念的那段话（卷十，889b－e），桑德斯（Trevor Saunders）恰切地将之描述为"用语焉不详的含糊词语填充"①。或者考虑下面这段话，在其中，雅典人［译注：对话中均指"雅典异乡人"］试图反驳"诸神存在但不关心人类事务"的观点：

> 可理解诸神最轻松地照管万物的方式——依我看，这正是我在解

---

① T. J. Saunders, *Notes on the Laws of Plato*. University of London, Institute of Classical Studies, Bulletin Supplement No. 28, 1972, p. 91.

释的。因为，如果某位神没能一直照看整全，却能通过改变万物的形态来塑造万物，例如让有灵魂的水［或"冷"——引者注］① 出自火，而非让多出自一，或一出自多，那么，经过第一次、第二次或第三次的生成之后，在重新安排的宇宙中，就会有无数的变化。（903e - 904a）②

克罗比（I. M. Crombie）评论说："对我来说，有关这段话的意思，任谁都可以凭空猜想。"③ 在迄今对这段话最好的讨论中，桑德斯称之为"天书"（Mumbo-Jumbo）。④

不过，并非所有文本的含糊之处，都是由于其未经润色，或是由于手稿转录中的讹传。我相信，在大部分地方，柏拉图都清楚意识到，他的表述模糊不清，或仍需解释。在下面探究了其有关诸神存在和本性的论述之后，我将为这种含糊性提供一种解释。

我相信这一探究非常重要。对柏拉图晚期对话中神学问题的讨论，通常会迅速跳过《法义》而专注于《斐勒布》（Philebus），尤其是《蒂迈欧》（Timaeus）。不过，《法义》如果要对这一讨论有所助益，那就必须把其神学观点从其他作品的遮蔽下显现出来，以其自身的方式进行探究，并与其他对话解释的中心论题相分离。接下来，在转向卷十及相关的卷十二之前，我将首先讨论卷十之前柏拉图偶尔提到诸神及其本性的地方，主要是在卷四和卷七。本文讨论的最后，对于《法义》神学如何有助于从整体上理解柏拉图晚期对话中的神学，我将做些说明。

二、《法义》卷四和卷七

在卷四开始尝试创建马格尼西亚（Magnesia）城邦之时，雅典人说：

---

① 取决于是依据手稿，还是依据斯塔尔鲍姆（J. G. Stallbaum）所做的校订。

② 《法义》卷十的译文，参照 Mayhew, Plato: Laws 10. Translation with Commentary. Oxford University Press, 2008。其他卷的译文，用的是潘戈（Thomas L. Pangle）的翻译，随文有所修订。参 T. L. Pangle, The Laws of Plato. Translated with Notes and an Interpretive Essay. University of Chicago Press, 1980.

③ I. M. Crombie, An Examination of Plato's Doctrines. vol. 1: Plato on Man and Society. Humanities Press, 1962, p. 384 n. 1.

④ T. J. Saunders, "Penology and Eschatology in Plato's Timaeus and Laws." Classical Quarterly 23, 1973, p. 232.

"万物之中的神，以及与神同在的机运和时机，引领着一切人类事务。"（709b）他接着补充说，伴随着机运和时机的，还有技艺："因为，我至少会说，就在大风中抓住恰切的时机而言，掌舵术是巨大的优势。"（709c）柏拉图并未明确指出，这位神是谁，或者神如何引领人类事务。

接下来，他将对话从驾船掌舵的例子，移到了建立城邦上。如果要建立一座让人幸福居住的城邦，需要一位"拥有真理的立法者"（709c）。此刻，柏拉图提到了祈求："在上述每种情形下，一个拥有技艺的人，能以正确的方式祈求，他能借助机运获得一个东西，它会使什么都不缺，除了技艺外。"（709d）对于要建立城邦的立法者来说，他应当祈求什么？"给我一座僭主统治的城邦，"柏拉图写道，"这位僭主要年轻、记忆力强、好学、勇敢且天性高尚。"（709e）要祈求的还有"好运"——有机运让一位好的立法者和刚刚描述的这样一位僭主结合起来："因为，如果这点能出现，那么，神就几乎做了他想让某个城邦过得特别好时要做的一切。"（710c－d）

在这段话中，神希望人类幸福（或者说，在某些条件下能够幸福），并似乎为人类提供了（有时的）好运——这好运不受人类掌控，但与德性相随，并能够让人更好地运用德性。卷六中有对于神、好运和德性的类似关联。柏拉图说，通过抽签的方式分配某些职位，会让一些公民占据这样的职位，即，如果严格运用正义，他们没资格承担这些职位。在这种不理想的情形中，统治者应当"祈求神明和好运"，使得职务分配的结果接近最正义之物（757e－758a）。[1]

《法义》卷四的克洛诺斯神话，为理解柏拉图"神"的概念提供了更多洞见。他说，每个城邦"都根据作为主宰者的权威来命名"，继而补充说：

> 倘若应当以此命名城邦，那么，我们必须用神的名字来命名，神作为主宰者，真正统治着那些拥有理智（nous）[2] 的人。……早在我

---

[1] 关于柏拉图《法义》中的祈求概念，参 R. Mayhew, "Prayer in Plato's *Laws*." *Apeiron* 41: 1, 2008, pp. 45－62.

[2] Nous 习惯上被翻译为"智力"（intellect）或"心智"（mind），但我相信 Menn 翻译的"理智"（reason）更好。参 S. Menn, *Plato on God as Nous*. Carbondale and Edwardsville: Southern Illinois University Press, 1995.

们前面描述过的那些城邦形成之前，① 据说在克洛诺斯时代，就已出现某种非常幸福的统治和安排。② 事实上，目前最好的安排是对它的模仿。……克洛诺斯了解，正如我们解释过的，人的自然本性压根无法控制人类事务，当他拥有主宰一切的权威时，无不充满肆心和不义。所以，考虑到这些时，克洛诺斯那时就在我们各城邦里设立了君王和统治者——他们并非人，而是精灵，是一种更神圣、更好的种族成员。克洛诺斯的做法就像我们今天对待羊群和其他温顺的畜群那样：我们既不让牛本身去统治牛，也没让山羊去统治山羊；相反，我们主宰着它们，因为我们这个种族好过它们。这位神也这样做，他是人类的一位朋友：他让精灵这个更好的种族治理我们，精灵们照料我们的方式，既给他们也给我们提供了很多便利。精灵们毫不吝惜地提供和平、敬畏、善法和正义。这使得人类种族没有内乱，活得幸福。

目前这个运用此真理的论述要说的是，那些由某个凡人而非某位神统治的城邦，无法摆脱各种邪恶和艰辛。这个论点认为，我们应该千方百计地模仿据说克洛诺斯时代就已存在的生活方式；在公共生活和私人生活中，在安排我们的家庭和城邦中，我们应顺从我们分有的一切不朽（ἀθανασίας）因素，将理智的分配称作"法"。（713a – 714a）

根据《克拉底鲁》（*Cratylus*），克洛诺斯（Kronos）的名字来自 *koros*（纯粹［pure］一词的不常用形式）和 *nous*（理智），因此其含义是"纯粹理智"（396b）。如果这就是克洛诺斯神话中"克洛诺斯"的含义，那么，依据这一神话，克洛诺斯的统治是人类的幸福时光，因为他们是为一位神所统治，这位神是纯粹理智的，或者说他体现或拥有着完全的理智。

我们在克洛诺斯神话中看到，理智和至少一位神明之间存在某种关联，虽然尚不清楚这种关联为何。《克拉底鲁》对克洛诺斯的理解有助于这一问题，是因为柏拉图看到了"法"和"理智的分配"之间词源学上

---

① 卷三描述了城邦及政治制度的历史。克洛诺斯时代早于这一历史，因此指的是早于青铜时代（Bronze Age）的某个时间。

② 参 Hesiod, *Works and Days*, pp. 109 – 126.

的关联——法的统治，是模仿克洛诺斯或纯粹理智统治的一种方式。① 此外，这一神话基于如下假设：存在（至少）一位神，他统治着其他精灵，并且是（或曾经是，或能够是）人类的朋友。

在结束克洛诺斯神话后不久，雅典人开始向（假想的）新抵达的马格尼西亚殖民者进行演说，我们后面发现，这一演说是作为所有法律的序曲（715e – 718a）。这演说强调了神与德性之间的关联（稍后详述），虽然它并没有立刻显明有关神之本性的确切所指——就像这些含糊的开头话语所清楚表明的：

> 按照古代的传说，有一位神，掌握着一切生灵的开端、终点和中段，他通过循环完成依据自然的直接进程。紧随其后的总是正义女神，她是那些背弃神法（θείου νόμου）的人的报复者。想拥有幸福的人，谦卑而又有序地跟随着她。（715e – 716a）

显然，柏拉图提到的古代传说，是俄耳甫斯教诗歌（Orphic poem），其中包括这些诗句：

> 宙斯最先出生，暴怒的宙斯是终结。
> 宙斯是开端（ἀρχή）［或"头"］，宙斯是中段（μέσσα），万物（πάντα）皆由宙斯创造。②

对这些诗句的解释可以非常不同。③ 那么，关于神的概念，柏拉图对这些诗句的释义告诉了我们什么？

---

① 参 D. Sedley, *Plato's Cratylus*. Cambridge University Press, 2003, pp. 38, 91；亦参《米诺斯》（*Minos*）317d – e, 321c – d。

② 《亚里士多德全集》中的《论宇宙》（*De Mundo*）引用了这两行和其他七句诗，并认为《法义》这段是其准确解释（7, 401a27 – b29）。德尔维尼纸莎草纸（Derveni Papyrus）文献也引用和讨论了这两行诗（cols. XVI – XVIII）。［柏拉图的］评注家省略了第一行，引用了第二行和另外一句："宙斯是大地和星空的基石。"（715e）所有三者都认为，这些诗句来自俄耳甫斯教。对《法义》715e – 716a 与德尔维尼纸莎草纸文献关系的简要讨论，参 M. Frede, "On the Unity and the Aim of the Derveni Text." *Rhizai* IV: 1, 2007, pp. 16 – 17。

③ 《论宇宙》的作者、德尔维尼纸莎草纸文献作者和［柏拉图的］评注家，都提供了不同的解释。

神是开端，或他掌握着开端（或原则，或来源），无疑指的是，神是"生产的根源"（productive cause）（用经院哲学家的话说）。在某种意义上，神是"一切生灵"的生产者或创造者，虽然柏拉图在此并未细说"一切生灵"所指到底是什么：所有存在之物（除了神自身），或所有物理实在，或现存的宇宙安排。①

说"神是终点，或他掌握终点"——这可能是对俄耳甫斯教诗歌"暴怒的宙斯是终结"的修订（或是化用）——柏拉图可能表达的是下面部分或全部的意思：神的存在和影响，延伸至宇宙的极限或外层；人类生命终结时的境况，掌握在神的手里；神是秩序和德性的最终标准。②

或许最难理解的，是"神是中段，或他掌握中段"的含义。柏拉图可能是以此方式强调，就时间而言，就像神会出现在每个有情生命的开端（无论如何理解开端）和结束一样，他也存在于这两者之间的每一个时刻。它也可能指的是这一信念：实在的一切均是神的领地，就神的存在、关心和影响而言，在其中没有任何差异。③ 最后，我们也可以将 $\mu\acute{\varepsilon}\sigma\alpha$ 理解为"中心"，在这种情况下，柏拉图的意思是，神居于（或掌握着）宇宙中心（就此而言可以推测，神是宇宙运动的根源）。

这最后一种意义，跟《法义》这段中接下来的说法非常吻合，即，神"通过循环完成依据自然的直接进程"。④ 无论这宇宙是神的一部分（即，是神的身体），还是在某种意义上是其创造物并在其掌控之下，宇宙的循环进程是直接的、依据自然的，而宇宙之所以如此，是因为神。毫无疑问，这涉及柏拉图在卷十（897b–898c）更重视的问题：天体的运动，宇宙整体的运动，是理性的、有序的（而非狂乱的、无序的）。也就是说，

---

① 评注家认定"'神'显然指的是造物者"这一判断过于草率，因为这段中并没有迹象表明"神"特指的是《蒂迈欧》中那位神圣的工匠（虽然也没有证据排除这一点）。

② 我认为，这最后一点，即是评注家所说神是"最终［原因］意义上的目标"这句话的意思。说神是德性的标准，我的意思不是说柏拉图主张伦理学上的某种道德神令论（the divine command theory）。这点稍后会更加清楚，把"神是万物的尺度"的观点，与"作为神或变得像神"的德性概念关联在一起时。

③ 评注家说，神"平等地出现在万物之中，即使万物分享到的有差异，就此而言，他是中段"。

④ 我认为，这里的"直接"指的是整个宇宙的恒常运动（或是有恒定范围的星体），与那些漫游的星体（行星，但参照《法义》卷七，821b–d）或宇宙中其他不规律运动的物体（例如流星）相对。

这种运动依据理智。

在向殖民者的演说中，接下来的内容最重要（716a－b）：正义是另一位神或精灵，紧随着刚刚描述的那位神。存在一种神法，紧随其后的便是正义涉及的部分。此外，如果一个人想要获得幸福，必须要拥有正义（大概还有其他德性）。考虑到所有这些情况，一个明智者应当如何考虑和行动？

> 那么，什么行为蒙神喜爱并追随神呢？有一个，可用一句古话来讲："适度的同类，惺惺相惜"①；不适度者既不会彼此相爱，也不会爱适度者。对我们而言，在最高程度上，神会是万物的尺度（πάντων χρημάτων μέτρον），远远超过任何一个"人"，如他们所言。② 要成为这一个存在者的钟爱之人，必定要尽力变得像他。根据这个道理，我们当中的明智者蒙神喜爱，因为他像神，而不明智的人则不像神，是与神不和的不义者——他还有其他与此相伴的［坏品质］，根据同一个道理。（716c－d）

神，而非某些人，是万物的尺度——在当前的语境中，它指的是德性（这里提到的正义、节制和明智）的尺度或标准。神通过拥有这些德性而成为其标准或尺度。蒙神喜爱和成为有德性者是一回事：变得像神。③

《法义》卷七也提到了"变得像神"和"成为适度者"的关联。例如，雅典人说："我们无论谁要变得像神，就应追求这样的状态：不许自己彻底倒向快乐。"（792c－d）在后面，柏拉图强调了变得像神在理智上的成分或表现：

---

① 参《奥德赛》（*Odyssey*）17. 218："神引导同类惺惺相惜"，或"同类惺惺相惜，如同神一样"（虽然如何翻译这句话存在争议）。亦参 Aristotle, *Rhetoric*, Ⅰ 11, 1371b12－17。

② 根据柏拉图和恩培里柯（Sextus Empiricus）的说法，普罗塔戈拉坚持，"人是万物的尺度"。参 Plato, *Theaetetus*, 152a；Sextus Empiricus, *Adversus Mathematicos*, Ⅶ 60。

③ 柏拉图有关德性和像神之间关联的说法，参 *Theaetetus* 176a5－b2；*Republic* 10. 613a7－b1；J. Annas, *Platonic Ethics, Old and New*. Ithaca: Cornell University Press, 1999；D. Sedley, "The Ideal of Godlikeness." In G. Fine（ed.），*Plato 2: Ethics, Politics, Religion and the Soul*. Oxford University Press, 2000, pp. 309－328。对照《法义》卷十，904d，那里柏拉图提到"结合某种神圣的德性"的更好灵魂。

　　我认为，如果在人类当中，有人要成为一位神、精灵或英雄，能够严肃地照管人，那他绝对要依据这些必然性行动和认识事物。无论如何，如果一个人无法学习1、2、3或一般的奇偶数，或者不懂得任何算术，或不会计算昼夜，不熟悉太阳、月亮和其他星辰的运行轨道，那他就远不能算作神圣的。（818b－d）

因此，变得像神也涉及（在一定程度上）要懂得算术和天文，包括（或尤其包括）天文学的计算——天体运动、季节变换。这说到了有关神之本性的一些事情：神的存在及其本性，与这个宇宙是可计算的理智——天体运动及其产生的季节改变，在数学上是有规则的——这一事实之间，存在一种关联。

　　作为对卷四和卷七相关内容考察的结尾，我从两卷中各选一个重要段落进行简述。

　　在向殖民者的演说中，雅典人说，在他们的城邦中，他们会敬重或崇拜（按这样的次序）：奥林波斯诸神、下界诸神、精灵、英雄、祖传神祇（即去世祖先的灵魂）、在世的父母（卷四，717a－b）。在《法义》卷五，延续着这一演说，雅典人说，我们每个人必须敬重自己的灵魂（726a）。

　　最后，在一段后面我们还会再提到的话中，柏拉图说："就最伟大的神和整体宇宙而言，我们认为，人们既不应进行考察，也不应试图发现其原因，因为这样做不虔敬。"（卷七，821a；参《蒂迈欧》28c）在几行之后，他提到，太阳和月亮是"伟大的神"（821b）。

三、《法义》卷十和卷十二

　　现在，我转到卷十和卷十二更精巧的神学。在其中，柏拉图比我们迄今所见走得更深，更少提到奥林波斯诸神，而且在论述中填补了一些缺口（尽管当然不是全部）。他也更倾向为其断言提供论证。但就我现在所见，他在这几卷中的说法，跟之前有关诸神的言辞并不冲突。

　　如其所言，卷十哲神学（philosophical theology）的目标是防范"年轻人的放纵行为和肆心之举"，尤其是像"针对公共的和神圣的东西"的行为（884a）。正是这一类重大罪行，带来了要论证诸神存在和善性的需要。

　　雅典人继而假定，他和对话者全都相信，太阳、月亮、星辰和大地是"诸神和神圣之物"（886d）。但鉴于城邦中存在不虔敬的观点，仅仅相信这点并不足够，他们必须证明"诸神存在且是好的"（887b）。他们想要反驳的三种不虔敬观点是（用我自己的说法）：（1）无神论，认为诸神不存在；① （2）自然神论，认为"诸神存在，但毫不关心人类事务"；（3）传统神观，认为"诸神确实关心人类事务，但很容易用祭献和祈祷求情"（888c）。

无神论者接受的观点是，宇宙及其秩序的产生，"并非通过心智，……也非通过某个神或通过某项技艺，而是……源于自然和机运"（889c）。相较之下，自然神论坚持认为，神是"万物生成和毁灭的第一因"（891e）。这些不虔敬观点，全都基于对灵魂本性的曲解："恰好成为灵魂的东西，灵魂所拥有的力量，以及关于灵魂的其他方面，尤其是灵魂的生成——灵魂何以属于最早之物，灵魂如何在所有物体之前生成，特别是，灵魂何以统领物体的变化和所有的重新排序。"（892a）

由于灵魂先于物体，"意见还有照管、心智、技艺和礼法，都先于硬的、软的、重的和轻的东西"，后面这些东西，"技艺和心智可能是它们的起因"（892b）。因此，自然神论者会宣称，灵魂的存在是出于自然。

> 他们［自然神论者和无神论者一样——引者注］的意思是说，自然是与最早的东西有关的造物。不过，如果最早出现的是灵魂，而非火或气，如果灵魂曾产生于最早的东西，那么，这样说几乎是最正确的：灵魂尤为自然。事实就是如此，如果有人可以证明，灵魂是早于物体的存在物，而非相反。（892c）

因此，为了反驳这些不虔敬的观点，雅典人及其对话者必须证明，灵魂比物体更加古老。

在经过对多种运动或变化的一场艰难而密集的展现之后，显然，有两种运动是最基础的："会有一种运动，能够使他物动起来，却不能使自己动起来，还会有另一种运动，始终能使自己和他物动起来。"（894c）柏拉图对神之存在的证明——他说得很清楚，这正是他在论证的事情——事实上是在论证，能使自己动起来的运动，先于能使他物动起来却不能使自己动起来的运动（这种运动包含了所有物理运动）。由于在后面灵魂被等

---

① 事实上，柏拉图并没有区分我们所谓的无神论与不可知论。

同于能使自己动起来的运动，因此这实际上是一个证明灵魂先于身体或物质的论证。此外，从宇宙的层面来说，成功地证明灵魂先于物质（或物质的所有活动和属性），就等同于（或是被认为等同于）证明了神的存在。

柏拉图给出了灵魂优先性的一个论证①（或者说，一对论证，894e - 895b），并得出结论说："推动自身的运动是一切运动的起因，既是静止之物中最早产生的，又是运动之物中最早存在的，因此，它必然是一切变化中最早和最强的，而那种由别的事物改变并推动他物的运动，则是第二等的。"（895b）

接下来，雅典人试图说明，灵魂、能够让自己动起来的运动和存在者，是同一事物或描述这同一个事物的三个名称（895c - 896a）。在明确谈到诸神——雅典人宣称，诸神的存在，已经得到证明——时，他补充说："灵魂等同于这样的存在者，它是……存在的东西及其所有对立物的最初生成和运动，因为，灵魂看起来是万物所有转变和运动的原因。"（896a - b）克勒尼阿斯（在某种程度上）赞同说："这已最充分地证明，灵魂在万物中最古老，是作为运动的起因而生成。"（896b）

从这点出发，接下来的是：（1）"灵魂是好东西和坏东西的原因……如果我们确实要把灵魂定为万物的原因的话"；（2）"灵魂因管理并居住在到处运动的万物之中，岂不必然可以说，灵魂也管理着天体？"（896d - e）雅典人继而问道："［灵魂有］一个还是多个？多个，我会这样回答你们。或许，我们无论如何应认为不少于两个：一个行善，另一个却能做相反的事。"（896e）这会引起几个问题，我后面会再提到。

灵魂通过自身驱动着事物的运动，例如，"意愿、探察、照管、深思、正确和错误的意见、欢欣、痛心、勇敢、胆怯、憎恨和喜爱"，由此"控制"着物体的次级运动，带来"事物生长和衰退，分裂和结合，并伴随热、冷、重、轻、硬和软、亮和黑、苦和甜"（896b），在理智的组织下产生出宇宙。

此刻，柏拉图似乎到了《法义》卷十中最接近准确说出神为何物的地方。遗憾的是，这里的文本可能存在一个问题：

---

① 对这一论证——种宇宙论论证——的讨论，参 R. Mayhew, *Plato: Laws 10. Translation with Commentary.* Oxford University Press, 2008, pp. 119 - 124。

> 灵魂使用所有这些，总是将心智作为帮手——心智，正确地讲，即诸神眼中的神——教化每一事物朝向正确的和幸福的东西。不过，当灵魂与非理智结合时，给万物带来的却是与此相反的东西。(897b)①

这里用含糊的词语 θεὸν ὀρθῶς θεοῖς（我译为"诸神眼中的神"）描述心智与灵魂的结合，即，好的灵魂。我觉得柏拉图要说的是，如果指的是引导宇宙（例如，太阳和其他天体，它们传统上被视为神明）的心智（与灵魂结合），这个心智可以正确地称为"神"。心智（Nous）使神成为神。在涉及（那些传统上认为的）诸神时，心智可以正确地被称为"神"，但当指称个体人的理智时，它不应当被称为"神"。拥有理智的人类灵魂，不是神，尽管如果能够达到最好状态，它可以"似神"（godlike），或被认为变得像神。即使我们接受迪厄斯（Diès）对此的修订（θεὸν ὀρθῶς θεος ουσα），柏拉图在说的似乎仍然是（尽管仍然一点也不清楚），"神圣心智"（用 theon［神］修饰 noun［心智］）可以恰当地看作一位神。

作为反驳自然神论和传统神观的序曲，柏拉图需要说明，诸神不仅确实存在，而且是好的。他通过天体来进行证明。

> 如果天体及其中所有存在者的整个路线和运动，与心智的运动、旋转和推理有着相同的自然本性，并以相似的方式运行，那么，显然我们应当说，最好的灵魂照管整个宇宙，并沿着那样的路线驱动宇宙。……不过，如果它们以狂乱的和无序的方式运行，［照管的］便是坏的灵魂。(897c–d)

天体通过了考验：诸神是好的——他们依据理智驱动宇宙（897d）。

克勒尼阿斯为他们两人的讨论做了总结："不过，异乡人啊，从目前

---

① 我使用和翻译的是 Burnet 的文本，他为这段话提供了最强的文献支撑。有争议的文本是 θεὸν ὀρθῶς θεοῖς。这句希腊文意思并不明确，但我发现现有提出的修订建议都不够具有说服力。参 E. B. England, *The Laws of Plato*. 2 vols. Manchester University Press, 1921：ii, 476；A. Diès, *Platon：Les Lois, Livres Ⅶ–Ⅹ*. Paris：Les Belles Lettres, 1956. Diès 主要依据两份文献中一个不太重要的评论，将有争议的部分修改为 θεὸν ὀρθῶς θεος ουσα。

所说的来看，无论如何，除了这样说之外是不虔敬的：灵魂，无论一个还是多个，具有驱动万物的完整德性！"（898c）有了"神不仅存在而且是好的"作为武器，柏拉图可以满怀信心地去反驳那两种不虔敬观点，即，接受神的存在，但否认神是好的。

在反驳自然神论的过程中，柏拉图不仅宣称诸神拥有明智、节制和勇敢等德性（900d－e），而且主张诸神"知道、看到并听到一切，任何能感觉和认识的东西皆无法逃脱他们的注意"（901d）。事实上，诸神不仅是好的，他们是最好的（901e）。他们不会忽视任何东西，不管多小的事情，当然更不会忽视人类事务（902a－c）。

在《法义》中，柏拉图从未直接将神称为"造物者"（demiurge）或"艺匠"，但在反对自然神论者论证的结尾，他最接近如此地做了：他提出，人类艺匠要恰当地完成自己的工作，必须能够同时照管大的部分和小的部分；此后，他说："我们决不能把神看得不如凡俗的艺匠，艺匠们尚能运用一门技艺，来完成适合自己的工作的大大小小的方面，他们做得越精确和完美就显得越好。"（902e，参903c）

接着，柏拉图提出了一组"神话的咒语"来支撑对自然神论的反驳，并这样开头："万物的照管者安排万物，为的是整全的保存和德性，并尽可能让每一部分遇到和去做适合自身的事情。"（903b）这些"咒语"做了两个重要宣称：（1）人类的灵魂使得身体由死亡变为活着，死后灵魂的遭遇，取决于其在世生活时是否有德性，或在何种程度上有德性；（2）统治宇宙的诸神，不会忽视任何事情，无论多小的事情，因此也不会忽视人类（尤其在人的死后）。在呈现神话咒语的过程中，柏拉图运用了一系列比喻来描述（诸）神："照管者"（903b）、"下跳棋的弈手"（他将灵魂移动到更好或更坏的位置，就像在跳棋盘上移动棋子一样，903d）、"我们的王者"（904a）。

相应地，我们可以简要处理柏拉图如何反驳传统神观——认为"不义者可向诸神求情——如果诸神接受礼物的话"（905d）。这种观点的错误之处，可以从下面的信念中推出：诸神存在，而且是好的，不会忽视人类事务。柏拉图的反驳，取决于将诸神视为统治者："或许，诸神必定是统治者，因为，诸神永远管理着整个天体。"（905e）问题变为：如果这种传统观点正确，诸神会是哪种统治者？答案是：极为邪恶的统治者。但诸神是好的——他们拥有德性（柏拉图在这里明确提到了明智、正义和节制：906a - d）。他们是"一切护卫者中最伟大的，高于最伟大的事物"（907a）。

现在，从《法义》卷十中产生出三个（相关的）神学问题，对这三个问题，柏拉图似乎意识到它们没有解决（或是他觉得，在这里的语境中不需要解决）：（1）灵魂究竟如何驱动或管理宇宙；（2）诸神的数量是多少——即，有多少灵魂驱动或照管着宇宙；（3）恶的最终原因是什么，具体而言，［恶的原因］是否是一种灵魂。让我们对这些争论逐个进行简要描述。

（1）灵魂如何驱动宇宙

灵魂如何驱动宇宙？柏拉图以太阳为例阐释了不同的可能性，他断言，灵魂的引导或引领，必定以三种方式之一（898e）：

1. 灵魂居住在太阳内，由此太阳是一个活物。

2. 灵魂在太阳之外，并以某种物质（"火或某类气的形体"）的"力量"推动太阳（898e - 899a）。

3. "本身没有形体"的灵魂，以"其他某种极其惊人的力量"引领着太阳（899a）。①

学者们试图去确定（我认为都没成功），哪一个是柏拉图的真正看法。② 但可以确定的是：哪一个观点（根据柏拉图）是正确的，这点并不特别重要，更关键的事实是，按柏拉图的理解，如果一个人接受灵魂在背后推动着太阳和其他天体的运动，那他必须承认，推动天体运动的灵魂是好的灵魂。同样清楚的是，柏拉图相信，这一灵魂"每个人都应当将之视为神"（899a）。

（2）诸神或宇宙灵魂的数量

贯穿《法义》整部对话，柏拉图交错使用"神"和"诸神"的说法。在尝试通过证明灵魂先于身体去论证（诸）神存在的过程中，他也类似地交错使用"灵魂"和"诸灵魂"。在讨论的某一时刻，雅典人甚至问："［灵魂有］一个还是多个？"（896e）他的回答是：不少于两个，好的灵魂和坏的灵魂。这至少产生两个问题：柏拉图相信有多少神或灵魂创造和

① 他也这样描述第三种方式："或不管用何种方法，以什么方式。"（899a）

② 对各种尝试的考察，参 R. Mayhew, *Plato*: *Laws* 10. *Translation with Commentary*. Oxford University Press, 2008, pp. 148 - 152.

/或照管着宇宙？他这里似乎承认存在一个坏的宇宙灵魂，这个灵魂是什么？在这小部分，我先讨论前一个问题，后一个问题放到下一部分。

在《法义》卷十，柏拉图提到复数的"诸神"有 90 次，单数的"神"只有 11 次。在这 11 次中，有 6 次指的是多位神中的一位（889c，893b，897b，899a，901b，901c），因此，它们跟认为"卷十的神学概念是多神论"这一看法并不矛盾。但其余的情况提出了一些问题：

1. 在反驳自然神论时，并且是在他自己刚刚提到"诸神"（在 900e）后不久，雅典人说："那就不应该说，神（*the god*）具有那种连他自己也憎恶的性情。"（901a）

2. 稍后，雅典人又两次提到了"这位神"：

> 那么，我们决不能把神（*the god*）看得不如凡俗的艺匠，艺匠们尚能运用一门技艺，来完成适合自己的工作的大大小小的方面，他们做得越精确和完美就显得越好；也不可认为智慧无比、愿意并能够照管的神（*the god*），不会照管容易照管的小事情……（902e–903a）

克勒尼阿斯和雅典人马上回到了使用"诸神"。

3. 在总结反对自然神论时，雅典人向一位假想的年轻自然神论者演说，似乎有意混用了"神"和"诸神"。他说："因此，在这里，如果你信服克勒尼阿斯和我们整个长老议事会：你不懂得自己关于诸神（the gods）的说法，那么，神（the god）本身就会高贵地帮助你。"（905c）

4. 接近卷十结尾，在刚刚提到诸神后不久，雅典人说："立法者不会遭神（*the god*）责备，因为他要制定这条法律。"（910b）接着他提出了禁止私人神龛的法律。

雅典人愿意交错使用"神"和"诸神"（或类似地，"灵魂"和"诸灵魂"），没有太多顾虑，这表明，至少在《法义》讨论神学的语境中，我们说是有一位神还是多位神，并不是太重要。如墨尔兰（Philip Merlan）所说："'一个灵魂'，'两个灵魂，一个好的灵魂，一个坏的灵魂'，'一个好灵魂，很多个坏灵魂'，'很多个好灵魂，一个坏灵魂'，'很多个好灵魂，很多个坏灵魂'——所有这些都比不上'灵魂'先于身体更重要。"① 不过，我认为也有可能的是，这种含混也反映了柏拉图的信念：有很多位神（至少在某种意义上），但其中有一位神最伟大——卷七提及了这个看法（821a）。

（3）恶的终极原因

柏拉图写道："灵魂是好东西和坏东西的原因……如果我们确实要把灵魂定为万物的原因的话。"（896d）接着，柏拉图似乎坚持认为，至少有两个灵魂活跃于宇宙中："一个行善，另一个却能做相反的事。"（896e）柏拉图并没有在《法义》中详细阐释这一看法。有人曾认为，柏拉图坚持主张存在一个坏的宇宙灵魂某种类似魔鬼撒旦（Devil）的东西。② 近来，鉴于"坏的宇宙灵魂似乎跟柏拉图在别处有关恶的起因的说法相悖"这一事实，学者们倾向于认为，宇宙中坏的灵魂，仅只有人类的坏灵魂，一种坏的宇宙（cosmic）灵魂的概念，只是一个假设，是用来帮助讨论，驱动宇宙运动的灵魂是理性的还是非理性的。③

让我们简要地转到卷十二，为这里的考察做出结论。

《法义》最后一卷书的后半部分，讨论的是夜间议事会（Nocturnal Council）的本质，及其成员必须精通的知识，此时，柏拉图大量讲到神学。但他所说的，只是对之前所说内容的重复或加强，而非增加［新的东西］。实际上，他总结和强调了在反驳无神论时的关键要点。

他写道，有两个事实或信念使人信神：

（1）一是我们关于灵魂的说法，灵魂何以在万物中最古老也最神

---

① P. Merlan, *Studies in Epicurus and Aristotle*. Wiesbaden：Otto Harrassowitz, 1960, p. 95.

② 这可能是普罗塔克的看法：参 *Isis and Osiris* 48（*Moralia* 370e – 371a）；*On the Generation of the Soul in the Timaeus* 6 – 7（*Moralia* 1014d – 1015f）。

③ 柏拉图在其他作品中对这些问题的讨论，参《泰阿泰德》（*Theaetetus*），176a – b；《蒂迈欧》（*Timaeus*），47e – 48b；《治邦者》（*Statesman*）269c – 270a。关于这一问题的二手文献汗牛充栋，例如：G. R. Carone, "Teleology and Evil in *Laws* 10." *Review of Metaphysics* 48, 1994, pp. 275 – 298；J. Clegg, "Plato's Vision of Chaos." *Classical Quarterly* 26, 1976, pp. 52 – 61；H. J. Easterling, "Causation in the Timaeus and Laws X." *Eranos* 65, 1967, pp. 25 – 38；M. Meldrum, "Plato and the 'Archê Kakôn'," *Journal of Hellenic Studies* 70, 1950, pp. 65 – 74；R. Mohr, *God and Forms in Plato*. Las Vegas：Parmenides, 2006, ch. 8；G. Vlastos, "Disorderly Motion in the Timaeus." In *Studies in Greek Philosophy*. Vol. 2：*Socrates*, *Plato*, *and Their Tradition*（ed. D. W. Graham）, Princeton University Press, 1995, pp. 247 – 264.

圣——万物的运动一旦生成，就能使其获得永恒流动的存在。① （2）另一个则涉及星辰的有序运动，以及由理智支配的其他事物的运动，理智会有序地安排宇宙大全。（966d－e，参967d－e）

柏拉图继而指出，对于学习天文学的任何人来说，显然，天体拥有灵魂和理智（966e－967b）。

四、《法义》中诸神的本性

柏拉图认为，诸神存在，并且是好的。他们是好的，原因是他们拥有整全的德性——理智、正义、节制、勇敢——虽然看起来，诸神和理智之间具有尤其重要的关联：受神统治即是受理智统治；神的定义可以就是理智与宇宙灵魂——安排和驱动（部分）宇宙的灵魂——的结合。或许也可以恰当地认为，正义是一位神（大概其他德性也都同样如此）。② "诸神是好的"也指的是，他们依据理智驱动宇宙。作为德性的标准和天体秩序的根源，神是万物的尺度。

人类是存在连续体的其中一部分，这个连续体包括从诸神，到精灵，到去世祖先的灵魂，到活着的人类（虽然神和精灵显然比人类更好），全部这些都可以——在广义或宽松的意义上说——被视为诸神或像神的存在。③ 这个存在连续体的共性，似乎是灵魂和德性（能力）。诸神知道、看到一切，不会忽视任何东西——包括人类。诸神与人的关系或关联，超出了仅仅作为人应该去效仿的标准或典范。诸神倾听我们的祈求，并通常希望我们过得幸福。

诸神先于物体（或比物体更古老）。在卷十，为了证明诸神存在，柏拉图让雅典人论证了灵魂对物体的优先性。因此，按照《法义》的看法，

---

① 关于"生成"，参889a及897a－b。灵魂，或是与灵魂相关的运动（例如照管），支配着物体的属性和运动，并因此支配着万物的生成，借此产生"永恒流动的存在"——我认为这指的是宇宙的恒速运动。

② 我之所以这样说，是因为：（1）根据《法义》的神学，作为诸德性之首的理智，可以直接看作为神；（2）按照克洛诺斯神话的描述，正义追随这位神，因此，正义可能是一位神或精灵。如果理智和正义都是神，那可能所有德性都是（虽然这里仍有很多不清楚之处）。

③ 在讨论葬礼法律时，雅典人说，尸体是"死者的幻象"，而"我们每个人的真正存在名为'不朽的灵魂'，则去对其他神报告，如祖传的礼法所言"（卷十二，959b）。

至少就通常而言，神即是（或拥有）灵魂。此外，由于每位神都是一个宇宙灵魂，依据理智安排宇宙的秩序和进程，因此他是最好的灵魂，拥有理智，照管整个宇宙。柏拉图说，这样一个灵魂"我们每个人都应当将之视为神"（899a）。

说这些灵魂先于物体，并不是说他们直接产生出了物理实在。相反，诸神要负责的，是最初的运动和生成，它们带来了宇宙当前和持久的秩序——赋予物质以物理特性（如，热或冷，重或轻，苦或甜），并引起宇宙的运动。当柏拉图说，灵魂是万物的根源或起点时，他［所说的万物］指的是，在这个宇宙中存在的一切物理事物。灵魂并非万物无限（*simpliciter*）的第一因，而是"万物生成和毁灭的第一因"（891e），是"所有变化中最早和最强的"（895b），是"万物所有转变和运动的原因"（896a – b）。

柏拉图说，灵魂"属于最早之物，在所有物体之前生成"（892a），他们"在最早之物中已生成"（892c）。但除了灵魂（包括宇宙灵魂）之外，还有什么东西属于最早之物之列？是什么导致了灵魂的生成？柏拉图并未回答这些问题，至少在《法义》中没有回答。

回想一下卷七这句话："就最伟大的神和整体宇宙而言，我们认为，人们既不应进行考察，也不应试图发现其原因，因为这样做不虔敬。"（821a）这不是指所有的神学探讨，因为卷十的神学讨论是不虔敬法律的序曲，所以它适用于马格尼西亚城邦所有公民。因此，［卷七话语］所指的，必定是《法义》中不包括（或未充分解释）的某些东西。

我认为下面这些问题——或许隐含着，但从没明确讨论——就是那类，对它们的考察，在马格尼西亚会被认为不虔敬（至少如果公开考察的话）：

1. 最伟大之神的确切本性，以及什么（如果有的话）是其原因（或解释）。

2. 这位最伟大之神与其他诸神的关系。①

3. 除了灵魂，生成的最早之物还有其他什么（如果有的话）。

---

① 例如，某位神驱动着太阳，对这样一个灵魂如何驱动太阳的考察，并不在禁止之列，如我们所见。但是，对整个宇宙如何被驱动——它意味着，这位最伟大的神如何安排所有驱动其他各种天体的诸神，并对后者负责——的考察，确实在禁止之列。

让我们撇开柏拉图虔敬概念的束缚，尝试在确切已知的柏拉图神学中，简要考察一下这位最伟大的神，及其与其他神之间的关系。

如果一位神与宇宙灵魂结合时是理智的，而且太阳是一位神，因为它是拥有理智的宇宙灵魂，驱动着一个特定天体，那或许，最伟大的神就是纯粹理智，对整个宇宙负责，安排其秩序，推动其运动——这整合并引领着所有其他神明的运动。柏拉图连接起了"最伟大的神和整体宇宙"。由于在《法义》中，柏拉图努力让自己的看法与传统有关诸神的概念尽可能关联，因此，他很可能会说，虽然结果证明，只有一个好的灵魂，推动着所有天体的运动，但我们仍应继续认为，世界上有很多神明。理智与灵魂的结合作为太阳运动的推动者，是一位神，理智与灵魂的结合作为月亮运动的推动者，是另一位神，等等。将这些神明与传统宗教诸神的名字关联起来，例如称他们为克洛诺斯、宙斯、阿波罗等等，是有益的。

现在，柏拉图所说灵魂的生成，带来了这一问题：这位最伟大的神究竟是否是一个灵魂，或者他是否拥有一个灵魂。或许，最伟大之神作为纯粹理智，意味着它只是理智（甚至是形式，理智自身［Reason Itself］），没有灵魂，而且，它是所有灵魂的来源。这一连串推测会带来一系列可能无法回答的问题（而且根据柏拉图的看法，试图回答它们是不虔敬的）。例如：理智是否可以脱离灵魂而存在？[1] 或是否存在一种特殊类型的灵魂（拥有理智），不是生成的，但却永远存在？此外，《法义》这位最伟大的神，与《蒂迈欧》中的造物者和世界灵魂，是何关系？对于讨论柏拉图晚期对话中神学的学者来说，这些问题如此重要，但很不幸，它们在《法义》中没有答案。[2]

五、《法义》的模糊神学

《法义》的神学模糊不清，或者描述得不够。之所以如此，我相信有两个原因：（1）哲神学非常困难，而且，（2）它也因此潜含着危险。

---

① 柏拉图似乎认为不可以（《斐勒布》［Philebus］，30c；《蒂迈欧》［Timaeus］，30b；《智术师》［Sophist］，248e–49d），但参考 S. Menn, *Plato on God as Nous.* Carbondale and Edwardsville: Southern Illinois University Press, 1995, ch. 4，我也"对理智能否脱离灵魂而存在，持中立态度"，参 C. Bobonich, *Plato's Utopia Recast.* Oxford University Press. 2002, p. 505。

② 在我看来，Menn 对晚期柏拉图神学做了最近乎成功的阐释，S. Menn, *Plato on God as Nous.*，1995。不过，其中对于《法义》内容的说法，仍然是推测性的。

在马格尼西亚城邦——在这一城邦中，好人不是哲人（除了极少的特例），也不是哲人统治——及其法律的情况中，柏拉图认为，要确保为法律和公民道德品格提供恰当支持，所需要的全部东西是，成功证明诸神存在、诸神是好的而且关心人类事务。但即使要向非哲人证明这一色彩很淡的神学，也并不容易，正如渡河类比（River Fording Analogy）所清楚表明的。

在论证诸神存在之前，雅典人告诉克勒尼阿斯和墨吉罗斯：

> 假定我们三人必须渡过一条十分湍急的河流，而我恰好是我们中最年轻的，并对水流有丰富的经验，我说，我应当亲自第一个试水，把你们留在安全处，我要摸索一下，像你们年纪较大的人能否渡过去，或情况如何。要是我认为可以，那我就招呼你们，并用我的经验帮助你们渡过。但如果你们不可渡过，冒险的就只有我啦。我这样说似乎得体。确实，现在论证即将进入吃紧之处，或许，凭你们的力量几乎不能渡过。（892d‒e）①

接下来，柏拉图将克勒尼阿斯呈现为很吃力的理解论证者，但这种理解也只是以赞同的形式表现。对于无神论的讨论，克勒尼阿斯和墨吉罗斯没有任何真正贡献，他们在理解材料时明显感到困惑和艰难，因而对于他们有多深入地理解了雅典人提出的问题和做出的论证，存在很大疑问。在整个讨论中，墨吉罗斯保持沉默；克勒尼阿斯偶尔插话，有时是赞同雅典人的说法，但更多时候是在表达自己的困惑（例如，参见894b，894d‒e，895c‒d）。

由于大部分人都接受滋养他们成长的诸神故事，不大可能会挑战这些信仰（887c‒e蕴含着这一看法），因此让民众普遍看到柏拉图式哲神学中艰深、难解的前沿问题，不仅无助于强化或巩固恰当的公民宗教信仰，而且事实上，［哲神学讨论的问题］会投射怀疑到信仰上，或让信仰陷入晦涩难懂，反而会削弱这些信仰。因此，对于一般公民来说，为何考察最伟大的神或试图发现整体宇宙的原因是不虔敬的行为，这必定就是原因所在。那些正是雅典人甚至不会试着要帮助克勒尼阿斯和墨吉罗斯渡过的

---

① 亦参897d‒e，900c，909e，对比《王制》（Republic）卷六，506d‒e。

河流。

城邦及其公民的善，并不需要他们理解或探究：最伟大的神是否是理智，理智是否可以脱离灵魂而存在，以及纯粹理智是否是所有其他灵魂的起因，等等。因此，《法义》本身并不需要解决这些问题。但我认为，导致模糊性另一个可能的根源（虽然也是相关的）是，不仅向一般公民传达或讨论神学很困难，而且，神学本身就是一个极其费解的话题，即使对哲人来说。

我认为，这一点在《法义》卷十二快结束时有所暗示，在讨论夜间议事会的地方。[夜间议事会]成员必须讨论的话题包括：德性的诸形式——理智（或明智，或审慎）、勇敢、节制和正义，其中，理智是领头的——以及柏拉图长久以来感兴趣的相关问题，即德性的统一性。这跟他晚期对话中尤其感兴趣的一个问题相关：诸形式之间的关系（参963a – 965e）。

柏拉图认为，跟这些问题相关的一个话题是，诸神的存在和本性。他说，要成为"统治者的夜间议事会"（968a）其中一员，必须理解已经提到的那些关键神学观点，对它们的论证，以及它们跟传统宗教主张之间的关联（如果有的话）：

> 没有哪个必死之人会坚定地敬神，除非他已掌握现在提到的这两点：在分有生成的万物中，灵魂最古老，灵魂不朽且统治一切物体。除此之外，他还要掌握常常谈到的这点：在星辰中，据说正是存在者的理智在控制，并掌握必然先于这些事务的学问。他应明白这些学问与涉及缪斯之事的共同之处，还应把这种见识和谐地运用到涉及性情的习俗和礼法中。对于有合理解释的事情，他应能给出解释。（967d – 968a）

柏拉图写作这最后一部作品时，他意识到有许多哲学问题仍有待解决。其中一些问题，是其哲神学的核心问题——对此，学术共识的缺乏也是一个证据。有关诸神的本性，柏拉图在《法义》中表达得并不清楚，我认为，这部分是因为他脑子里对这些问题的回答也并不清晰。如果雅典人为夜间议事会设定的课程科目，类似于柏拉图想要在其自己的学园开设的课程,① 那么，这些艰深的问题能够在学园中继续讨论，正是柏拉图的愿望。

　　总结来说（做个简要结论），对于理解柏拉图晚期对话作品中的神学来说，《法义》能有什么贡献？首先，我认为它确实支持了梅尔德伦（Meldrum）的结论："并不存在我们可称之为'柏拉图神学'的东西。"②这一说法或许有些夸张，但绝非言过其实。其次，更积极一点来说，有关在柏拉图那里神的身份的学术争论，以及理智、造物者和世界灵魂之间关系的推论性讨论，我认为，任何不把理智作为柏拉图主神候选者的假设，或任何贬低理智在其神学中地位的假设，都很可能是错误的。

---

　　① 参 Morrow, *Plato's Cretan City: A Historical Interpretation of the Laws.* Princeton University Press, 1960, pp. 509 – 510。

　　② M. Meldrum, "Plato and the 'Archê Kakôn'," *Journal of Hellenic Studies*, p. 74. 当然，Meldrum 本人主要是依据《法义》得到这一结论，但西塞罗也先有类似的看法，Cicero, *De natura deorum*, Ⅰ 30。

论"属人的"与"属神的"

——《法义》卷五中的"序曲"

梅特卡夫（Robert Metcalf）撰

在柏拉图《法义》的开篇部分，克勒尼阿斯提出，一切人对一切人皆是"敌人"，每个人也都是自己的敌人，因此，在我们自身内部，在进行着一场自己针对自己的战争（626d–e）。这一观点决定着紧随其后的讨论：德性的意涵是，在同恐惧、痛苦、欲望和快乐进行斗争（633c–d），并可以"忍受"快乐、决不被迫做任何不光彩的事情（635c–d）之后，能够"自己战胜自己"（626e）。① 由此，灵魂中这场战争的胜利，实际上是我们身上的上等之物控制着下等之物，相应地，德性被理解为能够控制自己——雅典异乡人特别指明，"好人就是那些能够控制住自己的人"（644b）。对德性的这一争论性定位，尤其是有关快乐和痛苦的说法，雅典异乡人借助赫西俄德的诗句［加以说明］——在柏拉图的《王制》（Republic）中，阿德曼托斯（Adeimantus）也引用了这诗句："通往邪恶之路是平坦的，走起来毫不费力，因为它非常短；永生的诸神铺下了艰辛，通往有识之士的路又长又陡。"②

对德性的这一争论性定位，有其自身的哲学意义，但同时也暗含了卷五［法律］序曲的构成。首先，为了使德性等于"自己战胜自己"这一界定说得通，它在灵魂内部建立起了一个上等之物优于下等之物的等级序列，并将之对应到一个诸善的等级序列上，即"属神的"诸善优于"属人的"诸善。雅典人在更早的文本中区分了这两种类型的善，并这样指出

---

① 雅典人接着讨论了个体如何按要求去与快乐进行斗争，以达到德性的胜利。在这一特别事例中，所讨论的德性是勇敢和节制（647c–d）。

② 这些诗句来自《工作与时日》（Works and Days），287–289。参阿德曼托斯在《王制》中对这些诗句的引用，《王制》（Republic），364c–d。

他们各自的重要性：

> 这些善物是双重的，有些属人，有些则属神。但属人的取决于属神的诸善，如果一个城邦取得了更大的一头，它也会取得较小的一头；如果不是，就会两头皆空。在较小的诸善中，健康居于首位；第二位是俊美；第三是强健，跑步和其他所有身体运动上的强健；第四是财富……首先，明智在属神的诸善中居于主导地位。其次是跟随理智的灵魂之节制习性（σώφρων ψυχῆς ἕξις），这些结合勇敢，就产生了处于第三位的正义。第四位是勇敢。后面所有这些［属神的］善，在等级上自然高于前面那些［属人的］善，立法者应该按这个等级来排列它们。（631b–d）

第二个关键意涵是，较高（属神）之物与较低（属人）之物关联的确立，可以用神话的方式来表达，就像我们在卷四所呈现的克洛诺斯（Cronus）神话中看到的一样。雅典人在那里说，在克洛诺斯时代，人的自然本性压根无法控制人类事务，当它拥有主宰一切的权威时，没有不充满肆心和不义的（713c）。① 克洛诺斯了解并考虑到人类这一情况，就指派了精灵这一种族统治我们，就像我们统治羊群和牛那样（713d）。这就是说，对于我们由人性导致的无法自我统治，克洛诺斯设计了一种政治上的解决方案，即让精灵取代人类成为各城邦（πολεις）的君王和统治者。由于克洛诺斯的安排，人类种族获得了很好的照料，精灵们毫不吝啬地提供和平、敬畏、好法律和正义，这使得人类种族没有内乱，活得幸福（713d–e）。

---

① 潘戈（Pangle）正确地指出，克洛诺斯神话将邪恶和不幸加到了人类本性之中。Thomas L. Pangle（tr.），*The Laws of Plato*，Basic Books，1980，p. 442.

接着，雅典人这样述说这一神话的"目前"寓意①：

> 目前这个运用此真理的论述要说的是，那些由某个凡人而非某位神统治的城邦，无法摆脱各种邪恶和艰辛。这个论点认为，我们应该千方百计地模仿据说克洛诺斯时代就已存在的生活方式；在公共生活和私人生活中，在安排我们的家庭和城邦中，我们应顺从我们分有的一切不朽（ἀθανασίας）因素，将理智的分配称作"法"。但如果有个人，或某个寡头制，或某个民主制，其灵魂沉湎于各种快乐和欲望，并需要由这些来填满，什么也抵挡不住，而患上了无尽的、永不知足的邪恶——如果这样一个人统治着城邦或某个私人，把法律踩在脚下，像我们刚刚所说的，那就无可救药了。（713e–714a）②

换言之，虽然确实，永生的诸神铺下了艰辛，通往有识之士的路又长又陡——它需要在通往德性的道路上进行持续的战争——但即使如此艰难，我们仍能实现德性，这仍然要感谢诸神。因为诸神提供了一个可以参照的典范，以此帮助我们处理自身事务，同时，通过变得尽可能"像"神，我

---

① 这一神话叙述本身，受到贯穿《法义》前四卷的修辞–教育学叙述所限定。我们在前面已经读到，"德性教育"可以通过引导快乐和痛苦而进行（643c–644c）。相应地，德性被理解为在快乐和痛苦上的"正确安排"，教育就在于快乐和痛苦上的正确训练（653a–654d）。按照这一设计，有教养的人只会以遵从法律的方式体验快乐（659d），而且，[《法义》]告诉我们，睿智的人"快乐和痛苦符合并遵循正确的推理"（696c）。同时，这种德性教育是修辞性的：立法者必须说服人们不义的生活方式比正义的生活方式更不快乐（663c–d），而且这一说服必须维护快乐和有德性者之间的关联（662d–663a）。在某种程度上，这种修辞也特别是神学性的：[《法义》]告诉我们，这一教导必须是神灵所说，最好的生活是最快乐的（664a–c）。我们可以理解，神是尺度（716c），那些有德性者是最像神的人（716d）。对于前面勾勒的说服方式是合乎理性的，还是修辞性的，研究柏拉图《法义》的文献之间存在很多争论（在那里，修辞被理解为哲人不屑一顾的方式），然而，《法义》文本本身并没有挑唆理性说服与修辞说服之间的争吵。相反，说服被理解为立法者处理事务时的一种技术——或许应该是，一个由各种技术组成的家族——跟其他种类的技术一起：宣传法律的方式，有时候是说服，有时候是强制，有时候是惩罚（718b–d）。在一个完整的法律系统中，这些技术彼此协作，这一事实非常清楚，因为雅典人说，首先，立法者必须分配荣誉和耻辱（697b–c）；其次，立法者必须依据这一准则，将违反者视为可耻（711c）。

② 无可否认，这段话中有很多东西需要引起我们注意：例如，通过神话方式表达的"真理"——这里称为论点（logos）——被说成是"认为"（deem）某些一般安排是正确的；其中隐含的追求快乐的现象学，以致沉湎于各种快乐和欲望，并"需要由这些来填满"，等等。

们可以获得作为德性的胜利。① 我们受嘱要尽最大可能去仿效克洛诺斯时代提供的幸福生活，在我看来这意味着，我们可以认为，德性和"统治自己"就等同于神话论述中被高于我们自己的存在物所统治。透过神话的镜头，我们可以看到很多东西，这一镜头为我们理解卷五序曲提供了某些路径。

但在把注意力转向这个序曲之前，我们应当留意，卷五开始前，雅典异乡人与其对话者刚刚在更大程度上澄清了所探究的话题，以及该如何讨论这些话题。雅典人注意到，他们从大约黎明时分开始讨论，现在已是正午（722c），而直到此刻他们才清楚意识到，之前一直在讨论法律构成的序曲，这些序曲就像音乐序曲那样，由"令人惊奇的严肃性构成"（322d - e［译按：这里原文行码标注有误，应为722d - e］）。这些序曲的构成，之前涉及诸神以及祖先，现在要开始谈论应该如何严肃对待和放松自己的灵魂、身体和财产（724a - b）。发布这些序曲的目的在于，"这样，接受由立法者公布的法律的人就可能接受命令——亦即法律——他怀着更认同的心情接受，从而更易于学些东西"（723a）。接着，雅典人似乎开始着重强调学习（μανθάνειν）的重要性，体现在他对记忆（μνήμη）作用的强调上："因为，随后要说的东西并非无关紧要，序曲对能否清楚地记住这些东西作用可不小。"（723c）我们将会看到，对记忆在序曲构成中作用的关注，对于说明序曲最为独一无二的特征可能至关重要。

说到对卷五序曲的初步印象，很多评论者提到，它读起来像一篇长长的布道，② 这点很难让人否认。或许，这一部分最醒目的特征是它的非对话性，它绵延了 21 个行码（Stephanus pages），到了结束的时候，克勒尼阿斯只说了这样一句话："你所说的方方面面都很好，雅典异乡人哟，那

---

① 潘戈评论说："神的主要特征，不是正义（或勇敢），而是节制和内心准则。神并不主动施恩人类，甚至也不颁布法律，他对人的益处，仅仅是为人提供了效法的模型。"Thomas L. Pangle（tr.），*The Laws of Plato*，1980，p. 444.

② 尤尼斯（Yunis）评论说："对于柏拉图在序曲中所做之事，最好的描述方式是说，它们是立法者向公民进行布道。"Harvey Yunis, *Taming Democracy*: *Models of Political Rhetoric in Classical Athens*. Ithaca, NY: Cornell University Press, 1996, p. 229. 拉克斯（Laks）将《法义》卷五开篇描写为"一种训诫，涉及一个人对其父母、朋友、城邦同伴以及自己灵魂（这是最重要的）的责任。这一向新克里特殖民者的长篇演说，是一篇令人印象深刻的布道……"参 André Laks, "The Laws." In *The Cambridge History of Greek and Roman Political Thought*, edited by C. Rowe and M. Schofield. Cambridge: Cambridge University Press, 2000, p. 264。

正是我必须做的。"（747e）① 对一些评论者来说，卷五的非对话特征表明了其"非苏格拉底式"（un-Socratic）的特性，因为这一序曲并不邀请读者去做哲学思考。② 正如奈廷格尔（Andrea Nightingale）所言，"相信诸神会认可人类自己通过哲学探究发现的真理，这是一回事，但鼓励那些尚未认识这些真理的人将之作为神圣权威加以接受，而不是鼓励他们自己去寻找真理，这完全是另一回事"③。另一方面，如我们前面所见，雅典人说得很清楚，这个和其他序曲的关键，在于要说服听众。对于所讨论的说服问题，尤尼斯（Harvey Yunis）提供了下面的评论：

> 序曲意在提供一种劝谕性的表述，以诱导公民自觉遵从法律规定，而不用诉诸法律中的惩罚。……本质上，序曲的目标指向公民的心理状态，因为它是指导行动的方法。在序曲的第一次尝试中，雅典人陈述了法律，然后加上他应谨记（διανοηθέντα ὡς），接下来是劝谕性的话语（721b7）。……如果记住诸如此类的话，他就会遵行法律的规定。如果公民相信序曲，他就会由于自己的所信履行法律条款。法律及其惩罚就成为多余之物（参 822e4 - 823a6）。只有当序曲被拒绝，法律才真正必要（参 854c6 - d1，870e4 - 871a1）。通过提供信仰——它足以带来法律中可设想的行动，柏拉图试图弥合信仰与行动间的鸿沟。④

这一解释说明了，尽管是非对话式的，但序曲可以如何通过说服非强制性地促成公民遵守法律。在这种解读中，独白形式更适合进行这种单向

---

① 施特劳斯（Strauss）评论道："除了克勒尼阿斯在最后的回应之外，雅典人是卷五唯一的发言者。在《法义》全书各卷中，这一卷是最少对话性的。"Leo Strauss, *The Argument and the Action of Plato's Laws.* Chicago: University of Chicago Press, 1975, p. 81.

② 参 Andrea Nightingale, "Writing/Reading a Sacred Text: A Literary Interpretation of Plato's *Laws.*" *Classical Philology* 88, no. 4 (1993), pp. 295 –296. 亦参 Roslyn Weiss, *The Socratic Paradox and Its Enemies.* Chicago: University of Chicago Press, 2006, p. 183。Laks 提到，哲学一词在《法义》中仅出现了两次（857d, 967c），"它似乎被降到了一个完全次要的角色"。André Laks, "The Laws." In *The Cambridge History of Greek and Roman Political Thought*, 2000, p. 260.

③ Andrea Nightingale, "Writing/Reading a Sacred Text: A Literary Interpretation of Plato's *Laws.*" *Classical Philology* 88, no. 4 (1993), p. 285.

④ Harvey Yunis, *A New Creed: Fundamental Religious Beliefs in the Athenian Polis and Euripidean Drama.* Göttingen: Vanderhoeck & Ruprecht, 1988, pp. 33 –34.

性的指引：演说者提供那些希望说服听众接受、记住并要去遵行的信念。不过，这确实会产生一个问题：这些序曲何以被认为可以说服听众？它们的说服力，是否仅是出于演说者的权威，就像尤尼斯和奈廷格尔认为的那样？[①] 或者，情况是否是，尤其是卷五序曲的说服力，主要在于它重述了柏拉图《法义》前面概略叙述的道德教育？[②]

无论如何，撇开对序曲何以具有说服力这一问题的不确定回答，序曲本身的语言表达也引人注目。首先要注意，卷五的开头部分用的是一个在希腊语中具有严肃和冲击性语气的句子："属于一个人的所有东西中，最神圣的是诸神之后的灵魂，灵魂是最属己的东西。"（726）[③] 这种表达是否可能让听众对法律"心生好感"，这点暂且不论，但在介绍有关财产的法律时，它确实是一种让人难忘的方式，并因此可能由于这种记忆上的价值而获得部分合理性。[④] 紧接着这一开头之语，雅典人说，继诸神之后，一个人应敬重自己的灵魂（727a），而要做到这点，恰当的方式是，尊崇他自己身上上等的和较好的那类作为主宰，使之高过并主宰低下的和较坏的奴隶部分（726）。他解释说，问题在于，我们当中没有人正确分配了荣

---

① Yunis 解释说："说到［序曲的］内容，以这种激进方式所传布的信息，本质上只不过是断言（assertion），这一信息不需要任何形式的推理，不管多么简单或迂回的推理。不过，告谕（proclamation）不同于断言，可以远比断言具有更强的说服力量。告谕和断言的区别，在于信息发布中的权威……在这种布道中，指令是一种累积的道德权威，可以迫使听众产生确信。"参Harvey Yunis, *Taming Democracy*: *Models of Political Rhetoric in Classical Athens*, pp. 231 – 232。类似地，Nightingale 认为，序曲是由"一位几近于神的立法者"所发布，并且"以独白的方式所书写，由不得公民质疑或挑战"。Andrea Nightingale, "Writing/Reading a Sacred Text: A Literary Interpretation of Plato's *Laws*", p. 293。

② Cohen 写道："马格尼西亚法律的'典范'序曲（726a – 734e），将法律奠基于对前三卷社会化理论的一种劝告式总结……序曲在收尾处劝诫公民，要选择（733d – e，734c – d）这种德性生活，而不要遵从自己强加的法律，过一种低等的生活方式。"参 David Cohen, "Law, Autonomy and Political Community in Plato's *Laws*." *Classical Philology* 88, no. 4 (1993), p. 310。无可否认，这些解释之间并不相互排斥：听众为卷五序曲所说服，可能是因为它重述了前面概述的道德教育的突出特征，或者可能是因为立法者的权威，也可能两者兼而有之。

③ Yunis 比较了柏拉图《法义》序曲和基督教会的布道语言，因为两者似乎都利用了（1）权威性告谕，（2）热烈的宏大风格和朴素的话语。他解释说，宏大风格是庄重的、高贵的、密集的、非均质的，在宣讲最重要的主题时，它努力争取产生激昂的热情。参 Harvey Yunis, *Taming Democracy*: *Models of Political Rhetoric in Classical Athens*, p. 231。

④ 或许，这里罕见地称呼灵魂为一种财产，其原因也可以从如下事实进行解释：序曲要导向对共有财产的讨论（739c – e）。

誉，尽管我们认为自己那样做了。① 相反，通过使用言辞或礼物或某些迁就，通过称赞灵魂或鼓励灵魂为所欲为，或是把自己应负的责任推到别人头上，使自己免责，我们最终夸大了自己［玷污了灵魂］（727a－c）。在所有这些方式中，我们自认为是将荣誉赋予灵魂，实则是在损害灵魂。在这里，对于这段文字后的那个著名论断——万恶之首就是灵魂中与生俱来的东西，即，对自己的过度友爱——我们就可以将之理解为，这是在部分解释我们对正确分配荣誉的系统性曲解。这一论断也接着表达了对于如何“坚持追求更好之物”的实用性教导：“因此，人人都应该避免过度自爱，相反，应该始终跟随好过自己的人，不要受任何羞耻感妨碍。”（732b）

至于各种玷污灵魂的行为可能带给灵魂的具体伤害，雅典异乡人在其后马上举了一个例子：“当一个人沉溺于与立法者的忠告和称赞相悖的快乐时，他压根就没有敬重灵魂，而是在玷污它，使它充满邪恶和懊悔。”（727c）② 接着，他列举了一系列行为，皆与此相似，都是玷污灵魂的方式：无法坚定地忍受各种受立法者称赞的辛劳、恐惧、痛苦和困境（727c）；认为活命始终是好，而不计任何代价（727d）；敬重美胜于德性——最后一种情形是“真正地、彻底地玷污灵魂”，因为“这个看法错误地认为，身体比灵魂更可敬。然而，没有哪个大地所生之物比奥林波斯诸神［的礼物］更可敬，对灵魂持不同意见的人并不理解，他疏忽的这种所有物多么神奇”。（727d－e）演说到了这里已经变得很清楚，演讲者试图首先说服听众，正在讨论的诸善之间并不具有可比性：既然如此，尊崇灵魂就需要认识到，灵魂比任何“大地所生”之物都更加尊贵。接下来的例子是，当某人热衷于不光彩的获利时，他被描述为“为了一点点金子竟出卖灵魂中可敬的和高贵的东西；但地上和地下的所有金子都抵不上德性”（727e－728a）。这里使用的语言，即“地上和地下”的东西，在我看来，是有意要去强调地上所有物跟奥林波斯诸神之物之间的不可比性。

---

① Benardete 追溯了这段中“假定”“认为”等动词的用法，并得出结论说，自己的知识是这段话的困扰：“它既需要个人具有判断好坏的知识，同时又需要一种无知的知识。在从诸神转向灵魂时，雅典异乡人总结了柏拉图《苏格拉底的申辩》（*Apology of Socrates*）［的观点］。”参 Seth Benardete, *Plato's Laws: The Discovery of Being*. Chicago: University of Chicago Press, 2000a, p. 155。

② 参见《高尔吉亚》中有关来世的神话，那里声称，灵魂因罪行而变得面目全非——这是将懊悔刻画为灵魂面目全非的一种可能方式。

用一者去交换另一者非常荒谬，这是柏拉图作品中一再出现的主题——例如，想一想《斐多》（Phaedo）中苏格拉底的话（68e－69b），或者《会饮》（Symposium）（218d－219a）所记苏格拉底对阿尔喀比亚德说的话，等等。

此外，我们在下文中得知，适用于灵魂诸善的标准，跟适用于身体和属于身体之物的标准完全不同。对于前者，雅典人明确指出，谁要是不愿意"采用各种方法"避免可耻的、坏的东西，并"竭尽全力"践行好和高尚的东西，那每个这样的人事实上都是在玷污其灵魂（728a－b）。换句话说，敬重灵魂要求毫无保留地献身于德性，按雅典人的说法，因为"敬重意味着跟随较好的东西，而较坏的东西则要考虑改进，以使它们尽可能靠近相同的目标"（728c）。相较于有关灵魂的这种"完美主义"① 标准，对身体诸善和物质上的好，评价的标准是适度（mean）。例如，雅典异乡人说，我们不会想要拥有一个极度漂亮、极度强壮或诸如此类的身体，当然也不会希望身体极度丑陋或极度虚弱。相反，我们想要的是处于中间地带、在这一切之间的那些属性，这正是因为适度"才是最最合适和稳定的"，因为，前一种极端使灵魂变得自负和轻率，后一种则使灵魂变得卑微和不自由（728d－e）。这一标准同样适用于金钱和财物的情况：换句话说，在金钱和财物方面要追求适度，因为它最有益于灵魂的善，而极端状况则会带来最少的益处（728e－729a）。② 当然，说身体诸善和属于身体之物诸善的标准受灵魂诸善所决定，只不过是"灵魂比任何'大地所生'之物都更加尊贵"的另一种表达。③

到了这里，我们应该暂停检审卷五的序曲，而要先注意到，这一序曲前部最引人注意的地方，讨论的是诸神和人类、灵魂和身体、灵魂诸善和属身体的"大地所生"诸善之间的恰当关系，这一整体架构只是为卷十序

---

① 有关雅典异乡人论述中的"完美主义"，更进一步的证据是731a使用的语言：在赢得德性上，我们人人都要热爱获胜，但不要嫉妒——因为嫉妒者"在德性竞赛中，使整个城邦变成无力的竞争者，并尽力降低它的声誉"（731a－b）。

② 这种不可比性的进一步标志是，雅典人继续论证说，留给孩子的应当是无限的敬畏，而非金子（729b）。

③ 参见《法义》前面660e－661c所做的宣称，那里的说法在卷五这些段落中得到了清楚回应。

曲所要呈现的所谓论证在做准备。① 毫无疑问，某种程度上正是因为对卷十的这种依赖，后者［译按：指卷十的序曲］那个演说被称为"最高贵和最好的序曲"（887c）。卷十序曲的演说对象是否认诸神存在从而质疑前述整体架构的那些人，正是因为认为"诸神不是礼法命令他们应该相信的那样"，年轻人已被说服去按照自然本性生活，其意思是"过主宰他人的生活，而非依据礼法成为他人的奴仆"（890a）。为了抵制这些不虔敬的看法，卷十序曲甚至要去修正传统神学的缺陷，这种神学实际上破坏了卷五的道德框架，它劝谕人们最为重要的不是去克制行不义之事，而是行不义后再设法通过向诸神行贿来进行弥补（885d）。雅典人不是全盘接受传统宗教观念，而是意在改良它，保留其中必不可少的重要东西，比如，他声称，最重要的事情是正确思考诸神，从而高贵或不高贵地生活着（888b）。② 这一神学框架贯穿《法义》整体，并尤其适用于卷五的序曲，这点始终要牢记，因为正如某位评论者所言，"法……诚然并非由神启示，但确切无疑的是，对法的建议，必须始终着眼于神"。③

对于我们关注的卷五，最相关的是，古代有关报应的神话如何被带入讨论，以为诸神照管或"考虑"人类提供一种方式上的典范。在此，雅典异乡人称之为"对恶行的最重大惩罚"：

> 最重大的是变得与恶人相似，同时，在变得相似的过程中，避开好人并切除好的交谈，反倒寻求与坏人交谈而依附他们。天性上不断变得与这些人相似的人，必定会做和遭遇这些人出于本性会对彼此做和说的事。（728b）

---

① 有趣的是，卷五序曲依赖于卷十那个针对不虔敬法律的著名序曲，就像卷十批评的那种聪明的无神论，它本身在很大程度上是受到对快乐的错误理解所驱动，这在卷五序曲中已经表达。换句话说，柏拉图《法义》提供的不同序曲，在哲学上并非完全不同，虽然在论证的精巧程度、目标听众等方面，它们彼此有异。当然，卷十的注意力集中在正确思考诸神，卷五则聚焦于，在诸神的光照之下"高贵地生活"。

② 卷十反对无神论的论证，居于一个更大的目标之内，这一目标试图在三个要点上说服听众：诸神存在，他们关心人类，他们不会被献祭和祈祷所诱惑（885b）。

③ Thomas L. Pangle, "The Political Psychology of Religion in Plato's *Laws.*" *The American Political Science Review* 70, no. 4 (1976): p. 1059. Pangle 继而这样表达这一看法："对柏拉图来说，政治学与神学不可分离。"（同前文，第 1060 页）

在决定如何敬重或玷污自己的灵魂时，这一最重大惩罚——或者应该说，报应（τιμωρία），按照雅典人马上进行的更正（728c）——"没有人考虑过"（728b）。确实，雅典人接着称这惩罚"是与不义相伴随的不幸"（728c），这一主张强调，这惩罚是做了恶行之人不可能逃脱的。我们在《法义》卷十不可能听不到这一主张的回响，在那里，雅典人称之为"占有奥林波斯山的诸神的判决"（904e）——任何人绝不能逃脱这一判决（905a）——"变得更邪恶的人被带到更邪恶的灵魂那里，变得更好的人则被带到更好的灵魂那里；在活着和每一次死亡中，他遭受的和做过的事情，合乎同类对同类做过的事情"（904e－905a）。① 我们看到，这是神意的确切证明：诸神所设计宇宙的运作方式是，我们实际上总是通过自己的行为上升或下降，不管我们是否注意到行为会使自己归入某类或另一类命运之中（903c）。不过，鉴于这些神话涉及各种"威吓"，我们可以质疑，它们是否是理想的说服方式，而非是一种强制。② 这在卷十二有关灵魂离开身体去向诸神报告的神话叙述中尤其鲜明，那里这样评论："好人对此欢欣鼓舞，坏人则心惊胆战。"（959b）

当然，对于所要详细阐释的我们应当遵从何种习俗、应当如何生活等问题，有关"惩罚"的论述，以及有关敬重灵魂方式——相对于身体及其所属物——的论述，是雅典异乡人所称的"属神的"部分，跟"属人的"部分相对。在转向人类事务时，他提供了一个非常奇怪的理由——"我们进行对话的是人们而非神们"（732e）。接着，他用一段著名的话引入了所要解释的"属人的"部分：

---

① 这里所用的说法，跟柏拉图《泰阿泰德》（*Theaetetus*）中苏格拉底说的所谓"离题"之语几乎完全一致。在那里，苏格拉底详细说明了不义行为［将遭受的］不可逃避的惩罚，他这样说："我的朋友，真理有两种样式：属神的最幸福，不信神的最不幸。但不义者对此视而不见，正是由于愚蠢和缺乏理智，他们不知道，由于不义的行动，他们变得更像其中一类，而不像另一类。因此，他们要为自己生活的所作所为接受惩罚，就像他们变得更像的那一类人一样。"（176e－177a）要注意，这些段落之前，是以非常类似的方式在谈论对缺乏理智的人的评判。在卷十开始的文本中，这种评判意在驳斥下述错误信念：诸神不关心人类（904e）。在《泰阿泰德》中，最引人注意的是，不义者对于他们本最不该无知之物的无知（176d）。

② Laks 写道："有关报应的祖传神话——其在序曲中的出现，大部分都跟犯罪法律相关——很奇怪地（如果它也是很有趣的）混淆了说服和威胁之间的区分。"参见 André Laks, "The Laws." In *The Cambridge History of Greek and Roman Political Thought*, p. 290。

人的天性涉及的主要是快乐、痛苦和欲望。可以说，每个凡物都与这些东西难分难解，最为紧密地捆绑在一起。最高贵的生活应该受称赞，这不仅因为它具有最好声誉的光环，而且因为，如果有人愿意尝试这种生活，没有因为年轻而逃避它，那么，这种生活将证明是最好的——就人人寻求的东西而言，亦即，一个人具有更多快乐和较少痛苦的整个一生。（732e－733a）

大致而言，关于序曲中面向人类这一部分，其特别"属人"之处在于，它不是把快乐作为会让人远离德性的东西，而是将之作为自然与人类欲求捆绑在一起的东西（ἐν τούτοις ἐνδεδεμένοι πεφύκασι，733d）。① 这一洞见表明，这里回到了雅典人在卷一提到的论点，那里将快乐和痛苦描述为两股泉水，它们"自然流淌，在恰切的地点、时间取适量水的人就幸福，……但无知的且不适度的人，就会过上截然相反的生活"（636d－e）。雅典人在卷五的目的，是认可这一基本观点，并提出如下问题：因其以正确的方式经验快乐，我们称赞这种生活是最高贵的，但什么是"正确的方式"（733a）？

现在，雅典人要更仔细地确定，当我们的欲求定睛于快乐和痛苦时，我们想要的是什么。这种讨论我们在柏拉图其他文本中非常熟悉，因为苏格拉底经常用各种方式让人注意：我们对快乐的追求，其实根本不是对快乐本身的追求，而是追求具有高度确定性（highly determinate）的快乐，这种确定性只有经过检审才能显明出来。例如，卡利克勒斯（Callicles）称赞——至少在笼统的说法上——任何追求快乐的生活，但经过检审证明，他所称颂的快乐，并不包括苏格拉底设想的娈童那种扭曲的快乐（《高尔吉亚》[Gorgias]，494e－495a）。类似地，[苏格拉底]让格劳孔（Glaucon）认识到，他对快乐生活的界定——按格劳孔的说法，这是一种关涉"享受"的生活（《王制》，372c）——也非这样一种田园牧歌式的：斜躺在铺着紫杉和香桃木叶子的床上，以无花果、鹰嘴豆和豌豆作为甜

---

① Stalley 指出，雅典人"源于神圣的法则，令我们与快乐斗争，目的是尊崇理性，继而服从理性"（第66页），但接着，"雅典人陈述了源于人类的法则，此时，他力图证明的，并非快乐是善，而是：屈从于快乐和痛苦的受造物，仍然可以受到规劝去追求理性推荐的那种德性生活"（第67页）。参 R. F. Stalley, *An Introduction to Plato's Laws*. Indianapolis: Hackett, 1983。

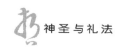

食，可能还有一些掉下来的橡子可以烤着吃（372b–d）；而毋宁说是需要这些确定的快乐：斜躺在一些像样的家具上，享用各种各样的调味品、香料、香水、歌妓和糕饼（373a）。雅典异乡人更关心的细节，并非这样一些所需东西的清单，而是我们欲求快乐的更一般结构。例如，他说："我们自己想要快乐，就既不选择也不想要痛苦。我们不想让既不快乐又不痛苦的东西取代快乐的东西，而是想让它代替痛苦的东西。我们想少痛苦而多快乐，但我们不想要少快乐多痛苦。……"（733b）等等这些细节让人印象深刻。经过检审将会证明，不仅我们对快乐生活的界定，将会以我们所没有认识到的方式获得其高度确定性，而且，在考虑了所有事情之后，被证明最快乐的生活，跟我们一开头认为的最快乐生活并不一样。

为了让后面这一发现更加明确，雅典人要求我们去比较两种人的生活方式：一种是节制的、明智的、勇敢的、健康的，另一种是放纵的、愚蠢的、懦弱的、病态的（733e–734a）。如果暂且悬置前面提到的第二种生活方式中的愚蠢、懦弱和病态，放纵似乎可以保证第二种生活将比第一种更加快乐。但并非如此，雅典人这样解释：

> 现在，有识之士会把节制的生活归为各方面都温和的生活，具有平和的痛苦与平和的快乐，柔和的欲望和并不疯狂的热爱可描述这种生活。……他会说，在节制的生活里，快乐超过悲痛，而在放纵的生活里，痛苦超过快乐，在大小、数量和次数上都是如此。从这一点必然可以得出，依据自然，节制的生活对我们而言更快乐，放纵的生活则更痛苦；至少，想要过得快乐的人，无论如何不会再自愿地让自己过着放纵的生活。确实，现在显而易见的是（如果这样推理正确的话），每个放纵的人如此生活，必定是不自愿的。要么出于无知，要么由于缺乏自制，要么两者兼而有之，全部暴民都无节制地生活着。（733e–734b）

毫不奇怪，雅典人可以接着毫不费力地论证说，总体而言，在明智、勇敢和健康的人那里，快乐占据主导，而在愚蠢、懦弱和病态的人那里，痛苦占据主导（734b–d）。他说："总之，我们可以断言，拥有身体德性或同时具有灵魂德性的生活，比拥有邪恶的生活更快乐，而且，在其他方面——高贵、正确性、德性和声誉，它比邪恶的生活要优越得多。所以，它使拥有它的人比其对立者，在各个方面和整体上都活得更幸福。"（734d－e）如果以序曲的构成要素作为参数，这些话听起来全都非常合理，但尽管如此，仍然可以提出一些问题，虽然文本中克勒尼阿斯认为这里并不适合提出这些问题。

这些段落对快乐的论述，或许最让人困惑的地方在于，它完全遮盖了快乐和痛苦是"描绘出来的影像"（*skiagraphic*，shadow-writing）这一特性，就像《法义》更早的地方清楚表达的那样。在我们所说的这段话之前，雅典人正声称，要让公民自愿过得虔诚和正义，立法者必须不能"割裂快乐与正义、善与高贵"（663b）。接着，他这样说：

> 从远处看事物，可以说人人，尤其是儿童，都会感到混乱模糊。但我们的立法者将拨云见日，不像通常那样行事，并借助习惯、赞美和言辞，以某种方式说服我们，正义之物和不义之物是描绘出来的影像（ἐσκιαγραφημένα）。从不义和邪恶之人的视角来看，不义之物显得令人愉快（正义者看起来则相反），而正义之物显得非常令人不快。但从正义者的视角来看，每种东西显得完全相反。（663b－c）

这之后，克勒尼阿斯和雅典人都承认，在判断快乐和痛苦的问题上，较好的灵魂才是真正的权威（663c－d），并且他们进一步认为，为了说服公民要过一种有德性的生活，立法者即使扯谎也是可以的（663d－e）。如果我们认真对待这段中"描绘出来的影像"这一说法，接下来的结论就会是，总体来说，卷五这篇冗长序曲的某位特定听众，可能没有资格去评判所提出的这个论证——即，有德性的生活同时是最快乐、最好的生活——的真实性。是否听众被假定要去相信（trust）：尽管从他自己的视角来看，放纵的生活更快乐，但要做出这一评判，"较好的灵魂"更具有权威性？

或许，雅典人提出的道德社会化的政制形式，足以有效地让听众接受，序曲"属人"部分的论证与他们自身对快乐和痛苦的经验相一致，而且，对于序曲所要进行的教育，这种"一致性"已经足够充分——至少，我认为，卷二对于德性和教育"一致性"的讨论，可以看作支持这种解释

[的证据]。① 不过，痛苦显得令人愉快这一"描绘出来的影像"，加上柏拉图《法义》对德性的争论性定位，可能让我们得出结论说，要说服听众选择一种有德性的生活，某种其他方式可能会更好，而非一篇冗长、非对话式的序曲。卷五序曲发布于"正午"，这是阴影最小的时间，与此相对，柏拉图的其他文本让读者看到，在构成有关德性论证的戏剧中，阳光和阴影如何相互作用。在这里，我们应该记得，正是由于柏拉图——作为一位哲人——伟大的艺术手法，那些浓重的对话体文本，比如《普罗塔戈拉》和《高尔吉亚》，向文本读者呈现了精巧设计和具有高度劝谕性的演说，其效果是，让关于快乐和德性的对立视角都鲜明表现了出来——有时还引人入胜。由于柏拉图的艺术手法，我们作为读者可以在卡利克勒斯的视角中停留一会儿：卡利克勒斯认为，只有强烈的身体快乐才是生活的真正时刻，并认为，苏格拉底称颂的自制、节制的生活方式，是一块石头的生活（《高尔吉亚》，494a–b）。假若卡利克勒斯有关快乐和德性的观点没有任何说服力——至少在某种程度上——那么，雅典人在其同情的旁观者面前所做的展示就没有什么特别的重要性。但它确实具有一些说服力：事实上，苏格拉底说，卡利克勒斯令人钦佩，因为他愿意坦诚说出其他许多人心中所想但不会说出的东西（《高尔吉亚》，486d–487e）。因此，总体而言，柏拉图这样建构这些对话：它们首先允许文本中的听众或文本读者去经历一种对立观点（像卡利克勒斯）的说服，直到那时才会转向一个更具说服力的观点，最终在快乐和德性问题上实现说服。这样，理解苏格拉底如何在文本的辩证斗争中战胜卡利克勒斯，也就同时是被说服接受，人应当追求有德性的生活，而非一种放纵的生活。

此外，站在柏拉图作品其他地方这种对话说服方式的立场，人们可以说，事实上，对于《法义》早前概述的对德性的争议性定位，这种方式更加公平。确实，如果德性需要通过自己对自己的战争［来获得］，那么我们身上就总会存在某些未被完全说服的东西——例如，说服我们，有德性的生活是最快乐、最好的生活。通过书写对话呈现对立视角在这些问题上的论证性争辩——这些对话会让人充满愉悦地阅读和重新阅读——柏拉图让我们有机会参与这一冲突和战争（对于德性来说，这至关重要）之中，并让我们有希望被说服改变［原有的看法］。所有这些，在卷五序曲中都

---

① 尤其参见《法义》卷二开篇的讨论，653a–c。

缺失了，这一事实带来的结果是，将我们的注意力重新聚焦到柏拉图文本想要处理的核心问题上。《法义》卷五的序曲文本，明确是要朝着说服听众的方向前进，但相比其他文本，它却非常缺乏说服力，这毫无疑问是个巨大的反讽。对我们而言，卷五序曲提出了更为根本的问题：究竟何谓说服？哲学（以柏拉图为例）所要实现的，是哪种类型的说服？

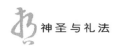

《法义》中的宗教政治灵魂学

潘戈（Thomas L. Pangle）撰

一、引言

我们转而密切注意柏拉图的《法义》（*Laws*），这为何如此重要？研究这部古代作品，何以有助于我们应对现代民主制的困境？我们发现，自己是富有而强大的政制中的公民，这些政制控制着庞大的动态社会。但变化步骤的加快，运动感的增强，伴随着目的感和方向感的急剧下降。我们可能会公开质疑，我们的财富和自由是为了什么？什么类型的男人和女人，什么样的生活方式，才应该是这些自由和财富的"使用者"？20世纪的西方社会，盛行一种自由主义。这种自由主义，想要把这类目的问题纳入私人的亚政治（subpolitical）领域或"社会的"决断。考虑到这点，发现如下情况便不足为奇：为了应对这种困境，人们开始大量思考替代自由民主制的问题。但是，这种思考并不限于进行革命性变革的党派，也不应当局限于此。事实上，这种思考是政治哲学的恰当任务。而依据定义，政治哲学几乎是非党派的。对替代方案的研究——反思其优点、长处和短处、未来可能的改善，或当前民主制的危险——如果要产生真正的政治知识，只有靠一种开放和富有想象力的理性实验精神的指引，而非采用信守（commitment）的态度。对于人类的需要——政治的、社会的或个人的需要，我们感到好奇。在当今政治世界中，这些需要可能没有得到满足，甚至可能没有被发现。不过，在现代语境中，能否不用冒着产生更大不满的危险满足这些需要，对此，在研究开始之前，我们无从得知。或许，对替代方案的哲学探究，只会让人更加清楚，在现代技术化的大众社会中，所有政治热望都存在根本的局限。此外，我们的目标是理解最好的东西。对这个目标来说，这种研究很可能会有些帮助。朝着这个目标前进，至少能确保我们公共生活的些许改善。

如果决定要严肃探究共和制对自由主义的替代方案，那么，我们必然会走向历史研究，因为，唯有这些研究向我们展露了共和主义的整个范围。这个范围远远超过当今的种种体系——自由主义、民意和马克思主义体系——的界限。如今，或许历史上最有吸引力的共和政制——几乎每个时代都有其仰慕者——乃是古典城邦。我们很容易产生怀疑，在某些城邦（poleis）中，人们拥有经验并运用了能力，而在今天的社会生活中，这些经验和能力的匮乏，导致了我们的大部分挫败和无目的性。然而，正是这个激起我们强烈兴趣的怀疑，可能遮蔽我们的视野。我们渴望找到某种具体的东西，我们觉得，在今天的公共生活中，这种东西正在消失。但与此同时，我们也很容易忽略城邦的一些因素。我们很快就会发现，这些因素不讨人喜欢。不过，看起来最陌生的那些特征之所以如此，只是因为我们无法理解它们。而这种不可理解性，可能正是最确定的标志，表明这些特征是政治生活的因素，而我们却忽略了它们。在思索古典理论家赞扬而我们反感的东西时，或许，我们会发现灵魂与政治相关的地方，发现灵魂的需要，而对我们今天来说，这些都只能模模糊糊地看到。

正是出于这些考虑，我们转向研究柏拉图的对话。关于最好的城邦，柏拉图的对话包含着最细致的经典介绍。我认为，政治科学家们极少研究《法义》，并且即使研究，看起来也相当生疏，主要原因就在于，过于强调遍布这部作品的诸神和"宗教"。柏拉图笔下的主要对话者（一位上了年纪的"雅典异乡人"）提出的法律，肯定不是受神启；但同样确定的是，这些法律的提出，始终考虑到神。在柏拉图作品中，只有《法义》在字面上以"神"这个词开篇。对话的场合，是在三位老人前往神社的朝圣之旅上。看起来，对话取代了对那个神社之神的敬意（参 625a，643a）。① 如果把这延伸，与《王制》（Republic）对比，人们可能会比喻说，在《法义》中，克法洛斯（Cephalus）从未离开，而他的儿子们仅仅在卷十中出现。我们越读《法义》，就越倾向于认为，对柏拉图来说，政治科学与某

---

① 如无特别说明，出处依据 Stephanus 对柏拉图《法义》和其他对话的标码。所有引文皆为笔者所译。笔者用的是 John Burnet 的版本，《柏拉图全集》（Platonis Opera），五卷本，Oxford，1907。

种神学密不可分。① 这一点的全部意义会对我们显露无遗，一旦我们将这一看法与现代共和理论哲学根源所持的宗教观加以对照。无论人们考虑的是现代性理论的第一波（斯宾诺莎［Spinoza］、洛克［Locke］、孟德斯鸠［Montesquieu］），还是第二波（康德［Kant］、黑格尔［Hegel］、马克思［Marx］），很明显，"神学 – 政治问题"，或从实际来说，宗教对政治影响的减弱，被视为政治科学关键的初步任务。确实，无论是发起启蒙运动的思想家，还是使其变得激进的那些人，他们批判的矛头主要是对准犹太 – 基督教的政治神学。同样真实的是，在同"黑暗王国"的斗争中，他们经常援引希腊和罗马的哲人作为盟友。他们发现，异教徒在反思政治与宗教的关系时，更加关注政治。就此而言，他们是正确的。但是，不用依靠库朗热（Fustel de Coulanges），只要细心阅读经典文本本身，我们就会发现，启蒙运动将神学与政治理论分开，归根结底是针对古典思想的，也是针对中世纪或圣经的思想的。

现代观点认为，当公民从宗教的"神话"中"解放"出来时，政治生活才会变得更健康。柏拉图对这种看法的拒绝，不逊于阿奎那（Thomas）。但是，他为什么要这样做？柏拉图的理由，肯定不同于基督教的理由，甚至也不会跟卢梭（Rousseau）一样，② 虽然这一切理由可能共享某个共同的基础。要找出柏拉图的理由，更令人满意的做法是，找出他对下述问题的解释，即，他所理解的政治与宗教间的最好关系是什么。而通过《法义》卷十呈现的戏剧性交流，柏拉图正是要告诉我们这点。密切关注这个部分的戏剧，对于柏拉图政治理论中我们可能最陌生的特征，我们就有希望发现柏拉图（心理的、政治的和超政治的）理由。如果做到这点，我们甚至可以引入一种新方法，对"治"当代某些最严重的政治疾病，因为如果柏拉图正确的话，所有现代思想就都忽略或曲解了政治生活的一个绝对根本的维度。

---

① 阿维森那（Avicenna）甚至说，《法义》是一部关于预言的作品，参《论理性科学的分支》（"On the Divisions of the Rational Sciences"），见 Ralph Lerner 和 Muhsin Mahdi 编，*Medieval Political Philosophy*：*A Sourcebook*, The Free Press, 1963, p. 97。

② 笔者已试图阐明，卢梭在《社会契约论》（*Social Contract*）中对"公民宗教"的看法不同于柏拉图在《法义》中的看法，见《柏拉图〈法义〉中的政治与宗教：一些初步反思》（"Politics and Religion in Plato's *Laws*：Some Preliminary Reflections"），载于 *Essays in Arts and Science*，Ⅲ (1974), pp. 19 – 28。

对于我们接受或拒绝《法义》作为一个整体的教导，卷十的主题很重要；而克勒尼阿斯这位未来的立法者自称，卷十的讨论是"一切法律最好的序曲"（887c1）。考虑到这些，实际上，忽略前九卷，从第十卷开始，也就并非不合适。尽管如此，我们必须留意当前的语境。雅典人在详细阐述刑法典行将结束之际，为"公民宗教"做了辩护——乍看起来，就柏拉图对神学最广泛的处理而言，这个位置非常奇怪。① 但事实上，这个语境是神学解释的关键之一：卷十中三个证明的主要功能，就是支撑刑法典。卷九经常提到，只有抓到罪犯，刑法典才有效。但行政官无法洞察人的内心，因此也就无法查明所有罪行（更不用说，他们还可能惩罚无辜者）。如果要恰当地震慑潜在的罪犯，并让公民们相信刑法典确实是正义的，那么在今生或来世，必须有神圣的处罚。② 卷十的核心论证是，证明冥府（Hades）的存在，诸神在那里惩罚不义者。神学的这种惩罚特性，其进一步的"灵魂学"含意很快就会出现。

就目前而言，更重要的是要注意，在这里，雅典人的兴趣不只是阻止普通民众的犯罪。他关注的是一小群人：不虔敬而又肆心的年轻人。他甚至认为，这些人背叛了生活。通过向这些年轻人演讲，雅典人在对话之内又创造了一个对话。目前为止，前一个对话的参与者，年纪都非常大。看起来，雅典人的神学意在挽救那些年轻人——不虔敬败坏了他们的心灵。他们的不虔敬有三种类型，基于三种错误的看法：（1）诸神不存在；（2）诸神存在，但不关心人类；（3）诸神存在，且关心人类，但可以被收买（885b6–9）。从这三重区分出发，卷十的计划是：依此顺序，雅典人逐一反驳这些信念。然而，在进行第一个反驳之前，有一部分内容致力于清除某些障碍，这些障碍阻挡着所有对诸神的论证。

---

① 根据 Vanhoutte 的看法，这个语境的特殊性，是柏拉图没能恰当修订这部作品的明证。Maurice Vanhoutte，《柏拉图〈法义〉的政治哲学》（*La philosophie politique de Platon dans les Lois*），Louvain，1954，页17。

② 参865d，870e，871b，872，874，880–881，913d，917a–d，931e，958d–959e；参 Jules Simon，《柏拉图和亚里士多德的神正论研究》（*Etude sur la theodicée de Platon et d'Aristote*），Paris，1840，页269；Victor Martin，《柏拉图〈法义〉卷十对无神论者的谴责》（*Sur la condemnation des athées par Platon au Xe Livre des Lois*），载于 *Studia Philosophica* II（1951），页105–106。

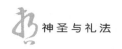

二、驳斥无神论者的序曲

（一）885c1–886a5：放弃宙斯

雅典人以一种恰当的轻蔑口吻，介绍了那些肆心的年轻人。听到这个介绍，年老的克里特治邦者克勒尼阿斯打破了九页纸的沉默（876a–885c），愤怒地问："该对他们做甚或说点什么？"雅典人用一个安慰性的称呼回答他，并提议，先来听听他"预想"那些"讥笑并蔑视"他们的年轻人会说什么。雅典人呈现的年轻人称老人们为"异乡人"，这是冷静地提醒克勒尼阿斯，他们不是坐在审判的位置上。年轻人要求，用理性的劝谕说服他们，而且，他们把自己的罪行归因于最优秀的诗人、演说家、占卜者和祭司的影响，这些人全都教导说，诸神可以收买。雅典人小心翼翼，没有以自己的名义说一句话，但他已经提醒克勒尼阿斯，所有传统的神学权威都面临着巨大困境（参636d，886c，941）。同时，我们开始认识到，雅典人想要教给我们的是他自己的神学修辞技艺。有没有可能，雅典人在神学上的真正对手，不是年轻的叛逆者，而是年老的守护者？

雅典人将不虔敬者的第二个特征描述为，大部分年轻人有着不义的欲求和不成熟的理论（他没有提持有这种重要意见的那群人，参899d6以下）。因此，克勒尼阿斯非常蔑视他们，并提供了诸神存在的证明。但没有任何反抗，他就放弃了对荷马诸神（Homeric gods）的辩护，反而将论证基于大地、太阳和其他星体之上，奠基在这类事物的自然秩序之上。因此，受诱导的克勒尼阿斯设定了卷十的基调：除了两处"凭宙斯"的起誓之外，再未提及奥林波斯神祇的名字（891c7，895d1，对比904e4）。虽然克勒尼阿斯可能回想起雅典人先前谈到的天体甚至"行星"的神圣秩序（820a以下），但他避免提及奥林波斯诸神，并不一定是源于"哲学"，乃至源于不信奥林波斯诸神。因为在这里，克勒尼阿斯表明，无论哪个民族，一个审慎的人要论证诸神存在，都会转向可见的秩序及可见的"最高物"。这一步的合理性，在所有民族间产生某种一致性，而这种一致性又强化了合理性的表象。① 星体诸神的自然神学，源于非哲人的常识。②

（二）886a6 - 887c4："城邦的申辩"

接着，雅典异乡人给了第一个意外（还有好几个），让克勒尼阿斯觉得惊讶。不同于一开始给人的印象，雅典人开始表达对不虔敬者论证的敬意，并否认他们的动机全都很恶劣。他突然告诉克勒尼阿斯，由于不熟悉雅典人众所周知的某些著作，克勒尼阿斯低估了年轻人的深刻推理，这些推理支撑着不虔敬的年轻人的论点。不经意间，克勒尼阿斯就已经陷入对这些推理的反驳之中。在这里，雅典人称赞说，由于"政制的优点"，对于无神论的有力论证，斯巴达人和克里特人一无所知（886a11）。这迫使我们想知道，他为什么要把这些败坏人的论证引入克里特新政制的法典之中。雅典人似乎既是年轻人的败坏者，又是他们的拯救者（参680c，634d - e）。雅典人的公民神学意在捍卫一些意见，这些意见对产生好的公民关系必不可少；但是，为了推动城邦意见走向真理，他宁愿冒险削弱这种辩护。统治城邦的睿智的父亲们，有着克勒尼阿斯和墨吉罗斯那样的天性，没有渐进和广泛的准备，他们就无法面对这种挑战。在某种程度上，论证的长篇导言本身，就是这种准备的典范——未来拥有像雅典人这样天性的人，要倾听并学习、追随这个典范。

支撑那些不虔敬的年轻"雅典人"的最重要的作品，不属于古代诗人，而是属于"新人和聪明人"，这些人宣称，天体不过是石头和泥土。

---

① 对比887e2 - 7；《苏格拉底的申辩》（Apology of Socrates），26d；《克拉底鲁》（Cratylus），397d；《厄庇诺米斯》（Epinomis），987a；西塞罗，《论神性》（De natura deorum），Ⅱ，ii；阿里斯托芬，《和平》（Peace），406；尤其是《申命记》（Deuteronomy），4：19。亦参 Edwin Bourdieu England 笺注，《柏拉图的〈法义〉》（The Laws of Plato），两卷本，Manchester，1921，887e2。William Guthrie 的讨论，没有考虑到《法义》的这些章节，也没有考虑到《苏格拉底的申辩》中那节，参《希腊人及其诸神》（The Greeks and Their Gods），Boston，1955，页211 - 214。

② 篇幅有限，不容过多展开，我们应注意的是，在克勒尼阿斯的证明中，看不到所有神奇、神秘和神圣感——奥托（Rudolf Otto）称之为"敬畏感"。这种缺席是卷十的整体特征。这种缺席是否表明，在尝试理解"宗教经验"及其暗含的全部政治学意味时，柏拉图存在缺陷？我们现在不考虑这个问题。要回答这个问题，除了其他方面以外，需要连贯地反思"神圣"与柏拉图的苏格拉底谈到的"精灵"之间的对比（参885c3）。奥托在讨论歌德的魔鬼概念时，为这种反思初步做了准备，见《论"神圣"》（The Idea of the Holy），John Harvey 译，London，1972，页150以下。在此可考虑，Gershom Scholem，《论卡巴拉及其象征》（On the Kabbalah and Its Symbolism），New York，1965，页88 以下；Hans Jonas，《诺斯替宗教》（The Gnostic Religion），Boston，1963，第10 章，尤其页250 - 255。

当然，这些人及其学生并没有暗示诸神可以被收买。不知不觉地，我们几乎已经丢下了"大多数"不虔敬的年轻人（参885e），转而将注意力集中到一小部分激进的无神论者身上。面对这种对立，克勒尼阿斯表现出某种惊愕，这也可以理解。

因此，此刻，虔敬的雅典老人第一次提出他们放弃的建议。他问道，他们是否应该在法庭上为自己申辩（ἀπολογέομαι），反对无神论者控告他们说，作为城邦的代表，他们正在行"可怕之事"？或者，他们是否只要简单地设立惩罚，不用多费力气？这种提问方式给人的印象是，无神论者正站在道德乃至法律的制高点发言。对于讨论的进行，雅典人只提到一个问题：这个讨论必会相当长。雅典人以如下方式呈现了这种处境：他希望克勒尼阿斯能鼓励他继续讨论——在"聪明人"及其学生的法庭前，继续为"城邦申辩"。①

对于演讲所需要的长度，雅典人表达了自己的预计。这样，他诱导克勒尼阿斯提醒他们想起，序曲所有公认有活力的形式，乃是适合自由民的冗长而理性的劝谕，而非适合奴隶的草率言辞（仅仅是法律）（719c – 723d，857d）。继而，克勒尼阿斯满怀激情地描绘了信仰诸神的政治需求。他两次提到"劝谕"，但不再提"真理"。② 雅典人准备面对并且试图抑制的，正是这种虔敬的激情。

（三）887c5 – 888d6："血气"

在整个卷十最长的演说中，雅典人没有继续他的证明，而是恳求老年人和年轻人节制。这篇演说内容的更伟大之处在于极富有同情心地提议，老年人应该平息自己的"血气"（θυμός）。（θυμός 最初意指怒气，或更宽泛地讲，指"血气"：717d，731a 以下，863b，866d，934d）。雅典人注意到，克勒尼阿斯的言辞充满热情（πρόθυμος），好像在召唤祈祷。之后，他要他们考虑，如何能平心静气（μὴ θυμῷ，887c7；ἄθυμος，888a5）地

---

① 此处可参柏拉图的整部《苏格拉底的申辩》，施特劳斯（Leo Strauss），《什么是政治哲学》（*What is Political Philosophy*?），Glencoe，1959，页32 – 33。Diès 对这节的评注天真可爱，见《柏拉图全集》（*Œuvres complètes*），卷12，A. Diès 编译，Paris，1956，页144。

② 对比887b6，887c3 与885e7，并参 England 对后面那节的评论。

谈论，并平息血气（σβέσαντες τὸν θυμόν, 888a6）。① 因此，雅典人指出，关于诸神的"对话"（888a6），最大的障碍就是血气。他急切的关注似乎说明，血气是我们所谓"宗教热忱"的核心。看起来，反驳无神论者的序曲不只是神学修辞的典范：通过戏剧，它探究了这种修辞之所以必要的灵魂学原因。

雅典异乡人为什么要暗示说，血气是灵魂的元素，是宗教热忱的根？柏拉图的"宗教灵魂学"如何把宗教激情的根追溯到怒气或血气上？他为何要这样追溯？我们先考虑，怒气依靠什么达到其目标——惩罚。让我们回忆一下，我们对这种神学语境的评论。记住当前这段话，我们意识到，人们求助诸神，首先是要支持刑法典，这一事实不只是出于立法者想要抑制坏人的愿望，那甚至不是主要原因。所有正派公民的道德义愤，迫切需要诸神报复不义行为。立法者服从这个政治灵魂学的事实。在《法义》前面的内容中，我们知道，作为道德义愤的根源，血气实际上是好的公民身份的核心："一个尽其所能帮助长官进行惩罚的人，是城邦中的伟大之人，完美之人，应宣布这个人是德性的胜利者……"（730d5–7）现在，我们看到，雅典人把这种惩罚的欲望，放到狂热的虔敬者心中。②

但就连这也只是情况的一部分，因为惩罚的欲望只是柏拉图所谓的血气的一部分。首先我们需要回到表面，看看雅典人在这里做了什么。在一个充满激情的演说中，对于年轻的不信者身上怒气或血气的论证，雅典人用实例证明了它的力量。他表明，否定诸神暗含着否定生养和教育自己的父母——而且，不仅是他本人的父母，还包括世界上所有的父母。雅典人的演说没有提到传统的奥林波斯诸神，显然，他无视早前告诉我们的事实。确实，他似乎在说，世界各地崇拜的诸神，都只是天体。他甚至说，"即便拥有一丁点心智的人也会承认，没有哪一个充分的论证"能否定其父辈的诸神（887e8）。接着，雅典人继续用这种尖刻的语调宣布，那些不信者仅仅是受"贪图快乐"驱动（888a3）。

雅典人并非"随便说说"。毋宁说，对于克勒尼阿斯以及所有发现并

---

① 在这次演说中，θυμός 及相同词根的词共出现五次（887c6，887c7，888a4，888a5，888a6），使得这里成为柏拉图提到 θυμός 最多的地方之一。《王制》有两个地方提到最多，第一处正是发生在详细阐释神学之前（《王制》375a–376c）。

② 参 William James，《宗教经验种种》（*The Varieties of Religious Experience*），New York，1964，页341："从实际来说，上帝的最重要属性是其惩罚的正义。"

沉思此问题的人，他正在揭示义愤的盲目力量，义愤会支持人们顺服于父辈的诸神。在血气的全部活生生的力量中，雅典人把它带到我们面前。这样，他让我们完全意识到，必须克服什么。如果想要理解虔敬、血气与家庭间的联系——如果想要完全理解，在何种意义上，血气是诸神的来源——那么，我们需要根据柏拉图对血气的其他说法，来反思这段话。

根据《王制》的说法，血气是灵魂的三部分之一，不同于理性和欲望。它最初被理解为怒气，但它表现为一系列现象，包括自命不凡、好竞争、喜欢荣誉、勇敢和羞耻，或者是这些现象的来源。由于苏格拉底坚持城邦与灵魂间的平行，《王制》对血气的分析就有点含糊不清。在城邦中，血气位置很高，这歪曲了对灵魂中血气位置的讨论。① 要达到本真的理解，我们最好跟随柏拉图的暗示，从分析怒气简单而平常的形式入手。② 怒气紧随着挫败的欲求。我们欲求某个好东西，朝那个好东西前进，然后受到了阻碍，此时，一种情感就会出现，它鼓动我们克服障碍，实现欲望。逃离恶的过程中受到阻碍时，我们也会产生这种情感。这种情感就是血气。血气首先是一种要战胜的冲动，或者，按阿奎那的说法，它是对很难获得的好东西的回应，这种回应服务于欲望。③

这种情感的第二个要素，是一种自我意识。在朝欲求的好东西前进时，我们的注意力集中在欲求的对象上：我们容易忘掉自己。不过，一旦受到阻碍，我们就痛苦地意识到，对象与我们自己是分离的。我们开始意

---

① 参施特劳斯的讨论，《城邦与人》（*The City and Man*），Chicago，1964，页110 – 112，129，138；Alan Bloom，《柏拉图的〈王制〉》（*The Republic of Plato*），New York，1968，页353 – 358，375 – 378，436。

② 参《王制》，439d – 440a，尤其是439e5。勒翁提乌斯（Leontius）的奇怪例子应当结合考虑色诺芬（Xenophon）《居鲁士的教育》（*Cyropaedeia*）（Ⅰ，ⅳ，24）中居鲁士的故事，以及其他类似的战争故事。亦参 Aristotle，《论灵魂》（*On the Soul*），432a24 以下。

③ 参《神学大全》（*Summa theologiae*），Ⅰa，题6，第2篇，题81，第2篇，Ⅰa Ⅱae，题23，第2篇；《亚里士多德〈论灵魂〉评注》（*Commentary on Aristotle's On the Soul*），页803 – 806。要恰当理解《王制》有关血气的教导，有必要考虑各主题的顺序，这些主题构成了城邦中血气首次出现的语境：（1）"猪的城邦"；（2）受挫的欲望；（3）战争与血气；（4）神学（《王制》369以下）。对于柏拉图所谓的血气，William James（页210 – 211）有一段话做了特别生动而有益的概括。然而，他没有把这一洞见跟他的基本论题联系起来。在他对种种宗教经验的讨论中，这只是其中诸多不足之一。James 写道，在克服更不用说认识进路的狭隘上，似乎没有多少进展。例如，参 Donald Capps，《当代宗教灵魂学》（"Contemporary Psychology of Religion"），载于 *Social Research* 41（Summer，1974），页362 – 383；Geoffrey E. W. Scobie，《宗教灵魂学》（*Psychology of Religion*），New York，1975，第4章。

识到自己的匮乏，并开始不仅直接关注实现目标，而且甚至会更关注要把自己恢复到好的状态。在努力克服恶或进行报复的时候，这种强烈的自我意识会进一步发展。我们很容易忘记最初欲求的对象，带着一种不同于单纯自爱的自我意识，转而全神贯注于新目标，因为血气及其不公正感，很可能导致我们拿生活去冒险。在自尊的意义上，血气引起了自爱。对自己的尊重，一开始是跟"敌人"比较，但很快就变成了与其他所有人和事比较。

　　血气的第三个要素是一种神秘的倾向：欲将全部责任归于挫败欲望的那个东西。血气甚至会拟人化无生命的东西——脚趾碰到了椅子，我们会有回踢它的冲动。在《法义》中，刑法典包括对动物和石头的惩罚（873e–874a，对比《出埃及记》［Exodus］21：28–32）。从自尊那里，这种归咎获得了额外的刺激，因为对我们来说，相比盲目的机运造成的伤害，那些有意的伤害更加重要。这三个基本要素不同程度地保留在血气更为复杂的显现情形中：在克服危险的勇气中，在克服卑鄙诱惑自傲的坚定和羞耻感中，以及在为了成为第一，驱动一个人克服所有障碍的荣誉感中。

　　在荣誉感和热爱荣耀中，自尊最清晰地显明了自身。如果聚焦于作为第二个方面的自尊，我们会看到，这种激情也会延伸至财产，延伸至某人拥有的东西。这个事实最显著地表现在《王制》有血气的战士身上，他们就像"有理性的狗"，热爱他们的同胞公民，憎恨外邦人。在讨论这些时，亚里士多德受到引导而认为，血气是"一种力量，我们因此而相爱（φιλοῦμεν)"（《政治学》［Politics］，1327b38–1328a17）。很明显，这意味着，对于自己所有物的热爱，起源于血气。血气的这种表现，很难与欲望分开。我们暂时可以说：看起来，在所爱之物的吸引下，纯粹的欲望或爱欲（ἔρος）让我们忘记了自己；对某个所有物的爱越深，似乎就越涉及血气。一个标志在于如下事实：我们更容易向朋友和兄弟发怒，而不大可能向还没有接受我们的爱人发怒。我们的爱要求，付出应该得到回报，爱的这种角色来自血气（《政治学》1328a1以下；《法义》717d）。对所有物的这种依恋，要求相信存在诸神，诸神照管我们的城邦、家庭和财产。与诸神为盟，人们就能克服宇宙其他部分的敌意或冷漠，并将其打上不可磨灭的标记。① 这种信念表明，每个个体的行为对诸神都很重要。这形成的观念是，诸神跟人一样，都有血气，均关注自己的所有物；并且，诸神拥有的东西，包括人以及会受人影响的东西。这是如下观点的基础：诸神要求每个人为自己的行为负责，并相应地给予惩罚或奖赏。

血气的这个自尊部分，要求每个人控制自己的行为，因此，它与第三部分——归咎全责的倾向——密不可分。更重要的是，血气的拟人化倾向是人的如下能力的巨大源泉：人会想象，作用于自身的自然力量，乃是要负责任的存在者的行为。②

雅典人强调，无神论者背叛了全世界的所有父母、所有家庭，此时，他指出了以上这一切因素（亦参 886c 和 890b 提到的乱伦的威胁）。雅典人要克勒尼阿斯平息血气时，他是在要求克勒尼阿斯平息一种非理性的渴望：自己的民人无比重要。由此开始，他努力要为克勒尼阿斯和其他人引入的可能性是，诸神或最高物不会为人类的不义所动，并且不屑于人类事务。③ 这样，他就为我们准备了一种公民神学，在很大程度上，这种神学解开了诸神与对所有物的热爱之间的联系。对于雅典人要求的平息血气，另一种说明方式是，他要求克勒尼阿斯对如下可能性保持开放：人的最高善有如诸神的最高善，别人无法带走，或者，这种善不取决于我们要将其占为私有财产。

最终，血气中还有另外一个因素导向虔敬。血气所激发的世界观，总是与痛苦而明显的事实相冲突。因此，它容易变成一种肃剧的世界观，正如荷马笔下的阿基琉斯（Achilles）表现的那样。根据雅典人的说法，《法义》中的政制是"最美的肃剧"（817b）。然而，血气自身可以用希望的形式，承受这种世界观。激情用怒气或勇气回应当下或临近的阻碍，从远

---

① 或许，这里更准确地注意到了神学的语境：它打断了对意在保护财产的刑法典的讨论（884a, 913a 以下）。在某种程度上，《王制》的神学与《法义》的神学间的差别，是由于两部作品中财产地位的不同。

② 例如，可考虑《伊利亚特》（Iliad，卷 21 行 233 以下）中阿基琉斯（Achilles）与河的关系（参《王制》391b，及 Bloom，页 356）。

③ 在讨论用于描述恶的恰当语言时，亚里士多德（《修辞学》[Rhetoric]，1408a16 – 17）指出了两种对诸神的可能态度的基本来源。描述肆心的恰当语词是怒气，而对于不虔敬（ἀσέβεια），用厌恶描述是合适的。前者暗含着伤害，后者则含有蔑视的意思。

处看，它同样也是用希望回应这种阻碍。① 血气作为希望，甚至可以包括对来生的希望，或者对今世的神圣介入的希望。雅典异乡人使用的词语 ἄθυμος（平心静气），其含义之一是"胆怯"。雅典人要求克勒尼阿斯不带血气地进入论证，即不要抱着一颗满怀希望的心。

很难说克勒尼阿斯在多大程度上理解了雅典人这里的意思，更不用说他对《法义》的其他部分的理解。至少可以说，可疑的是，克勒尼阿斯作为新城邦骄傲的立法者，在甚至不知道用其他情感代替它们的情况下，能否克服其富有血气的情感。② 更让人怀疑的是，听到这个序曲的公民们，能否克服自身的血气。在这整个讨论的结尾，雅典人清楚表明，就连他自身也没满足自己的要求。他说，论证是不充分的，因为"无论如何，我们以某种方式非常热切地说出这些论证，乃是因为我们渴望战胜坏人。……正是由于这些问题，热情（προθυμία）促使我们以青春般的活力谈话"（907b10–c5，对比890e1）。那么，对整个论证的解读，必须着眼于如下事实：雅典人坚持作为"对话"的基本要素的那些条件，并没有完全得到满足。考虑到好公民的热血激情无法泯灭，在阐释公民宗教时，雅典人就不能抛掉真正的宗教激情。相反，他自身必须产生一定的血气，在某种程度上，这种血气符合城邦的脾气。表明这一点的，不仅是当前说话的口气，还有他使用的誓言——愤怒谈话时的特征（参922d）。相比《法义》的其他部分，在卷十中，雅典人发誓最频繁。③ 在严格的公民神学与真正的哲学神学之间，《法义》的神学处于中间的位置。

对自我的热血情感，不仅仅是老年人的障碍。雅典人转向一个典型的年轻无神论者，告诫他"首先"记住"一件重要的事情"——他的论证并不新颖。仅仅是热爱真理而非欲求自己的独创性，使一名年轻人有资格

---

① 阿奎那以令人印象深刻的清晰方式阐明了怒气（"易怒的性格"）与希望之间紧密的灵魂学关联。参《神学大全》，Ⅰa，题82，第5篇，ⅠaⅡae，题23，第2、3、4篇，题25，第3篇；《亚里士多德〈论灵魂〉评注》，806。

② 参890e1，在那里，雅典人再次用"热情无比"描述克勒尼阿斯。确实，克勒尼阿斯不得不使用他自称在对话中采取的腔调，思考卷十的这一部分及其他部分（《厄庇诺米斯》980d）。

③ 卷十中的发誓在891c，895d，905d。在《法义》其他地方，雅典人一共发誓六次（662c，683e，691b，720c，721a，858c）。这里也要注意，雅典人有短暂的近乎羞耻的感受（886a7）。与雅典人相反，在卷十中，克勒尼阿斯从未发誓（在《法义》其他地方，他共有五次誓言：660b，715d，814b，821c，965e）。这是一个信号，表明克勒尼阿斯不如平常那样充满热情，或者说，他的血气虽然没有消失，但比其他时候已经平息很多。

"对话"。然后，雅典人力劝他等待年岁带来的上等智慧。在之前对他们表达的劝诫中，老年人可能受到了伤害，对所有这些伤害，雅典人由此提供了慰藉的药膏（参888d6克勒尼阿斯的反应）。然而，老年人的权威减弱了。年轻人不是被告知要被动地服从法律的意见，而是要去"探究"（ἀνασκοπῶν，888c9）。对于雅典人和无神论者共享的共同基础而言，这只是第一个标志。

（四）888d7－890a9：前苏格拉底的"自然"科学

现在，《法义》最具理论性的部分开始了。我们看到，严肃的无神论者的信念来自对万物"生成"的全面解释，这种解释基于自然、机运与技艺的区分。① 关于这些术语或这个区分如何出现，雅典人并没有讨论，但根据描述的顺序来看，"聪明人"首先认识到技艺所造之物（人造物）与非技艺所造之物的二分，然后注意到，非技艺所造之物在时间上居先，因此在等级上也居先。技艺对材料所做的任何改造，都受限于特定材料和艺匠原有的特征。因此，非技艺所造之物更加真实，是"最伟大、最好的东西"，而技艺所造之物则是"次要的东西"（889a4－8）。非技艺所造之物"源于自然"。但是，必须进一步分析"自然"。为技艺划界的事物本身，"产生"于更为基本的东西。火、水、土、气是最基本的东西，它们是仅有的不用称之为"生成"的东西，而只要说是"存在"的东西（889b1－2，对比a7）。②

在此，基本意味着在因果效力或责任上居先。在我们倾向于称为最深刻的原初描述中，并没有说无神论者称这四种元素为"最早的东西"。只有在谈到自然的产物与技艺的产物之间的关系时，他们才用了"最早"这个词（889a7）。这是否意味着，无神论者并不必然认为这四种元素在时间

---

① 注意，我们将要探究的这段话，代表着当时对前苏格拉底哲学的唯一解释。前苏格拉底哲学只是以残篇的形式留给我们。关于前苏格拉底哲学的道德和政治意义，最好的讨论见施特劳斯，《自然权利与历史》（*Natural Right and History*），Chicago，1953，第3章（中译本见彭刚译，生活·读书·新知三联书店，2003——译注）。亦参施特劳斯，《城邦与人》，前揭，页14－17。

② 无神论者把万物归于这四种元素，看起来，雅典人是在农业的背景中（水、土、太阳、风，845d）处理某种接近这四元素的东西。对农业的兴趣，相比眼前可以看到的，雅典异乡人与前苏格拉底哲人可能还有更多共同之处。参889d6，施特劳斯，《色诺芬的苏格拉底言辞》（*Xenophon's Socratic Discourse*），Ithaca，1970，页195－196［译注：中译本见杜佳译，华东师范大学出版社，2010］。

上居先？他们是否可能认为，例如，某种天体一直存在，永远在生成和灭亡，而不曾存在过一段时间，只有"纯粹"而未混合的四种元素存在（参亚里士多德《论灵魂》［*On the Soul*］，405a28以下）？假如是这样，那么，在最基本的意义上，"自然"就不意指四种元素，而是"四种元素永恒的生产和毁灭活动"（或者，也许可以更慎重地说，"与四种元素有关的生成和灭亡"）。

在这里，对于自然，雅典人并没有给出这种或其他任何定义。相反，在指出这种可能性之后，又过了好几页（891b8 - c5），雅典人才给出一个定义，这样，他就掩饰了那种可能性。那个定义很清晰，对它的解读，很容易诱惑我们回到最初的陈述。表达这个定义时，雅典人明显很犹豫，这无论如何不能消除那种诱惑。他的话是："说这些话的人冒险表示，火、水、土和气在所有东西中居首位，他冒险以自然来命名这些东西。"（891c1 - 3）这个定义加深了一种印象，即，无神论者将这些元素严格地定为在时间上居先，并认为它们是未混合的存在物——但"最早"这个语词意指的居先含义模糊不清。雅典人一开始的定义，暗含着对无神论者观点的最充分表达，随后，在最终描述无神论者对自然的定义时，雅典人又稍微退回到最初的定义上："他们的意思是说，自然是与最早的东西有关的造物。"（892c2 - 3）他所表达的定义，都不全然是误导。但奇怪的是，在提出生成行为或元素运动可能永不止息上，雅典人似乎有些勉强；而且奇怪的是，他想要把因果关系上的居先，等同于时间上的居先很快，这个原因就会显露。

这四种元素以运动物体的形式存在，尤为自然；它们没有灵魂。这意味着，至少可以说，它们没有我们视为明确属人的所有特性——它们对"人类"漠不关心。它们移动、结合，有时候组成混合物，即新的物体。当无神论者说，元素的存在"依据自然和机运"时，他们似乎指的是，元素（即自然）运作或移动的方式：四种元素的运动，以及由这种运动产生的混合物，纯粹是随机的。无神论者说，这种随机性的存在"源于必然性"（κατὰ τύχην ἐξ ἀνάγκης，889c1）。按照这个说法，他们的意思是，随机性源于四种元素的不变的运动属性。每个元素都会有某些永恒的属性，比如速度和质量；而火的运动，不可能突然变成水的运动，或者突然间完全耗尽自身。但是，尽管这样界定运动和混合，它们仍旧是随机的，因为相比可能生成和灭亡的其他无穷的混合，没有一个特定的混合有更多或更少的必然性。根据无神论者的看法，万物都是这样混合的物体，因此，要解释生命的出现，就不需要新的东西（889c4）。

每一种混合都有自身具体的特性，虽然它随机产生也不永恒。考虑到稍后使用的表达风格，我们可以称这些特性为其特殊的"自然本性"（889d5 以下）。在最基本的意义上，自然亦即元素的活动，并不关心任何混合物的存在或消失、繁盛或衰败。但每种混合物特殊的自然本性，会为对其自然的好和坏提供一个标准。从各元素的角度看，混合物的所有情形，都同样的自然，也同样源于机运。但从某个混合物的角度来看，某些情形符合自然的功能，因此这些情形是自然的；然而，其他一些情形并不符合其自然功能，因此它们的发生源于机运。

人属于后面这些混合物之一。但人不同于所有其他存在者，因为，人的特征在于，有能力通过技艺塑造自身和环境（889c6－d1）。因此，不同于其他物体单调的方式，人的方式惊人的多样，故而与真正源于自然的造物相比，人造物的能力似乎又不同（889d1－3）。最显著的例子是，人通过技艺创造出某个城邦的生活方式。那时的城邦强烈主张，对于人的自然本性而言，这种生活方式是唯一好的方式。无神论者蔑视技艺，因为它与自然对立，这种蔑视的根源在于技艺的欺诈或自欺的力量。技艺可以分为自然的技艺和非自然的技艺。关于非自然的技艺，雅典人让无神论者特别指出绘画和音乐（889d3）。他们说，这些技艺改变了事物的表象，为的是让人们相信，这些事物并非它们真正的样子。它们能给人带来贫困、恐惧和忧虑这些本不该有的东西——对于人成功的运转来说，这些东西绝不需要。这些技艺能够做到这点，很大程度上，是通过创造人或物的形象，乃至完全虚构的存在物的形象——这些存在物未曾存在过，但我们害怕或渴望去模仿它们。这些技艺的产物并不指涉或模仿任何存在物，因而它们是任意的。从人的自然本性来看，这些技艺结果证明是机运的问题。不过，也会有"严肃的"或自然的技艺，这些技艺遵从并根据事物的自然作品（即混合物）运作。例如，医术调理人类身体，要着眼于身体的真正需要和自然本性（889d6）。

但在无神论者看来，政治术乃至立法术，都不是自然的技艺。在此我们发现，无神论者攻击所有法律的有效性，以及所有政治生活和政治热望的自然性。在这更为宽泛的攻击中，否认诸神只是最直接让人震惊的部分。如雅典人所呈现的，关于诸神的争论，直接并必然导向对"自然正

义"（τὰ δίκαια φύσει, 889e7）是否存在的争论。为什么是这样？在何种
程度上是这样？为什么正义的自然基础会随着公民诸神的自然基础而确立
或倒塌，反之亦然？要理解这些，我们应提醒自己注意雅典人先前对法律
和"政制"的分析（625a6 – 7，689e – 701b，712b – 715c，886b11）。[1]
根据他的论证，法律并非基本的政治现象。法律获得其秩序和方向，取决
于构成城邦统治集团的人的类型。这个决定设立并限定了"政制"。有权
威的集团的生活方式，决定了整个城邦要遵守和献身的生活方式、具体的
德性和优异。在每种政制中，关于诸神或最令人敬畏之物的信念，无论从
传统中接受了多少内容，都会被转换成这种政制中道德的最高表达
（890b6 – c2）：诸神是"像法律所说的那样"（885b4，890a6，890b7，
904a9）。我们将会看到，雅典人自己似乎认为，在某些城邦中，关于诸神
的意见，可能是关于人和宇宙之自然的真理的观念；政制越正义或越与自
然一致，其观念在一定程度上就越真。无神论者的批评之所以那么有穿透
力和深刻，原因在于，他们否认每个政制有关正义和恰当生活方式的观念
的一切真实性。就像我们今天经常听到的说法，这些观念不过是"意识形
态"。对于了解事物真实样子的方式，城邦并不知道。

　　无神论者说，在每个城邦中，对于何为正义，都有永无休止的争论。
每个城邦都在不断修改法律，即使是其最基本的法律和政制。城邦依据对
正义的看法立法，但给出每一个这种看法的是相同的权威（889e7 – 8）。
对于法律和正义之物的随意性，这个明显的标志指向了关于它们的真理。
关于何为正义或高贵的每个决定，本质上都可以追溯到偶然的环境，这些
环境排除了对何为正义的其他概念的考虑；也可追溯到以下环境：它们使
某个人或某个群体变得最强大，从而可以维护自己的利益，对别人施加
意见。

　　但在大多数情况下，这样描述法律的建立，并不足以证明，非随意
的、理性的立法是不可能的，这种立法基于依据自然对城邦中所有人好的
东西。无神论者拒绝自然正义的核心必须依赖对人自然好的分析。雅典人
在这里的表达几乎看不到下述分析："正义"等同于"共同的善"。因此，
正义有一个真实或自然的基础这一看法，就取决于如下主张：对人真正好

　　① 有关诸神的争论与否认法律和政治的自然基础之间的关联，起初似乎迷惑了克勒尼阿斯。
参他在889e2 的反应及雅典人的回应："天啊"（即，因为你的无知——对比831c1 和886a6）。

的东西可成为共同的，对整个城邦都一样。无神论者否认，对人自然好的东西可成为共同的。这依据的论断是，人像所有其他事物那样，是运动着的无灵魂的混合物。除了身体之外，每个人什么也不是；对人好的东西就是对其身体好的东西。而按照雅典人在之前某个时刻所承认的，身体有快乐和痛苦，这是无法分享的，至少像城邦那么大的群体无法分享（739c - d）。① 令身体愉悦的诸善，只有在如下意义上才能"分享"：它们最终可以分配给每个人，让每个人用尽或享受。但它们无法被一起分享，乃是在如下意义上：它们的乐趣，如看落日，不需要分配和分割，因此也就不会引起争夺。

根据对人类之善的这种分析，我们看到，在每个城邦中，大部分人遵守法律，因为他们受到蒙蔽，认为法律代表某种共同的善，且比许多诱人的私人之善更重要。事实上，政制及其法律几乎一直存在，为的是某种私人之善——为的是某个阶层的联盟或某些个人。私下获利的那些人，可能意识到也可能没意识到如下宣称的欺诈性，即政制的存在是为了共同的善。②

至此，在详细阐明对手的观点后，雅典人在论述中打了一个岔：他暂停了论述，而称呼他的两位对话者"我的朋友们哟"（890a2 - 3）。③ 由此，他提醒他们记住那项政治工程——就我们所知，这是他与他们之间友谊的唯一基础——并要他们集中注意力，为接下来的继续讨论做些准备。在这个打岔之前，他们刚刚听到了对事物自然本性的一个论述，这种论述与所有政治生活几乎完全对立。现在，他们将听到一种政治教诲，具有从关于自然的教诲中得到的建议或命令。得出这些政治结论的人，是"年轻人心目中的聪明人（ἄνδρες）"（ἄνθρωποι，对比891c8）。目前并不清楚，这些人是否是建立自然哲学的那些人，或者，他们是不是重复了别人建立

① 这表明，为何无神论者的理论立场平心而论可等同于如下观点：善是身体的快乐（886a9，888a3，908c2）。

② 很可能，着眼于战争，整体公民会形成自利的联盟以反对其他人。这是克勒尼阿斯最初对斯巴达和克里特的解释（625e - 626a）。但是，按雅典人的看法，这种理解并不足以支撑城邦关于共同善的宣称。这种联盟仅仅坚持，只要不利于敌对的个人或团体逃跑就行。这个联盟并不支持，城邦宣称有权牺牲公民的财产和生命。它根本无法为城邦的神圣感提供依据：没有什么东西让这个团体——"我们的"团体——比其他团体本质上更好（626 - 630）。

③ 我将这个观察和下面部分看法归于 David Bolotin。

的自然哲学，并增加了一套政治教诲。但是，据说这些人包括诗人，① 还有"散文作家"（890a4）。紧接着这种政治教诲的不是一种"败坏"吗？或者，至少是一种有问题的推论，来自思想家关于自然的看法？确实，自然哲人们否认立法术有任何自然状态，但他们承认，政治术有"一小部分"［分有自然］（889d）：通过参与政治生活，并利用受蒙蔽的民众没有认清共同善的虚伪，有人增强了自身的安全，就此而言，政治依据自然是好的。但是，"年轻人心目中的聪明人，即诗人和散文作家们"走得更远。他们说，依据自然，存在某种正义。"最正义的是，无论什么都允许人们用强力来获取"，"依据自然的正确生活方式，实际上就是过统治他人的生活，而非依据礼法成为他人的奴仆"（890a4 – 5，8 – 9）。我们注意到，强者统治弱者这一自然法则的"技艺"，是模仿或符合宇宙中较强物体的运动自然地支配较弱物体的运动。显然，这种政治活动的最终目标，是要颠覆现存的政制，代之以公开的僭政（890a7）。

在解释这些人的观点时，雅典人毫不费力地模糊了多种不同的无神论者和无神论观点。通过这种方式，他向我们指明了各种类型的对手，而这，恰恰是在他迫使我们聚焦于政治上最相关或最活跃的类型的时候。当然，最后描述的无神论者不会相信，哲学生活乃至纯粹的私人生活先于政治生活。卷十从未提到哲学或哲学生活。更奇特的是，在描述他们的观点时，雅典人从未提到"善"或"好的东西"，但他提到了"高贵之物"，甚至提到"出于自然的高贵之物"（889e6）。这里，他也没有提到快乐（对比 886a9，888a3，908c2）。我们不得不问，无神论者是否认为，统治的高贵性仅仅是达到私人（身体）快乐和私人之善的手段；或者，他们是否为了自己的利益，才为统治的高贵显赫和公开的荣誉所吸引。如果是后者的话，他们的善似乎就取决于服从"服务城邦"和"共同善"的观念，而他们宣称，这些观念完全是错的。这是苏格拉底反驳卡利克勒斯（Callicles）和忒拉绪马霍斯（Thrasymachus）的大致方向。但在这个讨论中，雅典人只是暗示了这么一个问题，因为他更感兴趣的是面对智术师有关诸神的观点和对自然的解释，该解释是无神论者的基础和支撑。

———————

① 尤其是诗人品达（Pindar），他似乎教导雅典人，强力有权依据自然行统治（690b – c，714b –715a）。参 England 对 890a5 的注释［译注：页93 注释①］。

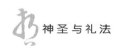

（五）890b1 – 893a9：苏格拉底式的"灵魂"学

对无神论者论证的描述，让克勒尼阿斯有些目瞪口呆。虽然克勒尼阿斯之前预告，论证会"相当棘手"，但现在他说，这个论述"着实摧毁了年轻人，无论在城邦的公共生活里，还是在私人家庭里"（890b1 – 2）。雅典人没有试图安慰克勒尼阿斯，相反，他告诉克勒尼阿斯他所说的是事实，并再次问他们是否应该放弃。此前，雅典人曾问道："我们该说什么，我们该做什么呢？"现在，演说刚结束，雅典人在卷十中首次单独提到克勒尼阿斯的名字，他问："你认为立法者应该做什么呢？"（886e6，890b3 – 4）克勒尼阿斯被赋予了对付无神论者的责任。使用词语"做"而非"说"，表明了整个谈话的特征——雅典人更多地致力于问，他们是否应该停止交谈而建构惩罚措施，而不是问，他们是否应该继续努力说服无神论者。这样，他引导克勒尼阿斯更强烈地鼓励他们继续。看到那种精密论证的全部严重性和复杂性之后，克勒尼阿斯认识到，单纯的惩罚无法避开这么强有力的攻击；在还有反驳对手的希望时，他不能让雅典人放弃。但是，不同于第一次建议放弃时所说的话，雅典人这一次不再坚持说有希望驳倒无神论者：他们的"做法由来已久"（887a5 – 6，890b4）。

克勒尼阿斯的回答表明，雅典人成功地让他平静下来，而没有打破他进行反驳的希望。雅典人还让克勒尼阿斯注意到自己亟须帮助。然而，克勒尼阿斯没有丧失警觉，他看到，标准必须是"自然，或某种不低于自然的东西"；而且，他明白，雅典人的论证将针对法律和技艺跟心智（νοῦς，890d6 – 7，对比886a2 – 4，889c5）的关系。但是，雅典人并不满足仍"热情无比的克勒尼阿斯"（890e1）。他提出了一个新的难题：要采取法律序曲的形式进行复杂的反驳论证，民众会很难听懂。雅典人"再次"（但用更强的说法）提醒克勒尼阿斯，论证需要"长篇大论"（890e1 – 3）。

关于论证长度的问题，克勒尼阿斯前面已经回答过一次，并认为它不是问题，因而他用略带责备的提问首先对此做了回应，这个提问让我们想起开启整个对话的全部精神。在对话一开始，雅典人就讨论了醉酒的问题。通过提醒他们禁止的快乐，或许还有年轻人的违反，这一讨论让两位年老的斯巴达人和克里特人松了口风，进行了所有三种"代偿性饮酒"。①

---

① 参施特劳斯，《什么是政治哲学？》，前揭，页31 – 32。亦参 Eric Voegelin，《秩序与历史》（*Order and History*），六卷本，Baton Rouge，1956，卷三，页240 – 241。

这里，雅典人使克勒尼阿斯必然回想起起初的那些讨论，并由此重振言辞和思想的自由及活力——这些都是对话开始时产生的。

然后，克勒尼阿斯开始处理新的问题，亦即，向民众讲述这类论证的困难。他欣然承认，大多数公民中有很多人不够理智，无法理解关于诸神的论证，但他认为，序曲以成文的方式存在，可供学习缓慢的人反复研究。克勒尼阿斯承认，对许多公民来说，公开宣布的最重要序曲——所有法律的最好序曲——是难以理解的。因此，他让雅典人摆脱了一种局限，其他一切序曲也具有这种局限（参718b以下，857b以下）。克勒尼阿斯很有绅士派头，蔑视多数人，雅典人正确地依靠了这点，从而使城邦关于最高事物的意见，可能超出大多数人理解的层次。雅典人对诸神做出的这种辩护，为什么不能在民主制中进行？最明显的原因之一在于，克勒尼阿斯承认这种不平等的天性。

克勒尼阿斯说，制定成文的序曲可供学习缓慢的人研究。话刚说完，柏拉图就让墨吉罗斯说了几句赞同之辞。在卷十中，这是墨吉罗斯仅有的几句话（891a8，891b7）。《法义》并不像许多学者认为的那样，缺少风趣。①

抛开多数人甚至墨吉罗斯之后，雅典人觉得，要比以前更强烈地唤起他与克勒尼阿斯间的"伙伴关系"。利用对自然的清楚定义，他继续重申了无神论者的立场，这我们已经讨论过。他还补充说，根据这种理解，"灵魂"是后来出现的，源于那四种元素（参889b5）。他继而说，凭宙斯起誓，他们已发现曾从事自然研究的所有那些人的错误根源（891c7）。为反驳无神论者，雅典人一开始提出的论断（起初）除了热情的誓言之外没有任何支撑。在提出任何论证之前，他要保证听者有一种确信感。但是，论据明确的论断，不需要誓言的支撑；而且，正如克勒尼阿斯的回应所表

① 要全面理解卷十，需要更进一步考虑墨吉罗斯的角色。在整部《法义》中，与其"简洁"话语的数量和长度相比，他的重要性完全不成比例。但在卷十中，他占有特殊的重要性。这表现在，雅典人在此向他做了温和的申辩（891b2－6），并且，雅典人在卷十相对频繁地提到他（在888d和899c，雅典人称"墨吉罗斯和克勒尼阿斯"；在891b单独称墨吉罗斯；在900c称"克勒尼阿斯和墨吉罗斯"。我相信，在《法义》余下的内容中，雅典人有13次一并提到他们两人，有6次单独提到墨吉罗斯）。之前显示，正是墨吉罗斯而非克勒尼阿斯有能力让雅典人离开人类事务，走向真正的神圣之物（803b-804b）。墨吉罗斯更接近这类人，他们将成为统治的多数人，建构新城邦的"政制"。通过让墨吉罗斯接受关于诸神的讨论（即便他无法理解），雅典人确信，大多数公民也可以接受这种神学。

明的那样，这个论断的含义根本不清楚：首先，还没有告知我们"灵魂"的含义是什么。雅典人说，要解释这点，不得不采用"颇为陌生的论证方式"。克勒尼阿斯完全理解雅典人需要帮助；此外，他还有雅典人的保证：已经发现无神论者错误的根源。现在，他不可能让反驳停止。带着可以理解的勉强，克勒尼阿斯称雅典人为"你这神奇的家伙"，然后，他同意说，雅典人可以走出立法的领域，采用"陌生的论证"（891e1 – 3）——我们可以补充说，陌生不仅是对多数人而言，也针对立法者本身。结果证明，一开始说服克勒尼阿斯把自己排在多数公民之上的那个标准，现在同样让他把自己排得更靠近多数人，而非雅典人。事实证明，哲人与所有非哲人的区别，远比治邦者 – 缔造者与民人的区别更加重要。在这个城邦中，（除了有些可能被挽救的年轻人之外）有没有人知道，城邦诸神是谁？

采用"陌生的"或哲学的语言，雅典人开始他的解释。他说，无神论者没有正确理解，什么是"万物生成和毁灭的第一因"（891e5 – 6）。然而，他没有接着说，什么是第一因。相反，他提出，他的前辈们没能理解自然，是因为他们没能理解灵魂，"曲解了碰巧成为灵魂那种东西，灵魂所拥有的力量，尤其是，曲解了灵魂如何产生"。他说："灵魂是最早的东西，在一切物体之前产生，特别地，灵魂是一切物体变化和重新排序的主要原因。"（892a2 – 7）因此，他还是没让我们明白其他"最早的东西"可能是什么，这些东西可能不是生成的，也可能导致物体（甚至可能包括灵魂）的生成。① 造成不满的更大原因在于，雅典人始终无法定义"灵魂"。我们怀疑，他意指某种有点类似人的灵魂的东西（参 891e7，886b1）。而在后面几行，我们听到，意见、监管、心智、技艺和法律是"与灵魂同类的东西"，此时，我们的怀疑似乎得到确证。但是，如果这五种东西只是"同类"，它们就都不是灵魂。在这里，灵魂可以主要理解为激情（ἔρος［爱欲］和血气）吗？② 对激情的曲解——不仅是对心智、技艺或法律的曲解——会是前苏格拉底时期误解自然的根源吗（参 967a – c）？无论如何，如果灵魂先于物体，那么与灵魂同类的东西就先于属于物

---

① 当然，根据雅典人的看法，灵魂不是造成物体变化的唯一事物：毕竟，岂不是物体引起物体的变化？

② 对照 R. Hackforth，《柏拉图的〈斐德若〉》（*Plato's Phaedrus*），Cambridge，1972，页76："值得注意的是，在《斐德若》和《法义》这两部对话中，灵魂的运动功能都很突出。唯有在这两部对话中，激情（情感）和欲望明显归因于无形体的灵魂。"

体的东西。关于灵魂之外最早的东西，尤其是关于什么可能是灵魂生成的原因，雅典人忽略了其含混性，他断言，技艺与心智的行为必定是"伟大而公正的行为"，而且，"这样说几乎是最正确的（σχεδὸν ὀρθότατα）：灵魂尤为自然"。

但这一切与诸神有什么相干？雅典人论证的精髓似乎在于：某种类似我们称为人的"灵魂"的东西，具有使用技艺和心智的能力，它在时间上居先，因此在高贵性和因果效力上先于无神论者称为自然的所有物质现象。因此，相比无神论者，下述这种城邦更接近真理：它敬畏某种类似于人的灵魂的东西，认为这种东西最古老、最有力量。一旦城邦尊崇能促进灵魂之善的技艺和法律，而非尊崇服务于身体之善的技艺，这样的城邦也就更接近真理。于是，很多问题取决于，是否"有人可以证明，灵魂是早于物体的存在物"（892c6）。

但是，即使完成证明，也不能完全为城邦辩护。首先，如果城邦真的敬畏灵魂，它就必须知道何为灵魂；其次，如果城邦宣称要致力于并促进共同的善，而这一宣称的理据基于灵魂，那就必须证明，灵魂的善符合共同的善。顺便提一下，其结果是，一旦我们确定什么是灵魂、什么对灵魂好，那么，对于评判哪种技艺、法律和意见更好和较坏，我们就获得了一个自然标准。必须承认，雅典人此时很难将注意力放在后面这些问题上。他聚焦于灵魂在时间上居先的问题。确实，他似乎认为，所有技艺、法律、意见、心智和监管，都同等地"与灵魂同类"。

如果提到源于无神论者的区分，我们可以说，无神论者把机运作为自然的主要部分，并且诋毁技艺，而雅典人则视技艺为自然的主要部分，并对机运闭口不谈。不过，就雅典人与其对手之间明显的一致之处而言，仅仅这样说并不公平。对雅典人来说，正如对无神论者和柏拉图的苏格拉底来说一样，关键问题在于"什么是自然"，自然被理解为第一因或基本的起因。不同于柏拉图的苏格拉底，而与某种（夸大的？——参上述）无神论观点一致，雅典人认为，第一因是时间上最早的东西：等级上居先等于时间上居先。雅典人、无神论者与城邦之间是一致的，而与苏格拉底对立，为了更清楚地表明这点的含义，我们可以说，这个命题是"最古老

(πρεσβύτατον)① 的东西最好"。与此密切相关的是，非苏格拉底式的观点遗忘了既不生成也不毁灭的永恒之物。雅典人告诉我们，灵魂以及与灵魂同类的东西（包括心智）全都是"生成"的（892a4 – 5）。他接受的看法是，"自然是与最早的东西有关的造物"（892c2 – 3）。从总体上看，卷十没有提及诸样式（Ideas）。②

在最终开始反驳无神论者之前，雅典人提出了最后一个难题（892c9 – 893a7）。克勒尼阿斯已经领略了"陌生的"论证，但雅典人现在明确指出，在关于诸神的"对话"中，克勒尼阿斯无法起到积极作用。他和他的斯巴达朋友只能默默地倾听，而匿名的雅典人要单独进行对话，既代表匿名的无神论者说话，又要回应无神论者的问题，直到完成关于灵魂的优先性的"整个"论证。因为从事这种论证，就像渡过一条湍急的河流——对于缺乏力量的老年人来说，这很危险。老年人身体的衰老，是阻止他们渡过这样一条河流的恰当理由。而通过聚焦于他们的衰老上，河流的明喻就柔化了雅典人对老年人的攻击。毕竟，对城邦必不可少的，不是老人的身体优势，而是老人的灵魂优势。但事实上，警告老年人不要涉入的，并非某条河流，而是某个论证。这个论证只有雅典人能够提出（参 England 此处的注释），也只有雅典人靠他年轻灵魂的力量才能掌控：灵魂最古老，因而是最好的。对于这个论证，只有最年轻的灵魂才能为之辩护——雅典人的灵魂向新奇事物开放，并渴求这些事物（对比 888c1 以下）。

雅典人这里的言辞是戏剧的高潮，该戏剧为关于城邦诸神的理论辩护铺平了道路，这一辩护基于自然之上。同时，立法者的准备向我们证明了为何这样的辩护必不可少，也展露了公民神学的作用是什么。现在，我们明白，那个目标不只是满足公民的政治和心理（富有血气的）需要。就专注的公民而言，这个准备的部分会让他们开始自我意识到那些需要；就

----

① 关于用"更古老的东西"或"最古老的东西"（πρεσβύτερα 或 ρεσβύτατα）代替"最早的东西"（πρῶτα），参 892b1，892c6，895b5，896b3，896c6 – 7，尤参《厄庇诺米斯》980d。

② 换句话说，"什么是灵魂？"这个问题从未真正提出，而是被"灵魂如何生成？"这个问题所取代。然而，雅典人无法完全避开 εἶδος（样式）一词，见 894a8，895c5。Lutoslawski 认为，卷十忽略了诸样式，因为整部《法义》都没有提到（因此，这表明柏拉图思想的重大转变）。但 Victor Brochard 断然驳斥了这种看法。不过，Brochard 没能充分解释，为什么卷十从未提到诸样式，别处却有提到或讨论（尤其是 965b，967d）。见 Brochard，《柏拉图〈法义〉中的样式论》（"Les Lois de Platon et la théorie des idées"），*Etudes de philosophie ancienne et de philosophie moderne*，Paris，1954，页 151 – 168，尤其页 163 – 164。

"年轻的灵魂"而言，不管他们的身体有多衰老，对于权威政治意见的真实性，这种准备和神学都会唤起他们的怀疑，并开始回应这些怀疑。对某些人来说，开头的工作已经足够。但对另一些人则不够。在卷十的结尾，引入了一种新的制度——"夜间议事会"。随着《法义》的结束，这个半秘密机构的权力和复杂性也在增加。每天晚上，这个机构的成员都要去探望一些人，他们被控不虔敬，但没有坏性情；并要继续学习和重新思考（参 899c6 – 7）卷十的论证，以及其他同样精彩的论证。夜间议事会私下会面的地方，以及那些不虔敬者被送去的地方，叫作 σωφρονιστήριον（"感化所"，908a4，909a1）。这个名字是柏拉图为了回应阿里斯托芬（Aristophanes）所造的滑稽词语，而自造的一个滑稽语词。在《云》（*Clouds*）中，苏格拉底及其追随者会面的地方叫 φροντιστήριον（"思想所"）。① 卷十显示，在非哲人统治的城邦中，哲人如何找到一个家。通过结合感化（σωφροσύνη）和思想（φρόνησις），哲学利用神学修辞为自己建造了一个家，这靠的是首先揭露出城邦的赤裸，接着，诱导统治者要求哲人为城邦遮羞。通过神学，哲学使无神论——它否认自然正义并否认城邦——成为城邦中的活生生的挑战。哲学的出现是为了神学，而神学是为了城邦的利益。最终，我们想知道，情况是否同样为：城邦是为了神学，而神学是为了哲学。

但神学的这些不同功能，彼此间并非完全和谐。神学必须满足大多数公民的非哲学需求，而如我们所见，这些需求是哲学的障碍——对任何完全理论性的讨论诸神而言，它们都是顽固的障碍。因此，公众神学只不过是弱化的论述，它满足了城邦的需求，同时也引起和激发超出表面教诲的思想训练。在雅典人论证灵魂的预备性概述中，我们已经看到他如何创造了一种教诲，该教诲的漏洞和矛盾，为细心的读者指出了一个不同的论说的方向。就目前而言，我们只能注意一些突出特征，它们有助于显明，如何从神学看似自相矛盾的表面，走向其清晰的内核。

---

① 《云》，行 94。亦参卷十二明确讨论哲学的地方所引的谐剧诗：967c5 – d1。

三、反驳无神论者

（一）893b1–894a9：**柏拉图物理学概要**

现在，看起来，柏拉图已经为一场独特又最为非凡的对话搭建了舞台。我们期望听到一位哲人跟自己的对话，他的自我质疑，就像他脑中会显现出一位跟他同等智力的人，在最根本的问题上与他争论。然而，我们听到，雅典人首先祈求"神"的帮助，以及"要证明其存在的那些神"的帮助，此时，我们的希望稍微有些受打击。至此，我们已经期望，政治形势的迫切需要，预定了诸神存在的证据。然而，我们注定要更加失望。不管我们能否克服挫折，不管这个失败的对话是激怒了我们还是激发了我们的渴望，这都是雅典人和柏拉图为我们设计的一部分考验。

无神论者的第一个问题是，万物都静止不动吗？或者，情况与此完全相反（都在运动）？① 或者，有些东西在运动，有些则保持静止？对此，雅典人给出了常识性的答案：有些东西在运动，有些保持静止。② 按照先前从不变的诸样式中得出的著名抽象概念，雅典人让无神论者放弃了反驳乃至探究如下论题的任何尝试，即某些东西静止不动或不改变。无神论者转而讨论运动，又问了另外两个问题。看起来，设计这些问题是为了开始对运动进行分类——依据空间特征（如移位，在某个位置移动或变位）分类。第三个问题区分了旋转运动与直线运动，在此，雅典人不是回答，而是显示了对无神论者不精确的不满，并且，他提出了自己的第一个问题。从这里往下，关于哪一行话应该是谁说的，雅典人设计了某种含糊，但我强烈倾向于认为，我们应当把所有长句子归于雅典人，因为他已经掌握了主动权。如果这样解读，我们发现，对于雅典人的第一个问题，无神论者只简单地回答说"是的"。接着，雅典人继续详细阐述旋转运动质上的不同特性。在无神论者的问题中，没有暗示这种质的差异。至于雅典人为什么认为圆圈旋转是"奇观的根源"，看起来，原因取决于几何联系。雅典人知道，在一个完美的圆圈或圆球的旋转中能够获得这些联系，并且，这

---

① 希腊语κίνησις（运动），也有改变的意思，我们应该始终记住这点。

② 在这点上，他赞同柏拉图和色诺芬笔下的苏格拉底，而反对前苏格拉底哲人：参色诺芬，《回忆苏格拉底》（*Memorabilia*），Ⅰⅰ14；柏拉图，《泰阿泰德》（*Theaetetus*），180d（在那里，苏格拉底说，他的观点来自补鞋匠）。

些联系能使物体以不同速度同时在同一地方运动（893d1－5）。雅典人对移位的进一步分类还包括结合（量的增加）和分裂。在这种分类的结尾，无神论者表示完全赞同。

这是我们听到的无神论者最后的话，因为接下来，雅典人继续讨论"生长"运动，他坚持，这种运动不能理解为只是从物体的复杂运动中结合或分离，此时，他便不再允许无神论者作答。雅典人关于生成的提问和回答，我们无法听到无神论者的评论，这反而让我们更加好奇。雅典人自己的说法（894a3－5）基于一个明显却令人费解的几何学类比，该类比把生成描述为，从没有维度的点或起因（ἄρχε）"生长"出连续的维度，最后产生可感的或三维的物体。① 结果证明，雅典人给予我们的，并非对无神论者的真正反驳，而是通常抽象的、压缩的陈述。只有在关键点上，这个陈述才暗示出其批判性。

根据前几页对无神论者观点更完整的呈现，再来考虑这次交流，我们得到了下面的结论。雅典人与无神论者的不同之处，不仅在于他考虑了不变的事物，而且在于他拒绝认为改变全都能理解为移位的结果，不管这种移位多复杂。在物质增减中，事物的"固有特性"（ἕξις διαμένη，例如"狗性"）不变，如果不这样看，就无法理解事物（即幼犬）的"生长"。一旦这种特性消失或被取代，那么，（比如癌症）增和减都会完全摧毁该事物。生长是变与不变的交互作用（893e6－894a1，对比894a7）。② 此外，即使在无生命之物的简单移位中，离开了有关几何和数的非物质实体，雅典人（不同于他的"唯物论"对手）也无法研究"物理学"：例如，要理解星体的旋转，人们必须考虑圆圈的几何属性，这些属性绝不会在任何物体中显现（893c7－d5）。最后，只有我们的心智能够把握如下建构或产生方式：永恒的几何学建构，或从不可见的第一原则（点，移动的

---

① England 汇集和总结的评注，为这个难解的句子提供了启发，参 England 此处的注释，亦参亚里士多德《论灵魂》404b18 以下的部分阐释，以及 Joseph Moreau，《世界灵魂：从柏拉图到廊下派》（*L'Âme du Monde de Platon aux Stoïciens*），Paris，1939，页 61；J. B. Skemp，《柏拉图晚期对话中的运动理论》（*The Theory of Motion in Plato's Later Dialogues*），Cambridge，1942，页 104；Paul Kucharski，《毕达戈拉斯四分体学说研究》（*Étude sur la doctrine Pythagoricienne de la tetrade*），Paris，页 71－74。

② 参《泰阿泰德》，181c 以下；《帕默尼德》（*Parmenides*），138c；亚里士多德，《物理学》，Ⅶ，ii。

点构成线，移动的线构成平面，等等）中，"产生"可见事物的空间属性。要理解从不可见却可理解的原则中，"生成"物质的可见存在者（狗、人、星体），上述建构或产生方式是一个关键（894a1-8）。

（二）894a9-899b9："诸样式"与灵魂

在雅典人关于生成的神秘说法的结尾，他突然转向墨吉罗斯和克勒尼阿斯，称呼他们为"朋友呵"（894b1）。① 在一个非常短的时间内，雅典人首先不知不觉地充当提问者的角色——这一角色本来是留给无神论者的，继而，他又把克勒尼阿斯拉回到原来的回答者角色。雅典人能够引入法律序曲的，不过是真正哲学论辩的一瞥——这一瞥指向"另一条更长的路"，始于某种东西，而非灵魂的优先性，灵魂被理解为推动自身的运动。在无神论者从视野中消失前，雅典人自己甚至不能提到灵魂。虽然雅典人讨论了生成的起因，但他从未提到那个起源在时间上居先，也未提及其推动自身运动的能力。为了处理现在已经显现出的诸神存在的证据，我们首先要展示论证的各阶段；之后，为了理解雅典人真正的看法，以及他背离那些看法的原因，我们可以试着评价各部分的相对有效性。

一开始，雅典人让克勒尼阿斯承认，不管有多少其他种类，所有运动都可以分为两种：一种运动不仅能推动他物运动，而且能推动自身；另一种运动能推动他物运动，却不能推动自身，因此，它总是被其他在先的运动所推动。但他从未谈到，是否可能有某种东西，能引起他物运动，但自身保持不动。存在推动自身的运动，这种运动最活跃，在力量和时间上都最先，是所有其他运动的起因，要证明这一切必须基于一个前提。这个前提不是来自雅典人，而是来自"大多数"无神论者"胆敢声称"的话："万物产生时都静止不动。"（895a6-b1）此时，我们仍然想知道，这一切究竟跟"灵魂"有何关系。

在第二阶段（参895c1），克勒尼阿斯更多地参与进来。这个阶段证实，关于推动自身的运动，我们仅有的直接经验是，我们称之为"活物"的东西的运动。此外，每当我们把"灵魂"一词用于某物上，我们就意指

---

① 雅典人呼求其"朋友们"的前后文，与他用同样的方式打断对无神论者观点的呈现的前后文，彼此是否有同样的关联？

那个东西是"活态的"。① 接着，雅典人偏离本题，凭宙斯发誓，谈论了名称和定义的本质。在这之后，他宣称，必须将灵魂定义为推动自身的运动。因此，灵魂即使不是最早的东西本身，也是所有运动的最早起因，它依据自然统治着所有物体。那么，灵魂是神吗？灵魂是"宙斯"吗？

第三阶段表明，作为万物运动的起因，灵魂必定是邪恶、低贱和不义以及好、高贵和正义的起因，因此，必定有两个灵魂或两类灵魂。现在，我们得知，在时间、力量和等级上先于物体，并不必然意味着好。这多少让我们有些惊讶。灵魂要变好，只有"将心智即神作为助手——从正确的意义上讲，神是指诸神"②。那么，哪种灵魂统治宇宙——好的、神圣的那类，还是相反的那类？（可以确定两件事情：灵魂自身并不是神；神并非全能。）

最后一个阶段（或两个阶段：897b7，898c9）确定，那类神圣的灵魂统治宇宙。显然，诸天体统治整个宇宙，它们的运动（有序的循环旋转）表明，拥有心智的灵魂推动着它们——因为循环运动是心智运动的"影像"——因此，它们可以被奉为诸神。很明显，这个论证的顶峰是非科学的：在这里，雅典人诗意地运用"影像"和"言辞中的美丽匠人"（898b2 – 3），确证了"惊奇的"克勒尼阿斯（897c4）最初的神学。

在这一切中，我们觉得最合理的是主张是，在一定程度上，活物的运动拥有某种不确定性和独立性，而这在无生命体那里找不到，并且，活物的运动能够使无生命体运动。确实，活物的运动现象是我们所谓"灵魂"的关键内容。此外，它也使如下说法变得可理解：这种独立的运动能引向好或坏，而且，至少在很多情况下运动是好的，只要运动有序、合理，"受心智帮助"。但除此之外，还有相当多的难题，有些是雅典人自己说出来的，有些显现在克勒尼阿斯的反应中。

---

① 希腊语 ψυχή 一词肯定没有基督教赋予的所有特别含义，它比我们现代的"灵魂"一词，更容易应用到非人的生命体上。雅典人充分利用了这个希腊词的宽泛性或含糊性。

② 参 631d5。按照希腊文，可以写作"……从正确的意义上讲，神圣是指……"，但考虑到文本的主要难题，我遵循抄件和 Burnet 的说法，不对其作任何修订。对于 ὀρθος（正确的）的这种运用，参《斐多》（Phaedo），67b4，82c2 – 3；《苏格拉底的申辩》，40a3。欧里庇得斯（Euripides）《阿尔刻提斯》（Alcestis），行637；《希珀吕托斯》（Hippolytus），行1169 – 1170；《安德洛马克》（Andromache），行377 – 378。亦参 John Burnet，《柏拉图的〈斐多〉》（Plato's Phaedo），Oxford，1963，对67b4的评注。不过，Stallbaum 的讨论和建议的修订，很有说服力也很吸引人。

首先，雅典人自己说，推动自身的运动是所有运动最古老的第一因，其证据基于"大多数"无神论者"大胆的"假设。如果不坚持这个假设，他们就很难发现（同参康德［Kant］，"理性的第一个二律背反"）无神论者的看法会遇到怎样的困境，他们认为，由运动所驱动的运动存在无穷的复归。确实，说起因的无穷复归，似乎是在回避起因问题（考虑894e），无神论者适合呈现为雅典人在此呈现的那样，这是一部分原因。如我们所见，这透露出唯物论者并不关注不动之物，他们还强调，等级优先的事物在时间上居先，这些可视为城邦尊重老人的共同基础——在这里，雅典人充分利用了这种可能性。但是，对于所有运动都有起点的"大胆"假设，雅典人自己并没有认可。毕竟，这很难解释推动自身的运动的生成起因。这种不认可连同雅典人与无神论者的失败对话，默默地指向另一种解释的可能性：全部或某些运动（不管自我推动与否）生成的基本原因，是不运动的某物或某些事物。就此而言，永恒的影响力不是通过原始的"推力"，相反可能是以一种目标的形式引出物体的运动。这可能意味着，某些最新的运动最接近"第一"因。我们不久就会看到，比起支持祖先神圣性的需要来，某些东西更迫使雅典人忽略了建构其神学中的这种可能性。

但我们看到，很快就承认了一个原初的推动自身的运动的必要性，即使在最古老的原因与城邦尊崇的古老人类或灵魂之间，它不足以建立任何联系。为什么推动自身的东西一定是非物质的？例如，为什么不会是某些物质的"爆炸"？（或许，对于推动自身的爆炸，我们毫无经验，因为在最初的爆发中，它就耗尽了自身。）或者，为什么推动自身的不是元素的属性，在元素还是纯粹而未混合的时候——就像它们在最初时那样？雅典人自己指出了后面这种可能性，但克勒尼阿斯没有接受这种看法，他问雅典人，在"未混合"的土、火或水中，我们怎么能看到推动自身的运动？何时能看到？（895c5）相反，克勒尼阿斯认为，雅典人的意思必定是，每当我们说到推动自身的运动时，我们意指它是"活态的"。雅典人有些不情愿地赞同了这个看法（895c7－9）。①

在雅典人对诸神存在的证明中，这直接导致了最明显的问题。推动自身的运动等于生命，就此达成一致后，两人又进一步同意，哪里有生命，哪里就有灵魂。由此，雅典人错误地论证说，必须将灵魂定义为生命。这

———————————

① 对比雅典人对克勒尼阿斯之贡献的其他反应，尤其是894d5，898c9。

样做，他就忽略了生命的不同类型，因此也忽略了灵魂的不同类型，以及灵魂的限定性种类。他运用的修辞学策略是误导性地与数学类比：所有的数都可以分成奇数和偶数——这是对数的恰当分类，由此可将存在物分为活的和死的，或推动自身者和受他物推动者。但跟物的自然种类不同，数是同质的：不同于生命，偶数是个没有差异的范畴。[1] 就连克勒尼阿斯也发现很难接受这个灵魂的"定义"，但是，他热切地想帮忙赢得论证，这阻止了他表达自己的怀疑。[2]

通过从诸样式中抽象，雅典人就能够从灵魂的诸样式或诸形式中抽象。他把灵魂"数学化"了，或者，换句话说，他按照所有灵魂共有的东西来定义灵魂。为了得出一系列非常不同于其对手的结论，雅典人采纳了他们根本错误的说法。并非把所有复杂、高级的生命现象化约为低级、简单的生命衍生物，相反，雅典人解释的是所有生命、所有灵魂，是最复杂的人类灵魂的能力。因此，他可以坚持说，在宇宙中，自我运动是所有运动的起因，它必定具有灵魂的所有较高级的机能（896c9 - d1）。[3] 不止如此，雅典人赋予每个灵魂显现以力量，拥有所有运动的第一因具有的力量，由此，他可能在暗示，所有灵魂都完全统治着物体；他就能忘记或多或少独立于物体的多样性——不同类型的灵魂会表现出这种多样性。尤其是，雅典人可以忽略存在于人类灵魂中的运动等级——从滋养物到纯粹理性。他掩盖了一个事实，在大多数时候，灵魂是由身体所驱动，或者是对身体的回应，即使是在最理性的人身上。通过掩盖这一事实，这种神学倾向于认为，每个人对自己的行为负有完全责任。确实，唯有"将心智作为助手"，灵魂才能变成"好的"，这点发生的过程从未得到详细说明。但

---

① 这就是为什么对于柏拉图的苏格拉底来说，不存在个别数字（或几何实体）的样式，但有奇数和偶数的样式。参《王制》，510c - 511a；亚里士多德，《形而上学》（*Metaphysics*），987b14 以下；Jacob Klein，《古希腊数学思想和代数的起源》（*Greek Mathematical Thought and the Origins of Algebra*），Cambridge，1968，页 56 - 57，69 以下。看起来，数学对研究自然有误导，但也有启发；错误的数学式物理学，伴随着对诸样式的忽略。

② 雅典人提出了那个关键问题："赋予灵魂这个名称的那个东西，其定义是什么？我们还能说什么呢，除了刚才说过的之外，即'能够推动自身的运动'？"此时，克勒尼阿斯通过重复这个问题做了回答，好像不敢相信自己的耳朵（"你是说……吗？"）。对此，雅典人的回答很仓促："至少（φημί γε），我会这么说。如果确实如此，那么……"（895e10 - 896a5）

③ 参 Paul Elmer More 非常公正的批评，见《柏拉图的宗教》（*The Religion of Plato*），Princeton，1921，页 115。

我们得到的印象是，要不要这样做，选择权在于灵魂。恶被完全归因于灵魂而非物体，而且，如我们所见，雅典人绝口不提机运。这一切应用于一般的活物身上，而不仅仅是人类。因为我们全都知道，任何灵魂若能"将心智作为助手"，就能开始像神一样行事：这种神学把所有生命都"拟人化"了。正如雅典人在结论中所说，根据这种神学，"万物都充满诸神"（899b9）。

迄今为止，这种神学并未许诺个人的不朽，也没把诸神的独特意义赋予这个特殊的城邦及其传统，但它满足了大多数人血气的要求。在战胜坏的灵魂类型的斗争中，它号召每一个人承担自己的责任，并扮演好自己的角色。甚至，在某种意义上，把灵魂定义为推动自身的运动，就是把灵魂定义为血气。我们前面讨论了激情基本的二分（爱欲和血气），并借助所有运动的双重划分来考虑这种二分，如果回顾这些讨论，那么我们就会发现，爱欲落入了靠某种外在于自身的东西推动的运动范畴；然而，在血气的属性中，不仅有强烈的自我意识和独立意识，而且很奇怪，它缺乏任何外在或超出自身的真实对象。受他物推动的运动也就是爱欲，对这种运动的贬低，伴随着对永恒不变之物的遗忘，而这些东西才是爱欲运动及生成的终极目标和起因（参721b以下，《会饮》［Symposium］，210e－212a）。

在其神学最重要、看起来最有条理的部分，雅典人抬高了运动，贬低了静止；抬高了血气运动，贬低了爱欲运动。他使所有事物都类似于政治人。他创造的宇宙充满着有责任感的存在者，并为它们所推动。这些存在者参与庞大的道德剧，在其中，活跃的善与恶进行着普遍的竞争。在这里，把恶归因于机运或"无知""匮乏"，或"衰落"（对比857以下），无论如何，这并没有解决"恶的问题"。恶被表现为一种遍布宇宙的魔鬼力量。这是一种公民宗教，充满着史诗神话的题材——它是一幅巨大的画布，等待人们用歌曲、舞蹈和诗来填充，这种人热爱道德，却不是道德主义者。通过创造出这样一幅景象，雅典人赋予这些现象一种极简单而同质的秩序：所有生命，所有运动，都可以分为起源于好的灵魂的行为，以及起源于坏的灵魂的行为。无论不同种类的存在者彼此看起来多么不相像或不相干，在最重要的方面，每个种类的每一个体，都可以理解为与他者紧密相连——在那场神圣的斗争中，它要么与这边合作，要么与另一边合作。

但同时，正是在建造这个可敬的神话般结构的行为中，通过意味深长的沉默以及富有成效的错误，雅典人开始描述对整全的另一种表达。这种表达并非始于存在的同质性，以及万物与人类灵魂间必然的亲缘关系，毋宁说始于事物间根本的异质性，并因此始于人与非人之间（以及人自身之内，灵魂与其各部分之间，灵魂与物体之间）关系的特性，这种特性即便不是混乱的，也是成问题的。这种解释更多地把人放在冷漠或陌生力量的支配之下——人可以称这些力量为"机运"，而且，至少在某种意义上，它反映了构成整全的各基本部分或"部族"之间的紧张。此外，通过割断人类道德行为与宇宙斗争之间的联系，雅典人暗含的宇宙论必然贬低政治生活的重要性：城邦不再是如此清晰的小宇宙。而公民若开始面对人的真正处境，他可能发现，自己充满着一种新的不完满感。一种新的渴望可能使他的灵魂运动起来，这种渴望显现自身，并不是在政治活动中，而是在私人活动和思想中。如果这些体验通过雅典人的悖论引入灵魂，此时，它们就会成为最早的阶梯，引导灵魂超越"眼界"，这种眼界甚至让城邦成为一种洞穴。关于上升的目标，雅典人没向我们说很多。但他似乎暗示了很多：上升者想寻求的是，更清楚地了解各种不同的存在者（例如，人、狗、星星等）独特而清晰的起因或根源。雅典人暗示，错误的是认为这些根源或基本原因相互可以化约，或可化约到某个"第一因"：毋宁把它们视为多元的，总是永远共存，但每个都是许多事物的起因，这些事物在时间中"发生"和生成。

要理解雅典人神学的这种根本教诲，我们不需要仅仅依赖含蓄的暗示。即使在表面上，这种神学也不单纯是血气的纪念碑。在最后一部分，也是看起来最不哲学的一部分，雅典人做了平衡，事实上，这戏剧性地改变了神学的口吻和内容。一直到讨论心智的运动，雅典人都在引导我们相信：人的灵魂类似于神的灵魂，而且两者相互关注。现在我们听到，"从正确的意义上讲"，心智即"神"，它有自身的运动，不同于前面讨论的所有十种运动。但是，跟其他九种运动（包括灵魂或推动自身的运动）相比，心智的运动更接近循环运动（897e4 以下）。没有什么东西被说成是心智运动的生成。就像作为其"影像"的循环运动，心智始终保持不变，但其运动永不停止，"依据相同的东西、以相同的方式、在相同的位置运动，并围绕相同的东西、朝向相同的东西运动，还依据某个比例和秩序"（898a8 – b1）。这似乎意味着，随着灵魂达到神圣的运动，它更多地专注于不变的真理，而更少注意短暂的事务。①

差不多给了血气应有的东西之后，雅典人得出了结论：他要城邦尊奉的最伟大之神，作为存在者，似乎蔑视人类各种琐碎的事。② 即使是第二等级的星体诸神——他们的形体与推动他们的灵魂或诸灵魂的关系非常模糊——他们的行动也似乎不受地上人类行为的影响。对于天体所带来的时日、季节的有序更替，人类可能会感激，但没有暗示，诸神曾中止自身的美好运动，对恶人施行可怖的惩罚，或给予正直的人特殊的奖赏。③ 这些闪亮的诸神，居住在可见却遥远的地方。如果循环运动是诸神存在的可靠标志，那么地上有多少东西可以显明神圣的存在？是否存在第三等级的诸神居住在大地上——或者，大地有没有可能是宇宙的哪个部分，在那里，那类毫无心智的坏灵魂进行统治？不足为奇，在这个反驳的结尾，雅典人不得不继续花一倍半的篇幅证明存在神意和神义。在这个证明中，他从未提及星体诸神。他的论证基于来自诸神"德性"的推理，而非诸神的运动。但这几页中，包含着对义愤和信仰的灵魂学的详尽阐述，对于它们的评论，必须留待他日。

雅典人富于哲学味和诗意的结论，使得其神学整体上极度含糊不清。现在，我们认识到，他的目的不仅是满足城邦的血气需求，而且要满足哲人和潜在哲人的哲学需求。他使整个城邦仰望可见的天体，不是出于恐惧或希望，而是为了天上神圣理性的意象，由此，哲人让所有公民对真正的

---

① 对比亚里士多德在《论灵魂》407a22–24 的评论："如果循环运动永无尽头，那么，必定会有思想一直思考的某物——这会是什么呢？因为所有实用思想都有尽头；它们都是为了某种外在于思想进程的东西而进行。"

② 雅典人转变了说法，从说诸神"关心"宇宙，变成说诸神只是为宇宙"定序"，见897e7，898c3–4，898b8。亦参 Friedrich Solmsen，《柏拉图的神学》（*Plato's Theology*），Ithaca，1942，页149–150，页162–163。

③ 为了理解雅典人对诸天的呈现中忽略的东西，可对比克里提阿，残篇25，见 Hermann Diels 编，《前苏格拉底著作残篇》（*Die Fragmente der Vorsokratiker*），两卷本，Berlin，1922：

……法律禁止他们公开用暴力犯罪，但他们秘密地进行。那时候，在我看来，似乎有某个聪明而睿智的人，发明了对不朽诸神的恐惧，以便让恶人感到害怕，即使他们是秘密地行动、说话或思想……他说，在诸神居住的地方，在提到神时，他最能震慑人心：从那里，他知道，凡人有恐惧，艰辛的生活会得到报偿；在更高的地方，人类看到闪电，听到可怕的雷鸣……由此，他让惧怕环绕着人类……（笔者所译）

比较 Solmsen，页35。不久前，雅典人自己说到如下事实：诸神用闪电杀死人类以示惩罚。见873e。参色诺芬，《回忆苏格拉底》，Ⅳ，iii，14；Victor Goldschmidt，《柏拉图的宗教》（*La religion de Platon*），Paris，1949，页123 以下。

最高事物充满不可捉摸的感激和敬畏。他教导自己的城邦；他装饰城邦，给予它"歌唱最美之歌"的能力作为礼物（参 666d11，668b4）。

因此，从雅典人对于那个在神学中总是出现却从未明确解答的问题的回答，我们可以得到一个提示。这个问题关于灵魂的善——共同善，它是灵魂永无休止的运动的目标。雅典人暗示，作为灵魂目标的善，就它们能"接纳心智"而言，正是心智自身的运动，完全是为了自身。任何灵魂都能分享心智、思想这些东西，而不会减少其他所有灵魂可得到的分享。但是，如果共同善真是这样的话，结论必然是，除非是以一种非常稀薄的形式，否则城邦整体无法分享它。就此而言，前苏格拉底哲人是对的。然而，城邦能够尊重或崇敬共同善。某种类型的崇敬，某种等级感和羞耻感，都属于城邦的本质。城邦很熟悉虔敬，而且，雅典人已经证明，一旦理解了虔敬，就能不用暴力地引导它致力于某种理性。这是前苏格拉底哲人没能领会的东西，部分是由于这点，如雅典人后来坚持的那样（966d以下），问题不在于心智的状况，而在于灵魂的状况——灵魂主要不是理解为心智，而是理解为它自身显现出的东西，理解为虔敬。这就是为什么，关于灵魂的科学等同于关于诸神的科学。

心智从城邦及其诸神的神话中解放出来，由于渴望为心智找个家，前苏格拉底哲人转向了"整个自然"。他们把自己抛到那个浩瀚、无言的宇宙中，却错过了如下事实：整全是个"宇宙"仅仅是因为它产生了城邦，而在某种意义上，城邦及其诸神就是人的灵魂，人的灵魂是或者能够成为心智唯一自然的家。但是，为了使这发生，灵魂必须发挥作用，而在此之前，它必须得到理解。理解灵魂就是理解诸神；最终，灵魂学等同于神学。城邦及其诸神能够成为心智的家，就此而言，它们可以成为哲学的家。这如何可能？在何种程度上可能？城邦如何并在何种程度上能"将心智作为助手"？这些问题更多地显示在雅典人的行动中，而非言辞中（尤参 897b1－2 及 897d5－6 论证中唯一提到"正义"的地方）。《法义》的戏剧而非论证，才是柏拉图的神学。

（林志猛　校）

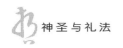

基本宗教信仰和虔敬态度的构建

尤尼斯（Harvey Yunis）撰

柏拉图《法义》中关于城邦及其制度的阐述，成了理解古希腊诸神信仰的政治和道德结果的主要来源。《法义》的城邦基于并弥漫着一种有些纯化，但总体上仍是传统的公共宗教形式，在古典时期的任何城邦中，都可以找到公共宗教。① 在《法义》中，对于诸神信仰的本质和程度，那位雅典人［指对话者"雅典异乡人"］尤为敏感。为了保持城邦制度的活力乃至持久性，城邦公民必须具有这些信仰。对此话题的处理，就细节和明晰性而言，在古希腊文献中，没有哪个地方能够比得上《法义》。《法义》提供的并不是对古典时期城邦（πόλεις）宗教信仰的历史解释，而是一个政治模型，在其中，宗教信仰是基本因素。

《法义》的城邦并非像《王制》中提出的理想城邦。在《法义》中，雅典人明确拒绝他当前的目标是那个理想城邦；虽然后者是可设想的最好城邦，但它无法实现"也许，诸神或神子们居住在这样的城邦里"（《法义》739d6－7）。② 《法义》的城邦可视为第二好的（《法义》739a－e）。《王制》的城邦意在描述理想的正义概念，满足纯粹的哲学需要（《王制》368c－369a）。《法义》的讨论则服务于实际需要：为新建立的城邦设计可实施的法律（《法义》702c，702d）。在《王制》中，不管是制定法律（《王制》425b－426b，427a），还是宗教的角色（《王制》427b，427c），柏拉图都有意避开。《法义》中的讨论基于如下假设：良好的环境可以获得（例如，《法义》735a7－736c4），然而，毫无疑问，公民们各自带有后天养成的习惯和偏见（《法义》707e－708d，参732e3－733a4）。因此，

---

① 关于柏拉图城邦的宗教与雅典宗教之间的一些区别，下文会讨论。［译注：见本文第四节。］

② 毫无疑问，他是指《王制》，因为《法义》明显把"朋友们的东西公有"（κοινὰ τὰ φίλων）的原则扩展到极度：妇女、儿童及所有财产都公有（《法义》739c）。《王制》的城邦不切实际，《法义》的城邦打算在现实中实现，关于这些的综合讨论，参 Guthrie（1962—1981），4.483－486，5.332－335。

面对人性，法律和刑罚十分必要（《法义》853b4 – 854a3，参 859b6 –
864c8）。《法义》的城邦基于并追求现实世界，它也严肃地对待宗教。因
此，适合以《法义》中的城邦宗教为分析模型，去理解雅典宗教。①

在这里，不可能详细描述《法义》城邦中的宗教形式。② 总体描述一
下宗教的作用就足矣。整个公民组织及其各个不同的分支，要经常定期举
行各类宗教集会（738d，771d，799ab，828bc，829b）。宗教仪式融入所
有政治、法律、经济、教育及家族制度普通和特殊的运作之中。③ 宙斯是
城邦的保护神（πολιοῦχος），他和雅典娜是城邦的伙伴（κοινωνοὺς
πολιτείας，921c）。有一座卫城献给赫斯提亚（Hestia，即整个城邦的灶
神）、宙斯和雅典娜（745b）。对于所有宗教问题，德尔菲神庙是公认的
权威（738bc，759c）。十二位奥林波斯神是城邦十二部落的保护神
（745d）。赫斐斯托斯（Hephaestus）、雅典娜和阿瑞斯（Ares），是艺匠团
体的保护神（920de）。有各种类型的祭司（759a – 760a），甚至预言者
（μάντεις，828b，871c）。除了主要的泛希腊神祇的庙宇和领地之外，各地
还有数不清的地方神的圣殿（740a，761c，848d）。每个家庭都有自己的
神圣灶台（740b）。整个公民组织划分成各个宗教合唱队（664c，664d）。
一年中的每一天，神圣日程都包含某种节日（828b）。仪式不仅包括奥林
波斯诸神或天神，还有冥府诸神、精灵（δαίμοσιν）、英雄及家族祖先
（717a，717b，740b，740c，799a，801e，828c）。

宗教的力量也用于满足社会需要。通过共享仪式和频繁而有尊严的集
会，公民组织的一致性得以促进（708c2 – 4，738d1 – e2，771c7 – e7）。

---

① Reverdin（1945），页4："但是，《法义》的城邦宗教，是对雅典宗教的反思、理解和扩
充，这证明，对话想要发现的珍贵信息，不仅仅是其作者的宗教思想，还有关于整体希腊宗教的
东西。" Burkert（1985），页333："相比之前《王制》中的乌托邦计划，在《法义》的城邦中，
希腊城邦的现实性更加突出。虽然在哲人眼中，《法义》的城邦只是第二好的，但它充满了实际
存在的多重现实。关于希腊城邦，包括其宗教，《法义》是我们拥有的最全面的文学叙述。"同
上，页335："《法义》提及的克里特城邦，闪耀着理想的雅典。"

② 关于这个城邦宗教的细节，Burket 有过总结，参 Burket（1985），页332 – 337；更广阔的
研究，参 Reverdin（1945），及 Morrow（1960），页399 – 499。关于这个主题，我引用的文本只是
个样本，很容易找到更多例子。

③ 政治：738d，745d，771b，771c，842e，941a，945e – 947a；法律：767c，856a，865c，
865d，871c，916c，936e；经济：778c，778d，844e，849a，914a，914b；教育：766b，794a，
794b，796c；家族：873d，958d（葬礼）；774b – d，775a（婚礼）；784a，785a（孩子）；856d，
856e，881d（其他）。

宗教提高了可欲的社会政策的接受性、稳定性或不变性。通过给特殊制度提供约束力，诸神的权威确保了对传统的敬畏和对变化的厌恶。例如，为了防止音乐和舞蹈的腐化或创新，已树立的标准要在某个神圣日子中进行圣化（καθιερόω）。反对者会面临不虔敬的指控（798e4 – 799b8，参816c1 – d2）。同样，通过圣化，雅典人加强了对同性恋新奇且绝对的禁止。为了达到对现存价值的剧烈翻转，这是主要的权宜之计。实质上，被普遍接受的对乱伦的神圣约束，也扩展到同性恋上（837e9 – 838e1）。

因此，对所有公民来说，这个城邦的神们持续向他们显现，有着持续的活力。宗教旨在充满活力，成为公民生活的中心（716d6 – e2）：

> 如果好人通过祈祷、供奉牲礼和对诸神的种种侍奉，向诸神献祭并不断与诸神交谈，那么，这对于他是最高贵、最好的，能使他最为有效地过上幸福生活，对他也特别合适。但坏人天生会做的恰恰是相反的事情。①

柏拉图精心建构了一套政制，在其中，城邦生活各个方面的运作，都极度依赖于公民对诸神和祭仪的忠诚。此后，柏拉图致力于确保这种忠诚的持久。通过保证公民们对诸神信仰的真诚，柏拉图既确保了城邦制度的效力，也保证了城邦整体的凝聚力。在柏拉图手中，神学成了政治科学的一个分支。然而，这只是反映了希腊城邦曾一直盛行的状况。

自然，《法义》城邦中的宗教保护归于有关不虔敬（ἀσέβεια）的法律，首次表述不虔敬的术语非常宽泛："关于有人可能在言行上冒犯诸神的方式——要么通过言语，要么通过行动。"（885b2 – 3）这确实相当平淡无味，它对不虔敬的理解，相比于雅典法律或其他地方，并没有表现出任何进步。大体而言，为了防止不虔敬，柏拉图所设计的革新，乃是他立法上较大革新的一部分。正是在实际开始为克里特新殖民地立法时，雅典

---

① 对全体公民的第一次演说（715e7 – 718a6，726a1 – 734e2），被视为整部法律的序曲（734e3 – 4，对比723b3 – 5）。在那里，雅典人开始叙述和证明"神圣价值"（θεῶν τιμῇ）的优先性原则。

人开启了他所谓的独一无二的实践（718b5 – 723d4）。① 在所有法律之前，或至少所有重要法律之前（723c1 – d4），他会添加一个序曲（προοίμιον）。音乐作品的主体之前设有序曲，借用这一惯例（722c2 – 723b2），法律序曲是要为法律刑罚部分具有的强制添加劝谕。② 序曲使公民们更加温顺地朝向立法者企望的目标："这样，接受由立法者公布的法律的人就可能接受命令——亦即法律——他怀着更认同的心情接受，从而更易于学些东西。"（723a4 – 6）③ 序曲意在提供一种劝谕性的表述，以诱导公民自觉遵从法律规定，而不用诉诸法律中的惩罚。纯粹的理性论证，证明法律的命令最好，它也可能是序曲的一部分。④ 然而，序曲中可以呼吁的任何东西，最有可能影响作为行为者的公民。婚姻法第一版本的序曲乃是一种呼吁，它基于人类通过生殖实现不朽的自然欲求（721b6 – d6）。关于谋杀和照顾孤儿的法律序曲，使用了流行的传说，这些传说叙述了违背恰当行为的死后（post mortem）惩罚（870d4 – 871a1，926e9 – 927d1）。⑤ 本质上，序曲的目标指向公民的心理状态，因为它是指导行动的方法。在序曲的第一次尝试中，雅典人陈述了法律，然后加上他应谨记（διανοηθέντα ὡς），接下来是劝谕性的话语（721b7）。宾语中的分词与从句的主语一致，主语包括法律和公民本身。如果记住诸如此类的话，他就会遵行法律的规定。如果公民相信序曲，他就会由于自己的所信而履行

① 有关独特性的宣称，见722b4 – c4。在斯托拜乌斯（Stobaeus）的著作中，可以找到两个序曲，它们被归于古代的立法者：洛克里的扎鲁库斯（Zaleucus of Locri Epizephyrii, 4.2.19）和卡塔内的卡龙达斯（Charondas of Catane, 4.2.24）。这很有意思，因为它们体现了柏拉图的原则，尤其在建立对正义和关注的诸神的坚定信仰上，但是，他们确实是后柏拉图时期的发明。狄奥多罗斯（Diodorus Siculus）将序曲的本质归于扎鲁库斯（12.20）。西塞罗（Cicero）知道这两个序曲，并天真地宣称，柏拉图是模仿者（《法律篇》［Leg.］，2.14 – 16）。然而，可以感觉到，梭伦（Solon）关于他的立法时机的诗篇，构成了某个先例。此外，在涉及叙拉库塞（Syracuse）法律的修订时，柏拉图曾提到法律的序曲（《厄庇诺米斯》［Ep.］，3.316a）。

② "劝谕和暴力"，722b6；"每当用劝谕和强迫"，721e1 – 2；"僭主的命令……是未混合的法律，之前的东西……是劝谕"，722e7 – 723a4。参照Görgemanns（1960），页30 – 71。

③ 关于序曲在总体上的目的，参718c8 – d7，719e7 – 720a2，721d7 – e3，722b4 – c2，722c7 – 723b2。在720a2 – e5，雅典人用了医学的类比。自由民医生医治自由的病人，靠的是向病人解释为什么一定要按照药方去做。而奴隶医生只提供药给奴隶病人。显然，在自由民那里的做法，更为有效和可取。

④ 例如，第二版婚姻法（772e7 – 773e4）和伤害法（874e8 – 875d5）的序曲。整部著作最庞大的理性论证，构成了有关不虔敬的法律序曲的一部分（下面马上会讨论）。

⑤ 参针对抢劫庙宇的法律序曲中的热烈劝谕，854a5 – c5。

法律条款。法律及其惩罚就成了多余之物（参822e4 – 823a6）。只有当序曲被拒绝，法律才真正必要（参854c6 – d1，870e4 – 871a1）。通过提供信仰——它足以带来法律中可设想的行动，柏拉图试图弥合信仰与行动间的鸿沟。

为了阻止不虔敬，柏拉图的革新在于有关不虔敬的法律序曲。他首次简洁阐述的序曲如下（885b4 – 9）：

> 没有哪个依法信仰诸神的人，自愿做过不虔敬的事，或无意中说过不法的言论，除非他处于这三种情形之一：要么，我刚刚所说的这点［诸神存在］，他不相信；要么，其次，他相信诸神存在，但认为诸神不关心人类；要么，第三，他认为诸神很好求情，可用献祭和祈祷诱惑。①

因此，在《法义》中，对于城邦统治的基础，柏拉图设定的三个信仰为：（1）"法律规定"② 的诸神存在；（2）诸神照管人类；（3）诸神不会受献祭和祈祷求情而背离正义。③ 相信这三个主张的人，没人"自愿做过不虔敬的事，或无意中说过不法的言论"。这一看法揭示了这部法律及其序曲的重要性。不仅城邦宗教，还有公民秩序，都依赖于它们（890a5 – 9）。这一序曲如此重要，以至于可视为所有法律的最好序曲（887b5 – c2）。因为，对于生活的好坏，最重要的事情是正确思考诸神（888b3 – 4）。④

对上面提到的序曲简洁形式的扩充，构成了卷十的主体。柏拉图已经

---

① 引入这点是作为伴随法律的劝谕（παραμύθιον，885b3），但后来称之为序曲（προοίμιον，887a3，c1，907d4）。关于这两个术语的可互换性，参720a1，773e5，854a6，880a6 – 8，923c2 – 3。在888c1 – 7，这三个信仰再次以相似的否定形式得到阐述，而在907b5 – 6则以肯定的形式。在《王制》365d – 366b，对这三个信仰中任何一个的拒绝，被称为鼓励成功的不义者。

② κατά νόμους 意味更浓的翻译是"证明合法"，参890a6 – 7，b6 – 7。在891e2 和904a9 – b1，诸神据说是"法律规定的"（κατά νόμον）。

③ 诸神不会受求情而"背离正义"，这个限定加在第三信仰上，见885d3 和907b6。这一限定至关重要，在它看起来不明显的地方，必须视为假设性的。

④ 在这个序曲中，动词διανοέομαι（思考）也被用来表达主体的心态（888b4，890a7），正如前面721b7 讨论时一样。在前面所引的三个信仰的首次简洁陈述中，动词ἡγέομαι（相信）描述了主体的心态。对这一目的来说，这两个词用哪一个，我看不出有什么意义。重点在于，柏拉图始终关注参与信仰和行动。

阐明这三个信仰，要确保公民虔敬并从而使其顺服，它们是必要的，也足以确保。然而，这三个信仰并非必然自明。柏拉图意识到，每一信仰都可能受到某个阶层的人的拒绝。对序曲的扩充，试图单独处理每一宗教信仰，并尝试说服每一类反对者相信他们大错特错。这是一项冗长、艰巨却又必要的任务（886e6 – 887c4）。根据雅典人的说法，反对者自己要求有力的证据（τεκμήρια ἱκανά，885d2 – 3，对比 907b7），证明每一个关于诸神的信仰为真（885c5 – e6）。反对者向说服敞开。他们掌控着自身的机能，却有着错误的心态（ἀμαθία τις μάλα χαλεπή［某种极度的无知］，886b7）。因此，柏拉图排除了将不虔敬归于无节制的看法（886a8 – b2）。人们信什么是唯一的问题。这与柏拉图的目标一致，他要为虔敬行为建立适宜的心理基础。在探讨柏拉图的三个信仰与雅典宗教的关系之前，值得回顾一下柏拉图设想的反对者，以及为驳斥他们而采取的论证。

第一类反对者被称为"新人和聪明人"（οἱ νέοι καὶ σοφοί，886d2 – 3，对比 888e8），他们不相信诸神存在。他们有一个反对诸神存在的论证，声称机运（τύχη）和自然（φύσις）优先于技艺（τέχνη）（889a4 – e1）。这一论证继而主张，诸神是某些礼法（τινες νόμοι）的产物，并因地点和礼法的不同而有差异（889e3 – 890a2）。论证最终断言，卡利克勒斯的（Calliclean）学说可能正确（890a2 – 9）。显然，对第一基本信仰的拒斥，消除了对道德的神圣约束：如果诸神不存在，伦理行为的公认标准就不会有神圣的保护。雅典人对这一论证的回应，即证明诸神存在，是通过论证技艺和灵魂的终极优先性（891b8 – 896c4），以及引导天体有序运动的好灵魂或神的存在（896c5 – 899b9），这是一个漫长而复杂的哲学论证。即使真的有人特别将这一论证放入反无神论者口中，也不可能说出是谁。显然，柏拉图设想，这种激进的无神论源于哲学家或科学家，比如阿那克萨哥拉（Anaxagoras）。① 然而，科学的无神论结合了《西西弗斯》（Sisyphus）残篇愤世嫉俗的无神论，以及卡利克勒斯的反道德主义。这些观点的结合几乎是新奇的，② 无法归给任何一个历史人物。

———

① 参 886d4 – e2，在那里，"现代科学家"宣称，太阳、月亮、星星和地球并不神圣，而是泥土和石头。此外，后来那些匿名的思想家确实提及阿那克萨哥拉，他们被指控为无神论者（ἀθεότης，967b4 – d1）。关于激进无神论者的身份问题及其论证的根源，参 Mahieu（1964）。

② 说"几乎"是因为，《云》（Clouds）中的苏格拉底对无神论和非道德主义的混合，提供了一个先例。

第二类反对者不相信诸神关心人类，他们并非从科学立场得出其信仰。[①] 在这种情形中，神学错误起因于坏人表面的亨达（899d8 – 900b3）。这类反对者相信诸神存在（899d7 – 8），但不愿意坚持诸神对于坏人的亨达负有直接责任（900a6 – 7）。唯一能摆脱这种不协调（ἀλογία，900a8）的结论是，诸神蔑视并忽略人类事务（900b1 – 3）。在这里，道德神圣约束的明显缺乏，导致对第二基本信仰的拒绝。[②] 对这种形式的反对意见，回应是双重的。第二个哲学论证紧承前一论证（900b6 – c1），其中，柏拉图指出，诸神照管的小事物（即人类事务）不会少于大事物（即宇宙，900c9 – 903a3）。这一论证的本质源自第一论证的主张："最好的灵魂照管着整个宇宙"（897c7 – 8），以及"［宇宙的］灵魂在每一种德性上都是好的"（899b5 – 6）。诸神对人类事务的关心，源于诸神在管理整个宇宙上的完美德性。但在这种情形中，由于不是对着科学家说话，雅典人觉得，需要"某种神话的咒语"（ἐπῳδῶν μύθων τινῶν，903b1 – 2）来补充哲学论证。对第二类反对者，他亲自做了一个长篇演说（903b4 – 905c7）。不同于《高尔吉亚》（Gorgias）的结尾和《王制》卷十，这并非一个神话，但它生动地强调了如下事实：犯罪者必定为其罪行付出代价，即使惩罚是在死后。坏人的表面亨达只是幻觉，对道德的神圣约束才是真实。

第三类反对者相信，诸神存在，也关心人类，但通过献祭和祈祷的贿赂（δῶρα，905d4），可诱惑诸神背离正义。因此，柏拉图提到的第三类异议，会致命地削弱道德的神圣约束。为了反对这种立场，雅典人没有提供哲学论证。对这群反对者的讲话，与刚才提到的"神话的咒语"一样，采用的是情感性和规劝性的风格（905d8 – 907a9，尤其905e5 – 906c6）。认为诸神比看门狗和牧羊人还要坏，这让反对者感觉到无比荒谬。

显然，柏拉图绘制的三个信仰，意在引导公民以他认为最可欲的方式行动。正在谈论的信仰，就是那些会最直接加强或减弱个体公民宗教行动的信仰。接下来将考察，对于雅典城邦的宗教，是否适合应用或改造这三个信仰。

---

① 然而，柏拉图确实宣称，无神论科学家的自然力也剔除了神照管人的可能性（886d8 – e1，967a1 – 5）。这似乎敞开了召唤诸神的自然力量的可能性，但是，正因为诸神是自然的，他们不会是"法律规定"的。

② 这个关于诸神的推论归于忒拉绪马霍斯（Thrasymachus），DK 85 B 8。

一、基本信仰模式的前提

柏拉图提出的关于诸神的三个信仰，并非为了总结公民们可能持有的所有宗教信仰。毋宁说，它们是公民们有义务坚持的信仰。在这个意义上，它们类似于一个信条。有关不虔敬的法律需要这些信仰，除此法律外，还成立了一个夜间议事会（νύκτωρ συλλεγομένων），担负捍卫这三个信仰的任务（909a，961a 以下）。在雅典城邦中，宗教的持续和运行既非靠信条，也非靠如下特定组织，该组织在宗教事务上拥有权威，并负责维护信仰。① 雅典宗教的某些方面，意在减少对诸神态度的现实冲突的可能性。在对诸神的信仰上，定有可能存在各种各样的理解。在共同体中，为了保持虔敬的立场，人们必须在根本上承认并履行必要的仪式活动，包括宣誓和祈祷，这些活动也全面展示了对诸神的明显关注。为了保持虔敬立场，人们根本不必表明对于诸神的任何信仰。只要表面上与言行相对宽松的标准一致就足矣。

然而，正是公民生活中的城邦宗教制度和仪式的持存和主导性，要求这样假定：崇拜者确实对诸神具有某些信仰，就他们持有的信仰而言，他们的敬拜行为有意义，并且正确而又恰当。从城邦宗教制度中，可以推论出某些关于诸神的信仰。如果崇拜者相信，仪式和伴随的祈祷（更不用说他的伦理行为）具有宗教意义，那么，至少他必定要持有这些信仰。关于诸神的这些信仰，我称之为基本信仰。对于"必定"，我指的是，就崇拜者的心理动机而言，必定如此。也就是说，如果崇拜者相信他的宗教行为具有宗教意义，而且遇到理性准则的最低设定，那么，他就不得不相信关于诸神的某些事情，即使只是默默地相信。② 关于"宗教意义"，我将自

① 某些群体的权威性，例如欧摩尔匹岱（Eumolpidae）的祭司家族，只有通过他们监理的仪式才能扩展。[吕西阿斯] 6.10 提到欧摩尔匹岱是因为，安多希德斯是犯罪者，反对神秘现象。411 年，当欧摩尔匹岱和克律克斯（Kerykes）反对他们的敌人阿尔喀比亚德（Alcibiades）回归时，他们的愿望不被理会（修昔底德，8.53.2）。普鲁塔克《德莫斯特内斯》22.27 是不确定的，德莫斯特内斯心中所想，必定是对神秘现象的反叛。无疑，高贵祭司家族（γένη）的权威相当有限，因为他们和受任命的祭司一起，服从公共服务的正常审查（埃斯基涅斯，3.18）。在 4 世纪的雅典，官方的宗教解释者对仪式事务进行权威解释。我没有考虑一些边缘群体，比如毕达戈拉斯学派（Pythagoreans）和所谓的俄耳甫斯教（Orphics）。关于宗教权威的问题，参 Garland（1984）。

② 在《法义》中，正是为了满足这种心理需要，柏拉图引入了法律序曲。

己的主张限定在崇拜者之内，他们是信仰者，相信宗教与诸神相关。但是，现在不可能发现古代雅典有多少这样的信仰者。因此，基本信仰并非为了服务于对宗教信仰的纯粹历史记录。

由于缺乏对这些信仰的任何直接记录，为了确定基本宗教信仰，我考虑了下面的问题。共同的宗教制度规定了雅典个体面对诸神时展现的行为方式，诸神起作用，仅仅依靠雅典个体对那些制度保有的忠诚。既然承认个体间必然有差异，那么，对维持那种忠诚必不可少的信仰诸神的根本核心是什么呢？同样的问题也可用其他说法表述。个体持有的宗教信仰，首先不是公共记录的问题，也不是公共关注的问题，虽然个体宗教行为确实既对公众可见，也受公众关注。信仰影响行为，某些信仰决定行为。那些关于诸神的信仰本身即使并非必然充足，却对产生我们实际上能观察到的宗教行为不可或缺，如果人们能发现这些信仰，那就会识别出宗教信仰的核心，并可以合理地称之为雅典宗教的基础。雅典公民对其宗教制度的忠诚，在古代一直未曾削弱。这是一个历史事实。为了解释这种忠诚，基本信仰可作为历史上看有效的分析模式。①

问题既抽象又具体。具体的是对宗教制度的忠诚，以及因这种忠诚而表现出的宗教行为；抽象的是指出对这种忠诚和行为必不可少的信仰核心。抽象是要的，出于另一个原因，抽象事实上也可欲。对雅典个体来说，行动的根源多种多样，个体忠诚感的来源很难理解，因此不可能解释这一切影响，尤其是考虑到证据的限制。这些来源可能反映了大众的宗教信仰，但我不打算仔细搜索这些来源，以汇成一个信仰的花名册，而将普通雅典人归入其中。这种方法本身会涉及抽象，无论如何也不能满足现在的需要（例如，Dover，1974，页 246 – 268；Mikalson，1983）。例如，在这些来源中，人们很少会发现关于诸神存在的主张，这仅仅是因为，人人都认为这是理所当然的。因此，对于我旨在确定的基本信仰，关键的检验是消极性的：如果个体有意识地拒绝某一特定信仰，那么，我们可归于雅典个体的宗教行为，是否会得到真诚地践行呢？只有答案为"不"，这种

---

① 我发现，下面两个说法标志着对雅典基本信仰观的考虑。Gemet 和 Boulanger（1932），页 351："对诸神的明确否定……损害了公民崇拜本身所需要的最低限度信仰。" Reverdin（1945），页 213："雅典人声称要阻止公民们和外邦人或异乡人，因为他们热衷于宣扬的诸神观，有悖于奠定城邦宗教根基的观念。"关于这些模式在古代史中的有用性的讨论，参 Finley（1985），页 60 – 66。

信仰才能视为基本的。比如，个体不可能真诚地崇拜诸神，除非他相信诸神存在。因此，方法是还原；我旨在将宗教信仰的世系还原到最最基本的。

依据柏拉图之外的证据，我们可以断言，对于雅典城邦的宗教运作，柏拉图《法义》中的前两个信仰是基本的。它们是：（1）诸神存在；（2）诸神关心人类事务。当然，绝非偶然，在雅典宗教中，柏拉图的前两个信仰保持了它们的解释力。以各种形式或渠道，这些信仰整合进了宗教行为之中。然而，可以证明，对古代雅典人来说，柏拉图图式中的第三信仰因素，在历史上并非有效。第三个基本信仰不同于柏拉图的第三信仰，我们下面将会提到。①

二、第一信仰：诸神存在

诸神存在（εἰσίν οἱ θεοί）。第一信仰的必要性很明显。真正的崇拜者必须相信诸神存在，他的仪式指向诸神。② 这一事实对雅典人起了作用。我们可以指出阿里斯托芬（Aristophanes）的两段话，那里含蓄地表达了如下推理：如果诸神不存在，那么宗教行为就没有效果，或者毫无意义。在陌生的环境中，这个推理很难说是无意识的。然而，在这两段话中，诸神不存在的看法都是无意中提起的，没有特别的准备。观众被指望能像上面那样独自推理，以便理解笑话。

在《骑士》（Knights）30—34 行，奴隶尼西阿斯（Nicias）向他的奴隶同伴德莫斯特内斯（Demosthenes）建议，他们在某个神的祭坛上寻求帮助。德莫斯特内斯怀疑这一策略的有效性，他以一种略带惊讶的口吻问尼西阿斯，是否真的相信诸神存在。我们必须明白，只有在尼西阿斯确实相信诸神存在的前提下，他才会提出那个建议（这个笑话源于尼西阿斯确信，诸神存在来自他憎恶诸神 [θεοῖσιν ἐχθρός] 这一事实）。

---

① 虽然在《法义》的城邦中，宗教有着公认的重要性，但很少论及柏拉图城邦的宗教信仰（相对于仪式和制度）与雅典城邦宗教信仰的关系。Dodds（1951），页 207 – 235 讨论到，柏拉图试图改革堕落的信仰组织——他称之为"流传的集合体"（Inherited Conglomerate，这一术语借自 Gilbert Murray）。

② 参柏拉图《法义》卷十（887c7 – e7），在反对无神论者的首次长篇演说中，他生动描述了真正崇拜者的态度。尤其是如何"呈现出最高的严肃性……他们 [父母们] 以祷告和祈求跟诸神交谈（即虔敬 [ἐσπουδακότας]），诸神被设想为最高的存在"（887d7 – e2）。

在《地母节妇女》（*Thesmophoriazusae*）中，一名妇女抱怨欧里庇得斯（Euripides）负面描绘妇女带来的结果（383 – 432）。第二位妇女靠编织花环勉强支撑家庭生计，她增加了另一种抱怨（443 – 456）。在其悲剧中，欧里庇得斯已经说服男人，诸神不存在（450 – 451）。接下来，立即就是点睛之笔：第二位妇女的生意为此受到极大损失（452），因此，欧里庇得斯必须受惩罚（453 – 454）。对于那位穷苦的花环编织者来说，首要考虑的是生意。观众必定知道，不相信诸神存在的男人，不大可能为宗教仪式费心。在这个特殊例子中，节日或其他仪式上，花环是必要之物。①

三、第二信仰：诸神关心人类事务

诸神关心人类（τῶν ἀνθρώπων φροντίζουσι οἱ θεοί）。② 同样，第二信仰的理据也显而易见：如果诸神存在，却不理会［人类］进行的献祭或对誓言的违背，更不必说不关注人犯下的谋杀罪，那么，这实际上跟诸神根本不存在没有两样。③ 仪式的两个方面，尤其显示了第二基本信仰的运作。诸神关心人类事务，这点可从宣誓习俗中看出。不论在个体生活中，还是在城邦公务上，都普遍存在这种习俗。④ 实际上，宣誓中提到的诸神是被召唤为见证者。⑤ 因此，凡是真挚地发过誓或接受誓言的人都必定会相信，

① 在《云》423 – 426，斯瑞西阿得斯（Strepsiades）也拒绝传统诸神，因而拒绝传统崇拜。但就此而言，其理据已经准备了很久。

② 关于希腊原文，参色诺芬《回忆苏格拉底》（*Mem.*）1.4.11；《法义》885b8，888c5 – 6。关于ἐπιμελεῖσθαι（照管），参色诺芬《会饮》（*Smp.*）4.46，4.48； 《回忆苏格拉底》1.4.14，1.4.17，1.4.18；《法义》907b5 – 6。

③ 也就是，对城邦宗教来说，它需要诸神关注并回应献祭、誓言等。这里，我没有考虑4世纪的哲人，他们重新定义了诸神对人类事务的那类关注（如果有的话）。

④ 参吕库古（Lycurgus），79：在民主集会上，宣誓是……。具体例如，执政官：［亚里士多德］《雅典制》55.55；陪审员：德莫斯特内斯，24.149 – 151；议事会成员：参 Rhodes（1972），页 194；青年：Tod，2.204，吕库古，76；个体私人事务：安多希德斯，1.126，吕西阿斯，12.9 – 10，32.13。参410 年的得墨丰图斯（Demophantus）法令中，所有雅典人的反僭主誓言（以及安多希德斯，1.96 – 98）。八十年后，吕库古宣称，它仍然制约着雅典人（吕库古，127）；要么每个新时代都重复这誓言，要么如吕库古宣称，后来的每一代人也都持守原初的誓言。对誓言的总体讨论，参 Plescia（1970）。

⑤ 例如，μάρτυρες（见证者）：修昔底德，2.71.4（对比 2.74.2 – 3），［德莫斯特内斯］48.11；ἵστορες（智者）：Tod 2.204.16（年轻人宣誓）。

诸神关注这一事务。① 我们无法真正知道，在多大程度上，古代雅典忽略了伪誓的神圣后果，但它绝不会接受公开地承认或鼓励伪誓。据说，吕桑德（Lysander）建议，"用掷骰子欺骗孩子，用誓言欺瞒成人"（普鲁塔克，《吕桑德》8.5），就连吕桑德的伪誓策略或忒萨里的美诺（Menon the Thessalian）［的看法］（色诺芬，《远征记》2.6.21–22，2.6.25），也都取决于被广泛接受的有效誓言。

占卜的习俗，尤其是求问神谕，也透露了第二基本信仰的存在。神听到求问并给予恰当的回应，只有在这个前提下，求问神谕才有意义。众所周知，出于个人原因，个体会求问德尔菲神谕。② 然而，为了城邦事务得到指引，城邦整体也求问神谕。在关键时刻，面对薛西斯（Xerxes）的入侵，明显是围绕德尔菲神谕的意旨讨论对策（希罗多德，7.140–143）。但是，德尔菲和多多那（Dodona）的神谕，通常是对城邦宗教中的技术性事务的恰当管理提供指引，其中涉及诸如这样的事务：献祭、供奉、圣器、仪式步骤及外来仪式的引入。③ 显然，雅典民众相信，当他们寻问建议时，诸神会听到。④ 对诉诸神谕的严肃性的任何怀疑，都会让庞大而复杂的程序消除。这一程序旨在确保询问的真诚，它是352/1法令的一部

① 宣誓通常在特定地点进行，比如庙宇或献祭的祭坛，在此，宣誓者能更强地感觉到诸神的临在（［亚里士多德］《雅典政制》，55.5；埃斯基涅斯，2.87；狄纳尔科斯，3.2；安多希德斯，1.97–98，1.126；伊索克拉底，2.31，12.9；［德莫斯特内斯］40.11）。柏拉图甚至让普罗塔戈拉宣称，他跟学生定学费的协议，靠的是在庙宇中引诱他们宣誓（《普罗塔戈拉》328b5–c2）。

② 例如，克洛伊索斯（Croesus），见希罗多德《原史》1.53–55；凯瑞丰（Chaerephon），见柏拉图《苏格拉底的申辩》（*Ap.*）21a；色诺芬，见色诺芬《远征记》3.1.5–7。对比克瑞乌萨（Creusa）和库堤斯（Xuthus）的要求，见欧里庇得斯《伊翁》（*Ion*），302–306，333–346，420–424。关于神谕回应的这一话题和其他话题，参 Fontenrose（1978）的《德尔菲神谕》目录。

③ 献祭：德莫斯特内斯，21.52，［德莫斯特内斯］43.66，［亚里士多德］《雅典政制》，54.6；供奉：德莫斯特内斯，21.53，希波里德斯（*Hyp.*），《为欧克尼普斯辩护》（*Eux*）24–25，*SEG* 21.519（4世纪中叶，阿卡奈地区的法令），*IG* II 24969（4世纪中叶）；圣器：*IG* II 3 78.4–5（= *LSCG* 5，5世纪末），*IG* II 2 204（= *LSCG* 32，352/1）；仪式步骤：*IG* I 3 7.10–12（= *LSCG* 15，5世纪中叶），*IG* I 3 137（= *LSS* 8，5世纪末）；外来仪式：*IG* I 3 136.31（= *LSS* 6.17，5世纪末），*IG* II 2 1283.4–6（= *LSCG* 46，3rd c.；这几行涉及5世纪对多多那神谕的最初求问）。

④ 关于 θεοί ἐπήκοοι（诸神倾听），参 Versnel（1981），页26–37。参埃斯基涅斯，*Eum.* 297，及16行对破城者德米特里乌斯的颂歌（杜瑞斯［Duris］*FGrH* 76 F 13.15–17 = Athen. 253e）：［ἄλλοι θεοί］οὐκ ἔχουσιν ὦτα（［其他诸神］从不竖耳倾听）。

分，这一法律是有关厄琉西斯（Eleusis）某些圣地的处置（*IG* Ⅱ2 204. 23 – 54［= *LSCG* 32］）。为这个复杂的程序辩护，"是为了让那些牵涉两位女神的事情尽可能虔敬，并在涉及神圣领地（ὀργάς）和其他雅典圣所上，将来不会出现不虔敬"（51 – 54 行）。

四、柏拉图宇宙诸神的绝对正义对照雅典信仰

柏拉图的第三个基本信仰，是诸神不会受献祭和祈祷的影响而背离正义。出于两个原因，这一信仰不符合雅典宗教。这两个原因构成了雅典宗教与《法义》城邦宗教的关键区别。

首先，我们必须区分柏拉图城邦以哲学理解的宇宙诸神与大众信仰的诸神，后者支撑着城邦的宗教制度。在反对科学无神论者的论证中，柏拉图证明，事实上，天体是灵魂或诸神，它们以完美运动推动自身（《法义》898d9 – 899b9）。柏拉图对诸神存在的精妙证明（尤其关于运动形式的有争议段落，893b6 – 894b1），[1] 以及他倡导的启发人的天文学形式（821a2 – 822c9），都具有专门的知识。这些知识构成了教育和法律维护者知识的本质部分，从而将这个群体与并不如此博学多闻的大众区分开（966c1 – d3）。然而，公民们要充分学习关于天上诸神（即天体）的知识，以免亵渎神明，并保持仪式中的虔敬（821c6 – d4）。[2] 但是，对于大多数公民来说，重要的并非他们的知识，而是对法律的遵循（966c4 – 6）。只有哲人－科学家能够真正理解宇宙灵魂诸神，那么，作为崇拜的世俗形式的虔敬，如何与宇宙灵魂诸神相连，并让其唤醒？

柏拉图对宇宙诸神存在的论证，只是为了回应无神论的科学家。雅典人也提到，古代有韵无韵的神谱著作是无知的来源（886b10 – d2）。但进一步的思考排除了这些解释，因为它们的古老性使它们不容批评。[3] 然而，

---

① 对这段话的解释，参 Skemp（1942），页 96 – 107。

② 普通公民所需要的最低限度的天文学知识以及相关的简单理解力，就在于理解星体并非随机运动，而是有规律地沿轨道运行（821e1 – 822c5）。

③ 赫西俄德（Hesiod）与费里西德斯（Pherecydes）的古老神谱不大可能已从克里特消失，正如 886b10 – 11 所暗示。因此，柏拉图必须想出更新的神谱，"优台谟"俄耳甫斯教（Eudemian Orphic）的神谱版本创作于 5 世纪晚期的雅典（据 West 的说法），或许为柏拉图所知（West［1983］，页 116 – 119，174 – 175）。以俄耳甫斯的名义传播的这些神谱，自然会称之为古语（παλαιοί λόγοι，886c2，886c6）。

除了儿子反对父亲的神话之外，柏拉图最终要反对的，是他们在事物的开端设定的第一本性（πρώτη φύσις）。然后才出现诸神（886c2 - 4）。将自然（φύσις）置于诸神之前，科学唯物主义者也有这种错误，在针对他们的论证中，也会反驳这种错误。柏拉图没有考虑不相信诸神存在的其他来源。显然，他觉得，其他导致绝对无神论的原因，都不值得反驳。即是说，除了某种形式的科学唯物主义，其他的理智立场不会导致谁不相信诸神存在。

柏拉图提到的其他两种异见，即相信诸神不关心人类，及诸神可以用贿赂诱骗，可能致使普通公民受害。他对这两类反对者进行了劝谕，而非哲学论证。在有关不虔敬的法律序曲中，哲学部分与劝谕部分谈到神明时所使用的术语也有重要分别。在哲学部分，关键术语是灵魂（ψυχή）。灵魂被证明享有存在的终极优先性。直到论证的结尾，推动天体的灵魂才最终被称为神（θεός），即使在这里，也仅仅是增加一个合适的名称而已（899a9，参899b3 - 9）。在对第二类反对者的劝谕中，雅典人提到，主神是"下跳棋的奕手"（πεττευτής，903d6），[①] "我们的王者"（ἡμῶν ὁ βασιλεὺς，904a6）。在劝谕中，复数的诸神被称为"统治者"（ἄρχοντες，903b7，905e2，905e5以下）和"护卫者"（φύλακες，906d9 以下）。这些是国教诸神，"法律规定"的诸神，城邦诸神，在世俗的仪式中为公民熟知，被称为宙斯、雅典娜等。

因此，在柏拉图的城邦中，宇宙诸神与国教诸神之间不存在真正的一致。[②] 城邦与宗教的那种同一性，源于城邦的历史发展。但对于他自己的神明，柏拉图甚至没有试图去建立那种同一性。一旦传统诸神获得承认，对于他们受科学恶劣攻击的所有弱点，他们就会提供共同感的强大根基。传统诸神有人格。如果传统诸神不是爱的对象，他们就是忠诚的对象。他们成了公民私人崇拜的对象。无疑，柏拉图的宇宙诸神不能提供这一点，但必须承认，柏拉图的城邦宗教不仅符合他要求的道德标准，而且保护具有传统形式、情感和经验的传统城邦宗教。

---

① 这是贯穿整部著作的一个主题，参644d7 - 9，803c4 - 8，804b3 - 4。

② Solmsen（1942，页 161 - 174）深深意识到了这个问题的困难，并提供了有益却最终并不充分的回应。他认为，"法"（Law，Solmsen 的大写）作为宇宙和城邦的共同属性，提供了"有机联系"（organic connection，页 163）。但是，Solmsen 提出的"法"概念，与对宇宙的科学理解一样，同样很隐微。Dodds（1951，页 220 - 221）认识到，柏拉图的宇宙诸神与传统宗教有矛盾。

在柏拉图第三基本信仰的构想中，对我们来说，第二个问题在于，雅典民人显然相信，诸神确实响应献祭和祈祷，而没有严格地关切正义。为了对抗相信诸神腐败的最基本表现，柏拉图引入了一个可当作他对传统城邦宗教的真正革新。在最终陈述关于不虔敬的法律时（《法义》907d7 – 909d2），并不包含对什么算作不虔敬的定义，也没有列出违反宗教法的范畴或实例。显然，"在言行上冒犯诸神"（885b2 – 3，参 907d7 – e1），已经足够具体。除了程序，法律关注的是为不虔敬设立惩罚，惩罚严格按照原因决定。① 存在六种可能的原因。对柏拉图三个基本信仰来说，每一个都有两种类型的不信者（共有六种原因）；也就是，有些人不信神，但由于品性好，他们没有造成更为严重的不义；有些人不信神，但由于品性坏，他们造成了很多伤害（908a7 – d7）。后一种人自己可能不相信三个基本信仰的任何一个（908a7 – d7），但他们造成的伤害，源于他们在公民中宣扬如下信念：诸神可以求情（909b2 – 6），即是说，柏拉图的第三基本信仰失效。

柏拉图意识到，人性的弱点使个体倾向某些类型的宗教活动，最初，这些活动基于相信诸神的败坏（909e5 – 910b3）。为了反对"圣物的非法买卖"（909d6），柏拉图为不虔敬法律增加了一个附加条款。在那个段落中，他具体指明，有一类与思想对立的行为是不虔敬的。附加条款剥夺了私人住处拥有神龛的权利，并规定，所有崇拜必须在公共神庙完成，并有官方男女祭司的在场和帮助（909d7 – e2，910b8 – d4）。附加条款意在根除的宗教活动，其主要诱因在于拒斥柏拉图的第三基本信仰。② 在柏拉图看来，这类崇拜包括：私人供奉，写符咒，与亡灵沟通的仪式，源于希腊或外来的各种入社仪式，使用魔法、咒语等。③ 它们恒定的目标是，为了某种个人或私人目的而影响神明。不言而喻，这不能视为正义。这种类型的宗教活动，通常近似迷信和魔术，在雅典被普遍践行。虽然这些习俗中有些比其他习俗不体面，但它们绝非仅限于雅典底层人（参 Nilsson，

---

① 关于这一法律的结构，参 Wyller（1957）。Wyller 没有考虑法律正文后面附加条款的重要性。

② 虽然这一附加条款措辞强硬，但它不能应用于官方认可的家族仪式，以及每 5040 个家庭共有的灶台。家族仪式和灶台是城邦宗教的一部分，家庭构成了城邦结构的最小单元（参740a）。柏拉图点明，不虔敬律的附加条款仅仅针对错误宗教的放纵的实践者——那些品性恶劣的人（909d3 – 7）。参 Gernet（1951），cxcv。

③ 参《法义》909b2 – 5，933d7 – e4，《王制》364b5 – 365a3。

1967，页 795 – 804；Burkert，1982，页 4 – 12）。

此外，严格解释柏拉图的第三信仰，即献祭和祈祷不能诱使诸神背离正义，不仅会根除私人宗教的从事者，而且似乎会危及城邦的公共仪式。在《法义》的优良城邦中，宗教官员可能希望，在进行公共献祭时，避免让城邦染上唯利是图的嗜好，但在雅典这几乎不可能做到。必定可疑的是，在雅典，实行许多公共献祭和供奉，是否出于比满足自我利益的有意识念头更高尚的观念。① 不像在柏拉图的城邦中那样，雅典的情形没有那么简单。在雅典，崇拜形式多种多样，其中蕴含的诸神概念也多种多样，抹去这些概念的区别是不正确的。柏拉图城邦中禁止的私人崇拜，在雅典确实普遍得到容忍。然而，至少有一次，雅典人处死了一名从事那一行业的人。② 德莫斯特内斯告发埃斯基涅斯（Aeschines），说他与这类私人宗教有关。显然，这是为了推动陪审团反对埃斯基涅斯（德莫斯特内斯，18. 259 – 260）。另外，关于诸神的高贵观念，代表着雅典城邦宗教无可否认的部分，这些观念体现在帕台农神庙的（Parthenon）檐壁上或狄俄尼索斯（Dionysus）节日上，肃剧演员在城邦提供的舞台上表达的高尚情感中，也体现在城邦法庭上演说家对正义的神圣警视的呼求（例如，德莫斯特内斯，23. 74）。

雅典城邦宗教确实包含这些对立因素，在此，柏拉图看到了衰败。在分析雅典人的伟大与衰败的一个附带讨论中（《法义》698a 以下），柏拉图将马拉松（Marathon）和萨拉米斯（Salamis）时代的卓越归因于如下事实：“在某种意义上，［民人］非常自愿地受法律奴役。”（700a4 – 5）这种“自愿受奴役”的衰落（始于对音乐法律的漠视），导致衰败的最终状态：“［雅典人］到达了终极自由，他们不再考虑任何誓言、许诺和有关诸神的东西。”（701c1 – 2，参 762e1 – 7）对雅典人宗教崩溃的这一叙述，

---

① 4 世纪雅典，修辞学普遍将先前数代的繁荣归因于他们的εὐσέβεια（虔敬）：吕库古，30. 18；伊索克拉底，7. 29 – 30；德莫斯特内斯，3. 26。

② 与上面所引的（Josephus, Ap., 2. 267）尼诺斯（Ninos）是同一个，他引进了外来的神明，德莫斯特内斯，19. 281 及此句的古注。这种情况似乎招致了某种恶名（参德莫斯特内斯，39. 2，［德莫斯特内斯］，40. 9），并且在极端的惩罚方面，可能是独一无二的。然而，先知（μάντις）Theoris 可能受到相似的指控（Philochorus, FGrH 328 F 60；［德莫斯特内斯］，25. 79 – 80；普鲁塔克，《德莫斯特内斯》，14. 6）。私人崇拜可视为新仪式的一种形式（参《法义》909e3 – 5）。

不符合雅典宗教本身的事实。① 但柏拉图判定，诸神的正义绝对而专一，诸神执着且顽强地信仰这一正义。显然，这超越了雅典宗教思想的标准（参《法义》885d4 - e1）。柏拉图要求，所有公民都要相信，诸神对正义坚持不懈。因此，如果应用到雅典，这一要求是不现实的严厉标准。对柏拉图来说，诸神总是正义的，绝不变来变去。因此，根据同样不变的正义秩序，人类始终得接近诸神，期待他们的感应。在雅典，某种程度上，诸神的概念是变化的，因人而异，甚至对同一个人而言，也因情况的变化而变化。

五、第三信仰：人与神的互惠

对崇拜者而言，为了保持对雅典宗教制度的忠诚，仅有前两个基本信仰还不足以提供牢固的心理基础。需要第三个信仰为雅典崇拜者提供理由，以期待诸神回应他们的祈祷、献祭、供奉等等。然而，这个信仰不必像柏拉图第三信仰要求的那样道德和理智。因此，我们认为，对雅典宗教的运作来说，第三和最后的信仰是基本的，雅典崇拜者由此相信：人与诸神之间存在一种关系，无论多么不平等却也是互惠的关系。② 这一信仰或许是最重要的，也最难界定。它被有意识地表述，为解释留下了广阔空间，或毋宁说，是为了适应雅典宗教多样性的需求。然而，实质上，就如下面将要论证的，在雅典，各种宗教活动都假定了神圣的报偿。

据说，雅典人坚持开放的互惠形式，《法义》的第三基本信仰，可看作其具体而相当严格的形式。下面的例子来自法律程序上宣誓的使用，它证明了如下标准与信仰间的对立：柏拉图《法义》中要求的严格而明确的标准，以及信仰与诸神存在基本（尽管杂乱）的工作关系——这些神盛行于雅典城邦宗教中。

---

① 《法义》卷十中持无神论的"现代科学家"，并非与柏拉图同时代（νῦν, 886e4），而是仅仅晚于古老（ἀρχαῖοι, 886d1）和最古老（παλαιότατοι, 886c2）。我们也不应当相信他们最古老，因为说这话的克勒尼阿斯，他对他们一无所知。最终，我们必须抛弃这样的浪漫观点：信仰危机（crise de foi）吞噬了雅典，不管它发生在 4 世纪还是 5 世纪晚期，正如 Sandvoss（1968）页 317 所言："一种无形、可怕的疾病，比瘟疫还要严重，它使得雅典最早的城邦，陷入贫穷、无望的状态。"在一些手册中，这种观点仍很流行，例如，参 Muir（1985）。

② 根据柏拉图另一处不相关语境中插入的评论，可以合宜地阐释这一信仰的希腊形式（参《会饮》188b）：περὶ θεούς τε καὶ ἀνθρώπους πρὸς ἀλλήλους κοινωνία τις ἐστίν（让神们与人们互相交通）。这三个信仰自然地形成一个等级：第二信仰暗含第一信仰，第三信仰暗含第二和第一信仰。［译注：《会饮》中译文见《柏拉图的〈会饮〉》，刘小枫等译，华夏出版社，2003。］

在《法义》的城邦中，当柏拉图考虑誓言在法律体系中的作用时，他首先提到，很久以前，剌达曼堤斯（Rhadamanthys）摒弃陪审团，纯粹根据对誓言的挑战来判案。当时，由于人人对诸神深信不疑（ἐναργῶς），①没有人自己胆敢发伪誓（《法义》948b3 - c2）。但在柏拉图时代（νῦν δὲ［但现在］，948c2），对他三个信仰中的任何一个，人们都普遍不信。这使得剌达曼堤斯的方法已经不适用（948c2 - d1）。拒绝这些信仰中的任何一个，都会消除对发伪誓的神圣约束的恐惧。柏拉图感到吃惊，在一个诉讼众多的城邦（当然就是雅典），几乎一半的公民不得不成为发伪誓者，并且所有这些人还能自由地活动（948d8 - e4）。柏拉图的解决方法是，对那些可设想通过伪誓获利的地方，去除对誓言的要求（948d3 - 8，948e4 - 949b6）。②看起来很奇怪，柏拉图说"既然人们对诸神的看法已经改变，那么，法律也必须改变"（948d1 - 3），写这段话的时候，柏拉图必定想着雅典，因为在他的城邦中，人们应相信他的三个信仰，因此，有效约束伪誓的条件已经满足。

在审判之前的预先审查阶段（ἀνάκρισις），一开始，原告和被告都要进行宣誓（ἀντωμοσία）。这样，在4世纪的雅典，法律体系吸收了宣誓的做法（Harrison，1977，页99 - 100）。这意味着，对每一场审判来说，至少有一人是发伪誓者。雅典人不大可能没意识到伪誓的这一危险扩增。基于不虔敬或发伪誓的记录，诉讼的一方可能提醒陪审团不要相信对手的誓词，因为一方自己若想发伪誓，宣誓的要求本身就不公平（［德莫斯特内斯］49.65 - 67，54.38 - 40；伊塞乌斯，9.19）。但这一制度很发达。人们公开主张，诸神关注誓言的措辞，并以某种明显的方式惩罚伪誓者（［德莫斯特内斯］，11.2；安多希德斯，1.126；伊索克拉底，18.3）。一些人甚至主张诸神是全知的，以支持誓言的效力（德莫斯特内斯，19.239 - 240［参71］；莱克格斯，79，146；对比色诺芬，《远征记》2.5.7）。此外，在亚略巴古（Areopagus），对杀人的审判，一开始的宣誓程序（具体指审判前双方的宣誓［διωμοσία]）非常特别——"这不是普

---

① 因为他们大部分是神子。柏拉图复活了他让苏格拉底反对墨勒图斯（Meletus）的论证（《苏格拉底的申辩》，27b3 - 28a1）。

② 事实上，这仅仅排除了宣誓中预先阶段誓言的使用，也有可能排除挑战（πρόκλησις）中可作为证据的誓言。在城邦中，其他无数对誓言的使用都未受影响。参 Gernet（1951），cxliv - cxiv。

通的宣誓"（德莫斯特内斯，23.68）。根据详细的规定，由专职的官员屠杀猪、公羊和公牛各一只，原告站在这些动物的内脏上，发表对自己及其家庭的公开诅咒（德莫斯特内斯，23.67－68）。这种复杂程序产生的敬畏不能确保誓言绝对有效，但它对维持誓言的有用性有些益处。①

基于某种形式的互惠关系，相信诸神回应人类，这根本不排除神圣中的非理性因素，或使诸神变得容易理解或完全可以预测。毋宁说，它排除的是，诸神可能完全非理性、不可理解或不可预测。互惠关系可能不对称、不平等或不确定，但对崇拜者来说，它必定是基本的存在。第三信仰的构想，建立了世界可理解性的最低限度。任何宗教若想持续下去，必须向信徒提供这一点（参 Gould，1985，页1－5）。为了政治生活的继续，需要某种根基、规则或形式（无论多脆弱）来保持与诸神关系的持续性。城邦宗教包含了一种囊括持续性与规律性的生活方式。祖传礼法（πάτριοι νόμοι［祖传礼法］，τά πατρία［祖传习俗］，τά νομιζόμενα［公认之物］）在仪式上的效力，需要相信诸神与崇拜者之间保持一种持续、有序的关系。完成宗教责任的公认方式，是依照祖传习俗（κάτα τά πατρία）。②431年，雅典人从阿提卡（Attica）进入城邦时，他们感到苦恼，不得不抛弃祖传的宗教习俗（修昔底德，2.16.2：ἱερά πατρία［祖先的庙宇］）。在献祭时背离祖传习俗，导致优摩尔匹迪（Eumolpid）祭司阿基亚斯（Archias）坐实了不虔敬的指控（［德莫斯特内斯］59.116－117：θύοντα παρά τά πατρία［背离祖法献祭］）。阿波洛多罗斯（Apollodorus）可以宣称，斯特凡努斯（Stephanus）和尼亚拉（Neaera）是渎神者（ἀσεβεῖς），因为在统治者的婚礼上，他们破坏了祖传习俗（［德莫斯特内斯］，59.73：τά πατρία τά πρός τούς θεούς［朝向诸神的祖传习俗］）。阿波洛多罗斯附记了祖传习俗的古老与庄严，由此增强了其指控的严重性（［德莫斯特内斯］59.72－79；参吕西阿斯，30.17－21）。

---

① 在这个特殊的誓言中，诮媚的斯特凡努斯本人被指控发伪誓，［德莫斯特内斯］，59.10。德莫斯特内斯沉溺于细致描述这个宣誓过程，以使陪审团铭记，合法判处他的对手亚里斯多克拉底（Aristocrates）的法令，会带来严重的损害。可悲的结果会让人规避这个可怕的誓言。

② IG I3 7.8（＝LSCG 15，5世纪中叶），IG I3 78.4，Ⅱ 34（＝LSCG 5，5世纪末），IG Ⅱ2 780（3世纪中叶）；伊索克拉底，7.29－30；德莫斯特内斯，21.51，54。有关城邦战死者葬礼的习传礼法，修昔底德掩盖了其宗教方面。参柏拉图，《墨涅克塞诺斯》（Menex.）249b；德莫斯特内斯，60.36；Jacoby（1944），60。

互惠的最基本形式，是以求回报（do ut des）为基础的人—神交流。这点尤其体现在希腊崇拜的三种基本行为中：献祭、祈祷与还愿。① 作为一个整体，城邦享有与其诸神的互惠关系，它是求回报的互惠形式的大样本。即使有时这种关系可能陷入危机（如在雅典瘟疫期间），然而，只要城邦保持其传统仪式和宗教制度，它就仍会维系（参 Solmsen，1942，页3 – 14；Mikalson，1983，页18）。城邦与其诸神的这种关系，突出表现在埃斯库罗斯（Aeschylus）的《七雄攻忒拜》（*Septem*）中。城邦诸神通常称为πολισσοῦχοι［城邦守护神］（69，85，271），或πολιοῦχοι［保护城邦的神］（109，312，822），也叫作πολῖται［城邦神］（253），呼求时也称作φιλοπόλεις［爱邦神］（176）。② 厄忒俄克勒斯（Eteocles）宣称，因为互惠关系，诸神共同关注城邦危急的消息（76 – 77）："愿我们共享福祉／因为城邦繁荣神明受崇敬。"③ 沮丧的合唱队的伟大祈祷，基于诸神对城邦的照管，城邦的仪式未曾间断（尤见174 – 180，304 – 320）。如果在古代雅典，雅典人相信，诸神像公民那样对城邦负有责任（更不用说忠诚），而这与实行和保留诸神仪式的连续性与关注度成比例，那么，第三基本信仰就必须出现。

值得注意的是，在柏拉图禁止的那些"私人"的崇拜形式中，互惠的意味非常强烈，但互惠纯粹是一种唯利是图。然而，在雅典崇拜者那里，互惠观可超越基于虔敬仪式的外在形式的唯利意识。例如，为了强调崇拜者的内在动机，而非外在表现，可以重新定义对εὐσέβεια（虔敬）的理解。但是，这种情感无疑限定在较开明的少数人中。④ 更为相关的是信仰道德法则的神圣约束，因为，任何互惠关系涉及的预期度或可预见度使之

① 关于祈祷中的交易关系，参 Ausfeld（1903），525 – 531；关于还愿，参 van Straten（1981），尤见页65 – 77，以及页102 – 106。例外证明了规则。没有仪式的诸神，不能给人类带来互惠：神化死者（θάνατος，埃斯基涅斯，F 161）和命运（Ἀνάγκη，欧里庇得斯，《阿尔刻提斯》［*Alc.*］，973 – 975）。

② 参狄纳尔科斯，1.64 对雅典本土诸神的详尽汇总；以及稍微简略的，德莫斯特内斯，18.141。

③ 中译本见《古希腊悲剧戏剧全集》第 1 卷，王焕生译，凤凰传媒集团、译林出版社，2007，页216。——译注

④ 色诺芬，《回忆苏格拉底》1.3.3，《远征记》5.7.32，《阿格西拉乌斯传》（*Age.*）11.2；［柏拉图］，《阿尔喀比亚德》（*Alc.*）2.148d – 150b；伊索克拉底，2.20；忒奥彭普斯（Theopompus），*FGrH* 115 F 344；忒奥弗拉斯图斯（Theophrastus），《论仁慈》（*de Pietate*），尤其残篇 7 – 10。

成为可能，虽然并不必然需要。事实上，这三个雅典的基本信仰，缺少任何一个神圣约束都将坍塌：对于违背道德法则的惩罚，能呈现可信和可能威胁的，既非完全任性的诸神，也非怠慢的诸神，更不是没有诸神。① 少有证据证明，古代广泛和普遍接受了对道德的全面神圣约束。因此，在这里，我们不是从这样的神圣约束来论证基本信仰。不过，尽管神话中诸神经常是不道德的，现实生活也充满着残酷事实，但神圣约束的观念确实在传播。② 对于多数人来说，埃斯库罗斯关于宙斯正义的复杂说法，可能太过模糊而无法理解。但是，即使人们不害怕诸神赋予礼法的约束力，《西西弗斯》戏剧中无神论残篇的很多影响力也丧失了。③ 根据修昔底德的说法，413 年，西西里的尼西阿斯声称，由于虔敬仪式的完成以及道德的正当，他可以预期受到神明袒护（修昔底德，7.77.2 – 3，对比米洛斯人，修昔底德，5.104；伊索克拉底，15.281 – 282）。吕西阿斯的发言者要求，人们不要参照安多希德斯（Andocides），他做了 ἔργα ἀνοσία（邪恶行为），却没有受惩罚——以免关于诸神的信仰受到危险的侵蚀（按照字面，以免他们成为 ἀθεωτέρους［不敬神者］，32）。因此，尽管范围受限，④ 对道德的神圣约束的信仰却得到接受。就此而言，三个基本信仰是本质性的。

雅典的两个文本明确证实，存在三个信仰的图式。首先，按照《西西弗斯》剧作残篇（TrGF 1.43 F 19）的观点，一个聪明人发明了诸神，以控制人类的犯罪行为。仅仅关注神圣的道德约束，就忽略了宗教仪式。为了产生这种约束，以下三个基本信仰——也只有这些信仰——与构成必要

---

① 在《法义》中，柏拉图坚持，严格的正义是互惠的唯一形式。这弥合了这两种约束间的鸿沟：他所拥有的不尽的、无可避免的神圣道德约束，以及雅典其他地方看到的较虚弱、杂乱但并非无足轻重的约束。

② 关于神话中不道德的诸神间的冲突，参 Burkert（1985），页 246 – 250。值得记住，神话与宗教是独立且不一致的实体。参虔敬的道德主义者梭伦的话（残篇 29）：许多欺诈性的歌颂（πολλά ψεύδονται ἀοιδοί）（忒修斯的立场，见 HF 131：ἀοιδῶν εἴπερ οὐ ψευδεῖς λόγοι［仅仅歌颂无错的神话]）。关于生活事实间的冲突，参 Dover（1974），页 259 – 261。德尔菲神谕积极促进了对道德法则的神圣约束观。参 Parke 与 Wormell（1956），1.378 – 392。

③ TrGF 1.43 F 19，尤其 37 – 40 行。参伊索克拉底对埃及人的虔敬的赞扬——在神圣道德约束上，埃及人有强烈的信仰（伊索克拉底，11.24 – 27）。

④ 例如，限定在保护乞援人、异乡人和父母的道德法律，以及为誓言提供担保。欧里庇得斯残篇 644 N 表达的思想，类似于［吕西阿斯］6.32 中表达的思想。

而充分的信仰储备融为一体：诸神存在（17，42）；诸神关心人类事务（18 – 24）；诸神被期待做出回应，使违背者恐惧（13 – 14，37）。然而，即使在这里，神圣的报偿也比单纯的惩罚出现得更广泛：诸神居于天上，他们鼓励如下观念：神圣报偿可带来善和恶（27 – 36）。其次，在给予神化的破城者德墨特里乌斯（Demetrius Poliorcetes）的三行雅典颂歌中，提到了某些无助于雅典的匿名神。提到他们无助于雅典人的那些地方，与这三个基本信仰截然相反（杜瑞斯，*FGrH* 76 F 13. 15 – 17 = 阿特纳乌斯，253e）：

> ἄλλοι μὲν ἢ μακρὰν γάρ ἀπέχουσιν θεοί,
>
> ἢ οὐκ ἔχουσιν ὦτα,
>
> ἢ οὐκ εἰσίν, ἢ οὐ προσέχουσιν ἡμίν οὐδὲ ἕν.
>
> 其他放手不管的神明哦，
>
> 或者从不竖耳倾听，
>
> 或者不存在，或者不关心我们，而未显现。

其他这些神要么不存在（οὐκ εἰσιν），要么不关心（οὐκ ἔχουσιν ὦτα, οὐ προσέχουσιν），或者放手不管（μακρὰν ἀπέχουσιν）。最后一点，我将之等同为没有响应人类的主动性。①

对所有真正的崇拜者来说，基本信仰必然共有，通过它们，城邦宗教得以运作。基本信仰反对的那些信仰，无论其约定俗成的含义为何，严格来说，真正崇拜者并不必然持有。如果城邦和个体公民的宗教行动要具有宗教意义，基本信仰便是最低限度的信仰设定。要从总体上支撑城邦宗

---

① 在没有任何明确的时间提示下，学者们普遍接受 291/0（Bergk *PLG* 3. 674 进行了辩护）。但是，颂歌最适合在 307 年出现，当时德米特里乌斯作为"解放者"，第一次来到雅典。之后，人们把他视为神（跟安提戈努［Antigonus］一起，被视为 σωτῆρες θεοί［拯救之神］，普鲁塔克，《德米特里乌斯》10. 4 – 6，对比狄奥多罗斯，20. 46. 2），并给予了过分的奉承（普鲁塔克，《德米特里乌斯》11. 1，12. 1 – 3，12. 13）。在颂歌之前，阿特纳乌斯（Athenaeus）引用了德摩卡里斯（Demochares）的论述。在论述中，对关于"其他诸神"的观点如此解释（*FGrH* 75 F 2 = 阿特纳乌斯，253c – d）：οἱ δ' ἄλλοι［θεοί］θεοίκαθεύδουσιν ἢ ἀποδημοῦσιν ἢ οὐκ εἰσίν（然而，其他［诸神］却在沉睡，要么冷漠，要么不存在）。这个陈述等于（依次）拒绝第二信仰、第三信仰和第一信仰。即使承认政治权宜的动机在产生颂歌上有某种作用，但依然重要的是，在暗含拒绝三个信仰的术语中，传达出了怀疑主义、真诚或做作。

教，至少需要这些信仰。在任何既定的群体中，总有可能找到没有上述信仰的个体。① 同样有可能的是，一个异端思想家隐藏其异端思想，而与共同体保持外在的一致，以维护其社会地位。但是，为了解释大多数雅典人的宗教行为，这三个基本信仰应当接受，即使对于大众的信仰，我们缺乏直接的记录。毫无疑问，雅典有教养的精英表现出更为复杂的景象。然而，在他们之中，索福克勒斯、尼西阿斯和色诺芬，代表着宗教人（religious men）的类型。② 对所有公民来说，城邦是共同的冒险。只有大多数公民，即民众（demos）相信它们时，城邦的宗教制度才能维系。无法想象城邦能脱离这些制度。③ 事实上，无论有意或无意，没有共同体中主体对这些信仰的默许，就不可设想城邦宗教的维系。没有这些信仰，城邦宗教的维系只能靠共同的契约：同意上演正在进行的闹剧。面对大众的弃绝，没有其他组织能维持这些制度。

参考文献

Ausfeld, C. "De Graecorum precationibus quaestiones"（《论希腊祈祷问题》），*Jahrb. f. class. Philol.*, *suppl.* Bd. 28（1903）.

Burkert, W. *Greek Religion*（《希腊宗教》），John Raffian tran., Cambridge, 1985.

Dodds, E. R. *The Greeks and the Irrational*（《希腊人与非理性》），Berkley, 1951.

Dover, K. J. *Greek Popular Morality in the Time of Plato and Aristotle*（《柏拉图和亚里士多德时代的希腊主流道德》），Berkeley, 1974.

Finley, M. I. *Ancient History：Evidence and Models*（《古代历史：证据

---

① 例如，侏儒阿里斯托得慕斯（Aristodemus）认为，诸神存在，但不关心人类，因此他也不崇拜诸神（色诺芬，《回忆苏格拉底》1.4）。并参希波克拉底《论圣病》，*Morb. Sacr.* 1.30。Grensemann 区分了不信诸神存在与不信诸神的力量。

② Nillson（1967）页 784–785 讨论尼西阿斯，页 787–791 讨论色诺芬。作为经常担任有威望公职的人（*TrGF* 4. T 18–27），索福克勒斯在习传形式上必定是虔诚的（参《索福克勒斯传》[*vita Sophoclis*] 12）。认为索福克勒斯与非传统的阿斯克勒匹乌斯（Asclepius）仪式（*TrGF* 4. T 67–73）有关的观点，已经过时了。

③ 参公民身份的希腊语表达：τῆς πολιτείας μετέχειν（享有公民权）。Dodds（1951），页 191："宗教是集体的责任。"单单出于这个原因，雅典城邦宗教就不能与现代国家的体制化国教相比较，诸如英国和瑞典的国教。

与模式》），London，1985.

Fontenrose，J. *The Delphic Oracle*（《德尔菲神谕》），Berkeley，1978.

Garland，R. S. J. "Religious Authority in Archaic and Classical Athens"（《古风雅典和古代雅典的宗教权威》），*Annual of the British School at Athens*，79（1984）.

Gernet，L. "Les Lois et le droit positif"（《〈法义〉与实在法》），*Platon Oeuvres complètes*，vol. XI，Paris，1951.

Gernet，L. and Boulanger，A. *Le génie grec dans la religion*（《希腊宗教中的精灵》），Paris，1932.

Görgemanns，H. *Beiträge zur Interpretation von Platons Nomoi*（《柏拉图〈法义〉解读文集》），Zetemata 25（1960）.

Guthrie，W. K. C. *A History of Greek Philosophy*（《希腊哲学史》六卷本），Cambridge，1962 – 1981.

Jacoby，F. "*Patrios Nomos*：State Burial in Athens and the Public Ceremony in the Kerameikos"（《祖宗礼法：雅典的国家葬礼和凯拉米克斯的公共典礼》），JHS 64（1944）.

Mahieu，W. de. "La doctrine des athées en X^e livre des Lois de Platon"（《柏拉图〈法义〉卷十中的无神论学说》），*Revue belge de Philologie et d'Histoire* 41（1963），42（1964）.

Mikalson，J. D. *Athenian Popular Religion*（《雅典大众宗教》），Chapel Hill，N. C.，1983.

Morrow，G. R. *Plato's Cretan City*：*A Historical Interpretation of the "Laws"*（《柏拉图的克里特城邦：对〈法义〉的历史解释》），Princeton，1960.

Nillson，M. P. *Geschichte der griechischen Religion*（《希腊宗教史》），vol. I，3rd ed.，München，1967.

Parke，H. W. and Wormell，D. E. W. *The Delphic Oracle*（《德尔菲神谕》两卷本），Oxford，1956.

Plescia，J. *The Oath and Perjury in Ancient Greece*（《古希腊的誓言和伪誓》），Tallahassee，Fl. 1970.

Reverdin，O. *La religion de la cité platonicienne*（《柏拉图城邦中的宗教》），Paris，1945.

Rhodes，P. *The Athenian Boule*（《雅典议会》），Oxford，1972.

Sandvoss，E. "Asebie und Atheismus im klassischen Zeitalter der griechischen Polis"（《古典时期希腊城邦中的不虔敬和无神论》），*Saeculum* 19（1968）.

Skemp，J. B. *The Theory of Motion in Plato's Later Dialogues*（《柏拉图晚期对话中的运动理论》），Cambridge，1942.

Solmsen，F. *Plato's Theology*（《柏拉图的神学》），Ithaca，1942.

van Straten，F. T. "Gifts for the Gods"（《献给诸神的礼物》），H. S. Versnel（ed.），*Faith，Hope and Worship：Aspects of Religious Mentality in Ancient World*，Leiden，1981.

Tod，M. N. （ed.），*A Selection of Greek Historical Inscriptions*（《希腊历史铭文集》），vol. Ⅱ，Oxford，1948.

West，M. L. *The Orphic Poems*（《俄耳甫斯诗歌》），Oxford，1983.

Wyller，E. A. "Platons Gesetz gegen die Gottesleugner"（《柏拉图反对无神论者的法律》），*Hermes* 85（1957）.

恶的起因和根源

卡罗内（Gabriela Roxana Carone）撰

柏拉图力图为一项政治工程奠基，《法义》表现了他最后的重大努力。在这项政治工程中，所有公民都懂得，他们为什么要遵守某些规范。[1] 在这方面，这部对话支撑着柏拉图其他晚期对话的努力：把教育延伸到民众，从而使他们在实现幸福上获得更稳固的根基。同样，《法义》也为一种制度奠定了基础，在其中，政治法应基于自然法。但要确立这点，需要证明自然标准的存在。为此，柏拉图发现，重要的是确定，理智（νοῦς）遍布宇宙之中，而且，我们自身的理智与之同类。特别是，如果理智的作用是把握客观的善，那么就有希望通过让所有公民获得和使用批判性理解，对共同价值达成一致，而这在某种程度上，反过来又可确保基于自然的法的统治。因此，卷九将νόμος（礼法）的词源与理智联系起来（714a，对比卷十二，957c）。卷九还表明，神圣理智在克洛诺斯（Cronus）黄金时代的统治，乃是政治探索的典范。[2] 这样，不同于认为法律只是强者的专制统治，《法义》表现了一种规范性的法律观。在可欲的政治制度中，这种法律应当促进个体德性的发展。[3] 然而，仍未有人探索，在《法义》中，这项浩大伦理工程的实现与宇宙论有多大关联。正是卷十包含着最重要证据。因此，本文将特别关注这一部分。

---

[1] 对比 C. Bobonich（1991；2002：尤其 95 页以下）。可以说，这种关注超越了公民本身，因为异乡人（例如，分配给公民的贸易和艺匠的工作，卷八 846d–847b，卷十一 920a）跟其他非公民一起服从法律；而且，据说异乡人连同普通公民，都是法律序曲演说的对象（例如，参卷九 853c–854a，卷四 722a–723b）。同样，看起来，教育也扩展到大多数（πλῆθος，οἱ πολλοί）自由民（卷七 817e–818a，819a–b）。

[2] 713c–714a，对比 720e 以下，参 Morrow（1960，页 565）；Cleary（2001，页 125，140）。关于《蒂迈欧》中造物主与《法义》中立法者的对比，亦参 Morrow（1954）和 Laks（1990a，1990b）。

[3] 例如，参《法义》卷二 652b–653c，卷三 693b–c，卷四 714b–715b，卷十 889c–890a。

《法义》卷十开头就试图驳斥关于自然的诸理论，这些理论不仅用自然取消规范性，甚至与之对立。有些智术师曾声辩，礼法和自然（φύσις）分歧很大。现在，柏拉图认为，某些理论对此给出了科学的支持。根据这些理论，宇宙的运行是通过机运，而非理智，因此，法律或任何其他理智的产物，都不过是人类的幻觉或可朽的创造物，与事物本来的样子毫无关系（889b－e）。因此，如果柏拉图想要向我们显示，规范性原则不只是一种相对约定的东西，那么，至关重要的就是确定，自然的运行基于理智的设计。① 但在柏拉图眼里，这项工程就相当于证明诸神及神意的存在。无知常常是恶行的根源，如果消除无知需要理性的理解力，那么，正是在以上这个本质方面，所有公民都应该理解这一议题——不仅通过神话的方式，而且通过论证的方式来理解（参885b，886a－b）。因此，作为反对不虔敬的法律序曲，卷十开始论证三个命题：（1）诸神存在（887c－899d）；（2）诸神关心人类事务（899d－905d）；（3）诸神不会被献祭或祈祷收买（905d－907b）。②

那么，如果这就是柏拉图在《法义》卷十中追求的目标，我们就会期望，柏拉图要特别小心，不要误导读者认为，除了善之外，任何东西都可能基于自然。学者们经常指出，卷十有辩护和显白的（exoteric）特性，③在其中，诸神甚至显得比《蒂迈欧》（Timaeus）中更强大。但是，在致力于证明诸神存在的论证中间，意外地引入可能统治宇宙的"恶的灵魂"，似乎会让这种努力显示出自我挫败的特性。我们要如何理解这种特征？

我想说明，不管看起来多么让人困惑，关于恶的灵魂的假定，是柏拉图目的论论证的核心，而且，这一假定直接关系到他的努力：试图从宇宙中根除恶。因此，尤为重要的是，这段论述应当讲给不道德的人听，并重新唤起其对美好生活本质的关注（887b－888b）。因为柏拉图觉得，德性的繁荣，不仅需要理智的和有机的宇宙（正如他希望再次展示的那样）给予支持，也需要人类做出贡献，与恶的灵魂战斗。在柏拉图的论证中，恶

① 因此，在卷四（716c）中，雅典人会说，"对我们而言，神是万物的尺度"，而非人。这显然是在反对普罗塔戈拉（Protagoras）的尺度说（见《克拉底鲁》[Crat.] 385e 以下，《泰阿泰德》[Theaet.] 152a 以下）。

② 对这三个命题的总结，见885b4－9，907b5－7。对比《王制》卷二，365d－e。

③ 人们可能注意到，卷十的序曲甚至面向"学习缓慢"的人，见891a。亦参《法义》卷七811c－e，那里直截了当地说，甚至对孩子来说，柏拉图的《法义》也是要学习的模范著作。

的灵魂占据了一个重要位置。

接下来，我将呈现柏拉图对诸神存在的论证，并说明恶的问题在其中如何产生。然后，对恶的讨论会进而带我们解释，在一个依照目的论安排的宇宙中，恶的状态及原因是怎样。我将证明，《法义》卷十表明，要对每一种恶负责任的，正是人类（而非某种更大的宇宙力量）。就柏拉图来看，这似乎是一个头脑简单的答案，没有体会到问题的复杂性。比如，人类如何能对瘟疫或疾病负责？我会说明，柏拉图的回答会比乍看上去更加深刻。通过强调人类行为的广泛效果，这个回答激励我们对表面上的外在境遇和周遭环境负责。因此，它强化了人类作为自主存在者的图景。通过其所作所为，人类有能力增加或减少宇宙中善的数量。

一、灵魂优先于物体

为了证明神的存在，柏拉图让雅典人参与讨论第一因的本质。如何解释宇宙的第一原则？在其唯物论对手看来，正是机运（τύχη，889a5，889b2）或必然性产生的机运（τύχην ἐξ ἀνάγκης，889c1 – 2），支配着相互对立的物质力量的运动、碰撞和结合，产生了天体和整个宇宙（889a – c）。在这幅图景中，物体先于灵魂和所有精神属性，后者据说是"后来"出现的（891c）。在柏拉图看来，由于完全没有理智和规划，这些假设就为无神论提供了系统的支持。反过来，雅典人想要确证，"依据自然"，灵魂优先于物体，以此来攻击这些理论。我们应如何理解自然（φύσις）？这里涉及的自然，更多的是作为一种生长进程的根源，而非其结果。[1] 因此，雅典人主张，神、技艺（τέχνη）和理智（νοῦς）这些东西与灵魂同类，跟这种主张对立的是，把自然理解为机运和必然性（889b – c，892a – c）。他坚持认为，前者应当处于优先地位，是所有事物产生和衰败的起因，如果唯物论者所指的"自然"是"与最早的东西有关的造物"（γένεσιν τὴν περὶ τὰ πρῶτα，892c2 – 3），那么"依据自然"，灵魂更应该是最早的，而非火或气（892c3 – 7），因为灵魂是万物的第一因

---

① 事实上，在希腊文中，后缀-σις涉及这两者（φύσις［自然］与φύεσθαι［生成］有关，后者指生成或生长的过程）。在后一种意义上，"自然"成了"根源"（ἀρχή）的同义词。参"自然"是"从……出来"，见 891c 和 England（1921，页 26）在此处的注释。亦参 Naddaf（1992，页 492，500）。

（πρώτην γένεσιν，896a6 – 8）。①

在这一点上，我们可以看到，对柏拉图来说，至关重要的是确立神与灵魂间的关联，将神理解为有目的的理智（参 889c 和 892b 的技艺和理智）。于是，有神论与无神论之间的斗争，变成了目的论与机运（或随意的机械论）之间的斗争，这两者是解释宇宙的关键因素。结果表明，证明诸神存在无异于证明：首先，灵魂优先于物体；其次，掌管宇宙的灵魂是理智，因此也是善。这是《法义》接下来的任务。

在 893b，雅典人开始通过以下步骤，论证灵魂优先于物体：

1. 在万物（πάντα）中，有些东西运动，有些静止（893b8 – c1）。

2. 正是在某个位置（ἐν χώρα τινὶ）上，静止的东西保持静止，运动的东西则在运动。

3. 在事物的运动中，我们可以区分十种运动，所有其他种类的运动，都可归为最后两种运动：②

——"存在一种运动，它能够推动他物，却不能推动自身。"（894b8 – 9）不能把这种运动理解为跟前面八种处于同一水平，而要理解为每一种物体变化发生的方式，亦即一种机械的系列（参 Moreau，1939，页 62），这个系列中，每个成员"总是在不断地推动他物，并由他物转变"（894c3 – 4）。

——通过物体的变化，"另一种运动始终能推动自身和他物"（894b9 – c1）。

论证的下一步，是确定自我运动优先于机械运动。这个主张的根据

---

① 注意下述二者的关联：作为首要根源（πρώτην γένεσιν）的灵魂，与作为万物所有变化之起因（αἰτία）的灵魂，见 896a – b。

② 关于运动，柏拉图用了κίνησις或μεταβολή（例如，参 894c3 – 4，894c7，894e4 – 895a3，896b1），其含义不仅指位移，而且指各类运动。前八种可以概括如下：旋转、移位、分裂、结合、增加、减少、衰败、生成（893c – 894a）。对《法义》中不同类型运动的详细解释，及其与《蒂迈欧》的对比，参 Skemp（1942，页 100 – 107）。我们应补充说，不该认为《法义》对十种运动的描述有悖于《蒂迈欧》43b 对必然性的六种直线运动的描述。因为在《法义》的图式中，那六种运动可以根据不同的方向被纳入不同种类的移位中。

是，每个运动的链条都应该停在第一推动者那里。根据定义，第一推动者自身的运动，不可能反过来被某种其他的东西所推动（参894e4 – 7）。如果我们设想，万物都静止不动，那么，最先产生的必然是自我运动（895a6 – b1）。因此，结果证明，自我运动（895b1）是所有运动的起因（ἀρχὴν κινήσεων πασῶν，895b3），是所有物质变化得以可能的条件。因此，它不仅在因果顺序上最早（πρώτην，895b4），而且是最高贵（πρεσβυτάτην，895b5，896b3）、最强大（894d2，895b6）的运动，相反，那种由别的事物改变并推动他物的运动，则是第二等的（δεύτερος，895b7）。

这种论证本身会遭到几种反驳。例如，在解释运动时，即使需要退回到第一推动者那里，但为什么我们要认为，这个推动者自身也必须处于运动之中，而非静止（亚里士多德会这样质疑）？我们已看到，在其晚期对话中，柏拉图为什么偏爱赋予运动以第一因，尤其当它是他关注的有效（而非最终的或形式的）因果关系时。① 不过，即使假定第一推动者在运动，或者它确实是自我推动者，但为什么要称之为"灵魂"呢，就像雅典人试图得出的结论那样？

当然，雅典人认为，关联之处恰恰在于将灵魂定义为第一类运动。这难道不完全是让人疑惑的策略？或许不是，如果我们把他的论证看作要唤起对手直觉的话。用什么特征来定义"生命"，这确实是个莫衷一是的问题（在当今的讨论中，它仍然纠缠不休）。但雅典人坦诚表达了自己的观点。在取得了其对话者合乎常理的赞同后，雅典人提出，运动首先从内部开始，而非有着外在于自身的起因（895c）。于是，从"生命"到"灵魂"的转换，涉及的不过是用词的变化。

关于这一点，我们必须记住，虽然"灵魂"一词常常表示某种对我们

---

① 我们能够理解这种关注，尤其看到《帕墨尼德》（*Parmenides*）提出的问题后，那里提到样式本身如何能影响（δύναμις）可感世界（例如，参133c – 134a）。很明显，人们预期，第一因对变易有强大的影响（参《法义》894d1 – 2 的"效力"和"力量"，892a3 的"力量"[δύναμις]）。但如果第一因本身不变，这又如何可能呢？注意，即使亚里士多德，似乎也要在作为终极因的不动的第一推动者与其他事物之间，找一个运动的第一推动者作为中介。不动的推动者"由于爱欲的对象而运动，并通过受动者推动他物运动"（κινεῖ δὴ ὡς ἐρώμενον, κινούμενα δὲ τἆλλα κινεῖ，《形而上学》[*Metaph.*] 卷十二，章七，1072b3 – 4）。

来说神秘或隐微的东西，但对古希腊人而言，情况并不必然如此。他们谈到灵魂（ψυχή）可能就像谈到生命一样平常，这个词经常用于其他方面（在某种程度上甚至唯物论者也能接受）。因此，雅典人接着指出，那些推动自身的物体，或那些交替拥有灵魂（即有生命）的物体，我们把它们称为"活态的"（living，895c）。通过区分事物的实在或本质（οὐσία）、名称（ὄνομα）及其定义（λόγος），雅典人说明了如何解释这一点。因此，我们可以认为，"自我运动"① 定义的是我们用"灵魂"这个名称所指的实体（896a1 – 4）。在他们看来，第二等的运动是指"一种无灵魂的物体的转变"（896b7 – 8）。这样，作为自我运动的灵魂，乃是万物运动（κινήσεως）的原因（αἴτια）或起因（ἀρχή），根据自然，灵魂优先于物体，并因而要支配（ἀρχούσης）物体（896b – c，对比 892a）。在这里，柏拉图似乎运用了ἀρχή一词丰富的语义，这个词表明，作为一种"起因"的概念与拥有"支配权"的概念密不可分。

首先，灵魂是自身精神运动的原因，比如"诸习惯、诸性格、诸意愿、各种盘算、各种真实的意见、各种照管及记忆"（896c9 – d1）这类运动。因此，灵魂是物体各种第二等运动的原因（894e – 895a），而这反过来又导致了事物可感觉的诸特性（参 897a7 – b1）。② 如果灵魂先于物体，那么，属于精神领域的东西（τὰ ψυχῆς）必定先于属于物质领域的东西（τῶν τοῦ σώματος），后者诸如物体的长度、宽度、深度和强度（896c – d）。因此，我们可以推断，理智、技艺和礼法也会先于自然，892a – b 曾确定，前三者与灵魂同类。

那么，关于"灵魂的优先性"，柏拉图的意思到底是什么？如果我们想要理解对话中有关自然和神的根本观点，那么，解决这个问题至关重要。但是，对这个问题的论证关注的是属类的灵魂本身，我们将会看到，人的灵魂和神的灵魂都是属类的灵魂。因此，这个问题被置入看起来更大的关注范围之中，即，从总体上关注身心关系。

这可能会诱使人认为，基本上，通过给予灵魂或理智对物体的优先

---

① 这既被描述为"能够推动自身的运动"（τὴν δυναμένην αὐτὴν αὑτὴν κινεῖν κίνησιν），又被定义为"推动自身"（τὸ ἑαυτὸ κινεῖν）。

② 在此可比较《蒂迈欧》如何解释，例如，宇宙中"热"的属性。这种属性源于刺状的几何粒子的撞击力，造物主将这种形状分配给火的前宇宙形态（61d – 62a）。

性，柏拉图想要确立一种强有力的二元论；正是这种优先性，使灵魂或理智完全独立于物体，就像人们会认为，神作为理智，基本上独立于他所照管的宇宙。但我会证明，这并非我们在《法义》中得到的图景；而且，跟其他对话做些简要比较，会有助于理解这个问题。

目前为止可以看到，《法义》的论述在很多地方与《蒂迈欧》有关。第一运动与第二运动分别对应灵魂与物体，二者的区分类似于《蒂迈欧》中第一原因与第二原因的区分（46c – e，68e – 69a），而且，两部对话都肯定灵魂支配物体（参《蒂迈欧》34b – c）。事实上，《法义》中提到，第一运动起作用是通过运用第二运动（参 894b10 的 κατά［通过］和897b1 的 χρωμένη［运用］），正如《蒂迈欧》中提及，第一因运用第二因作为助手（68e，尤见 e4 的 χρωμένος［运用］）。虽然《蒂迈欧》没有明确说第一因（即灵魂）是自我推动者，但上下文似乎暗示了这点：第二因是那些"靠他物推动而发生的运动，反过来又依据必然性推动他物"（46e1 – 2）。因此，我们可以推断，第一因是那些推动自身者。

同样，灵魂作为自我运动和运动的起因，这个论述也类似于《斐德若》（Phaedrus）中的说法（245c – 246a）。如我们所见，在《斐德若》中，灵魂这一概念与灵魂所推动的物体密切相关。"从自身之内推动自身运动的……所有物体（σῶμα），都是有生命的，因为这恰是灵魂的本质。"（245e4 – 6）反过来，这也符合进一步的论断："所有灵魂照管所有无生命者。"（246b6）这一论断表明，灵魂与物体密不可分。

从这里似乎可以看出，尽管物体依靠灵魂作为运动的起因，但为了实现自身的活动，灵魂也要依赖物体。因此，结果表明，灵魂的优先性问题，要比表面所见更加复杂。然而，关于《法义》与《斐德若》的比较，可能提出如下反对意见：

（I）在《斐德若》中，灵魂被明确称为非生成者（ἀγένητον，245d3）。相反，在《法义》的这一节中，柏拉图经常诉诸灵魂自身的生成这样的话。因此，灵魂据说"在一切物体之前产生"（ἔμπροσθεν πάντων γενομένη，892a5），或"产生于最早的东西"（ἐν πρώτοις γεγενημένη，892c4）。这种时序语言表明，灵魂最先产生，物体随后产生。这意味着，有一段时间只有灵魂存在。如果是这样的话，那么灵魂就能够独立于物体而存在，并且，在《法义》中，柏拉图并没有抛弃一种强有力的二元论（或实体二元论，在此，灵魂能够独立于物质条件而自主存在）。罗宾逊（T. M. Robinson）透露了这种看法。① 此外，这种反对意见还假定：即使灵魂是一个实体，能够让物体产生运动，它也没有必要这样做，但无论如何，灵魂无法产生物体本身的形体，只能产生物体的运动。在这幅图景中，灵魂和物体似乎是两个互不相干的实体，它们能走到一起发生联系，是靠着某种神秘的相互作用。

（Ⅱ）对于上述难题，另一种解决方案是使灵魂成为一种独立存在的实体，但这样的灵魂仅有一个，它不仅产生了物体的运动，而且产生了全部实体。在这种情况下，柏拉图可能赞同某种形式的唯心论（mentalism），② 而这与我们在《斐德若》中看到的观点相比，似乎是另一个极端。在《斐德若》中，灵魂更多地表现为物体的内在特征。在表明灵魂是"万物的起因"（τῶν πάντων，896d8，对比896a7 – 8）的那些段落中，这点似乎能得到支持。

然而，从《法义》中还能找到其他段落，在其中，灵魂作为自我运动，被描述为物体的"属性"（πάθος，895c），据说适合一切行为和情感（894c），拥有推动自身和他物运动的能力（δύναμις，例如，参892a，894b，896a）。这样的言辞让人再次想起《斐德若》，③ 并可能让人转而想到《智术师》（Sophist，246c – 247e）。在《智术师》中，改革的唯物论者（柏拉图似乎愿意与他们为友），是接受不可见的无形体属性——比如正义和理智——存在的那些人。他们同意把"存在"定义为行动及受作用的能力，因此，这一定义也可以应用于灵魂（毕竟，正是在《法义》中，柏拉图在论证的序曲中说，论证的目标是温和地说服那些唯物论者，888a – b）。因此，看起来，《法义》开放了太多合逻辑（或不合逻辑？）的空间，其范围我们可以标记为：从（Ⅰ）实体二元论到（Ⅱ）唯心论，甚至没有排除（Ⅲ）有限制的唯物论（qualified materialism）。这种开放性是经过深思熟虑的，还是一种严重混乱的标志？对于灵魂与物体可能关联的各种方

① 参 Robinson（1969，页251以下；1995，页147）；亦参 Vlastos（1964，页414），Stalley（1983，页174）。

② 要接受 Armstrong 的末世论，参 Benardete（2000，页302）和 Moreau（1939，页63 – 65）对此处的看法。

③ 参《斐德若》246c4，灵魂拥有推动物体的力量；270c – d 提到希珀克拉底（Hippocrates）的自然（φύσις）理论，他认为自然中包含着起作用及受作用的能力。关于《法义》中提到灵魂作为自然，例如，参892c5。

式，《法义》后面的一段文字表明了柏拉图的意识，及令人信服的开放性（898e－899a）。① 不过，我认为，更贴近地分析文本，有助于我们更好地描述他的观点。那么，柏拉图心目中的灵魂，具有何种优先性？

首先，（I）不能判定柏拉图是实体二元论。因为，提及灵魂的"产生"不一定是时间性的。如果灵魂是自我产生的运动，灵魂就可能在一个逻辑顺序上"产生"，并从自身中产生。因此，即使《斐德若》强调过去没有开端，在这个意义上，灵魂不在时间上产生（参 Brisson，1974，页336－337），但《法义》仍会同意，就灵魂不断地自我创生而言，灵魂仍可被称为"生成的"：灵魂的定义就在于自我运动（因此，如果灵魂创造了自身的运动，它也创造了自身），而且，灵魂是"现在、过去和将来都存在"（τῶν τε ὄντων καὶ γεγονότων καὶ ἐσομένων，896a7－8）的万物运动的起因。在这些东西中，我们不仅当认为有物体，而且有灵魂自身（参894b9－10：灵魂始终"能推动自身和他物"）。否则就很难理解，为什么会发现灵魂既被描述为生成的，同时又被描述为"万物生成的第一因"（πρῶτον γενέσεως...αἴτιον ἁπάντων），如我们在891e5－7所见。

提到灵魂是"最高等级"或"最古老"（πρεσβυτάτην，895b5，896b3），可能遇到同样的含糊性，这也不能说，柏拉图认为灵魂在时间上居先（无论如何，在反对唯物论者那些不成熟的宇宙起源说上，这种含糊性是有用的提示。这种起源说假定，灵魂在物体之后产生）。② 因此，就

---

① 在这段话中，柏拉图让雅典人提到了与太阳的灵魂相关的三种可能性，亦即，灵魂引领太阳（ἄγει，898e5），（1）从太阳的躯体内，就像人的灵魂从内部引领身体一样；（2）从外部通过其他物体的力量推动太阳的躯体；（3）没有形体，但有某些惊人的力量。我们可以认为，除了其他问题外（比如，统治宇宙的灵魂是一还是多，参898c7－8，899b5），让这个问题保持开放的原因在于，对于柏拉图反对无神论的论证，解决这个问题并非至关重要。然而，在《克里提阿》（Critias，109b－c）中，柏拉图似乎反对（2），而且这里似乎对（3）非常困惑。这表现在他的用词上，例如899a3提到的"极其惊人的力量"（δυνάμεις ὑπερβαλλούσας θαύματι），还有899a9"不管用什么方法"（εἴθ᾽ ὅπως εἴθ᾽ ὅπῃ）这种让步的口吻，尤其是，这是在他刚刚证明灵魂运用（χρωμένη）物体"引导"（ἄγει）天体中的万物之后（896e8，897a4－b1）。相反，《斐勒布》（Philebus）中确立的宏观和微观世界间的平行性，支持了（1）的看法（29a－30a，尤其30a3－7；对比《蒂迈欧》30b4－5，提到灵魂处于物体中［ψυχὴν ἐν σώματι］）。

② 《法义》卷十，891c－e。参 Vlastos（1939，页397）在《法义》895a6－b1强调，灵魂在时间上先于物体而生成，这仅仅是个假定。那里的论证假设了一种静止无运动的原始状态（就像某些人支持的那样），但异乡人认为这种假定很鲁莽（τολμῶσι）。亦参 Vlastos（1964，页414），Robinson（1969，页251以下），Stalley（1983，页174）。

灵魂产生于自身而言，灵魂最先产生；灵魂的特征状况，不能化约为从中抽象出来考虑的物质的特征状况。但无论如何，灵魂显然可描绘为从属于生成（γεγονότων）的领域，并受制于时间（以过去、现在和将来为模式），就像生成领域的所有其他事物一样（896a7-8）。

此外，文本中不可能包含某种唯心论。在唯心论看来，"灵魂"是一个自足的实体，它不存在于任何其他物体中，而是产生其他所有东西。因为，论证一开始就以通用术语（参前提Ⅱ）确定，"凡是运动的东西……都在某个位置上运动"（893c1-2）；这会应用到各类运动中，包括第十种——灵魂的运动。这意味着，灵魂的运动发生在空间中（χώρα，参《蒂迈欧》52a8，52d3）。① 因此，空间是先行"给予的"，对灵魂的存在而言，它是一个必要条件。即使像《蒂迈欧》中所认为的，空间充满了物质属性或"痕迹"（53b），灵魂也仍可以是"万物"的起因，这不仅是因为，生成或运动可视为灵魂本性和可感领域本身的构成要素（参《蒂迈欧》35a），而且是因为，灵魂是所有作为（qua）有序的物体的起因。就此而言，灵魂作为那些物体的支配者是居先的；依据自然，那些物体必定次于灵魂（《法义》896c1-3）。因此，我们读到，灵魂的功能是"驱动一切事物"（ἄγει πάντα，896e8），"控制"物体的运动（παραλαμβάνουσαι，897a5，参《蒂迈欧》30a4），"掌管"（διοικέω）并"居住"（ἐνοικέω）在到处运动的万物之中（896d10-e2）。这个观点再次证明，我们在《斐德若》中看到的有关灵魂的观点，与《法义》中的看法并不必然矛盾。物体和灵魂可

---

① 亦参 Ostenfeld（1982，页267）。在分析《法义》和论证身心关系的二元论属性时，Ostenfeld 指出，我们不能"从柏拉图"那里推断出，他认为"推动自身的运动占据空间"（强调为 Ostenfeld 所加）。Parry（2002，页292-293）认为，空间运动只适用于前八种运动，因此，他想知道，既然灵魂自身不在空间中，它如何把运动转移到空间中的事物上。关于灵魂总是在空间中，并与物体相关，在《法义》卷十后面的一个神话语境中有进一步的说明：因此，903d 告诉我们，灵魂总是与某种物体相关；它也告诉我们，在物质宇宙中，对灵魂而言，接受奖赏和惩罚为何只是意味着改变"位置"（τόπος，903d7，对比904b8 和904b7 的ἕδρα［位置］）。《法义》卷八828d4-5 断言，"物体和灵魂的联合，并不比它们的分裂更好"。不应当认为，这种断言本身在形而上意义上挑战了那种观点（相应地，它也不是 Armstrong［2004，页182］指出的那样，是在建议我们"逃离世界事务"）。因为在那里，雅典人只是在得出一个伦理观，他意在鼓励战士不害怕死亡，因为死亡不是内在的恶（继而，他甚至通过强调为了幸福而同不义斗争的重要性，建议积极参与世界事务，828d5-829c1）。参《法义》卷四707d，那里强调，重要的是好的生活，而非不惜代价的生活。对此的另一种看法，参 Ostenfeld（1982，页266）。

能相互包含，并由此构成一个单独的、不可分离的整体。① 如果是这样的话，那么，灵魂先于物体就是逻辑上的在先，是解释顺序上的在先（κατὰ λόγον［按理说］，894d10）。仍然正确的是，在存在论意义上，灵魂不能离开空间而存在；不"使用"物体作为工具，灵魂也无法发挥第一因的功能（897b1，参894b）。灵魂虽"有希望"② 不可见（896d9 - e2，参《蒂迈欧》36e6，46d6），但它本身显现在自己推动的物体上。这就是为什么柏拉图心安理得地让雅典人说：在自我推动的（物质的）物体中，"当我们看到灵魂时"，我们说它们是活态的（895c 11 - 12）。

二、什么是恶的灵魂？一些问题

我们已经看到，迄今为止（893b - 896d），论证所呈现的灵魂优先于物体，就在于第一运动优先于第二运动，前者是后者的起因。在这个语境中，重要的是弄清楚，柏拉图所说的灵魂对物体的"优先性"含义是什么，以及在《法义》卷十中，他设想的两者的关系是哪类。不过，看起来，仅仅证明灵魂的优先性，不足以确证神的存在，后者需要更进一步的论证。因为在道德上，灵魂本身是矛盾的，也就是说，它既可以善，也可以恶；可以是理性的，也可以是非理性的。然而，对《法义》至关重要的神的概念要求，神的灵魂必须是纯粹理性和善的。③ 因此，柏拉图必须证明，正是这种灵魂控制着宇宙。考虑到我们的直觉总会强烈地拉扯我们走向相反方向，因而对这个证据的需要是更为压倒性的。正是在这种语境下，"恶的灵魂"的假定无论多么让人惊愕，也可能发挥些作用。

仍然可以设想，比如，宇宙那样安排可能是为了恶的目的；或者，有可能，尽管宇宙表面上有序，但灵魂并不足以支撑它，因为实际上，由于自身的非理性和缺乏目的，这样一个灵魂正导致宇宙走向断裂和混乱。我

---

① 这意味着，至少在某个意义上，物体和灵魂有共同空间，因而我们得到了某种形式的"泛灵论"（panpsychism，按照 Nagel［1979，页181］的说法，这个观点认为，就连"宇宙的基本物质成分也有精神属性"）。这样，就火和水是更大的有灵魂的宇宙的一部分而言，它们也分有灵魂（因此，"万物充满诸神"，《法义》899b9）；但从个别的角度看，它们同时也可称为无生命的（参《斐德若》245e5，《法义》896b8）。

② 898d - e 告诉我们，我们"希望"（ἐλπίς，898d11），任何身体的感官都觉察不到灵魂，而只能靠理智。但柏拉图可能并不排除灵魂本身有某种物质性。

③ 《法义》卷十 899b5 - 7，900d2，900d5 - 7，901e1 - 902b3 和902e8 将会提到。

们怎么知道，我们的宇宙终究不是受制于"恶魔"，或至少是那种极端粗陋、健忘和无知的灵魂？

甚至有可能，这个灵魂是善的，但只是偶尔的善和关怀（在我们生活或世界历史的某些时刻），而在其他时间，它可能会变坏或完全超然于外，从而"抛弃"我们。毕竟，按字面来读，即使是《治邦者》（*Politicus*）中的神话，也展现了有序和无序的无限循环图景，无序状态就是神从宇宙中"缺席"或隐退的时候。这个神话也表明，如果听之任之，宇宙灵魂就会充满不断增长的疏忽，最终导致万物走向毁灭，正如一个人上了年纪，会失去自控。

不管无神论者还是信仰者，都不可能摆脱一种思想。有些人从外在的"好运"（τύχας）得出结论，在这个地球上，最坏的人享福。同样，这些人也不可能摆脱如下思想：如果宇宙掌控在某种支配力量中，那他们就会认为，这种力量要么得为恶行负责，要不就是那种不会关心［人类］的力量（参899e – 900a）。因此，在《法义》中，针对人们对世界的道德界限的直觉和不满，柏拉图引入"恶的灵魂"极度重要。他想要在多大程度上挑战它们，又在多大程度上赞成它们，目前仍不清楚。因此，我们必须跟着带领我们的论证走。

下一步论证评论了灵魂的道德矛盾性。在那里，灵魂被表述为"好和坏的东西的起因，是高贵和低贱、正义和不义以及一切对立之物的起因，如果我们确实打算将灵魂定为万物的起因"（896d5 – 8）。同时，尽管到目前为止，论证似乎都是从总体上谈论灵魂之为灵魂，但随后的一个提示表明了灵魂的宇宙意义，那里提到，"灵魂控制并居住在到处运动的万物之中，灵魂也就控制着天体（οὐρανός）"（896d10 – e2）。

现在，正是在这个阶段，我们必须面对前面论证中产生的难题，因为：

一方面，灵魂是一切对立之物（包括善与恶）的起因；但是，另一方面，轻率地应用上一点，会导致我们背离柏拉图在《王制》（*Republic*，卷四，436b8 –9）中确立的原则，即他众所周知的"对立原则"（Principle of Opposites）："显然，对于相同的部分、涉及相同的事物时，同一事物不会愿意同时做或遭受相反的事情。"

那么，在《法义》896d，一个事物（比如灵魂）如何成为所有对立之物的起因呢？前面提到的《王制》得出结论说，如果我们发现这种情况，"我们就会知道，这不是同一事物而是许多事物"（436b9 – c1）。以此为基础，《王制》继而从个体灵魂中区分出了不同部分、分支或"种类"（εἶδε, γένε', 436c 以下）。《王制》中设定的原则，似乎隐含在《法义》的这个讨论中。要想坚持这个原则，得证明如下结论：一切对立之物的起因，不可能只是一个灵魂（或一种灵魂），而应当是"若干个"（πλείους, 896e4），"或许，我们无论如何应该认为不少于两个：一个行善（τῆς εὐεργέτιδος），另一个却能行恶（τῆς τἀναντία δυναμένης ἐξεργάζεσθαι）"（896e5 – 6），后来，［行恶的灵魂］被称为"恶的灵魂"（τὴν κακήν, 897d1）。

现在，下面这段话似乎再次强调了灵魂的宇宙意义，它对我们的讨论至关重要。这段话如下：

> 灵魂驱动在天上、地上和海里的一切事物，乃是通过自身的运动，这些运动称为：意愿、探察、监管、企望、正确和错误的意见、欢欣、痛心、勇敢、胆怯、憎恨和欲求——并通过所有与这些相关的或原初的运动；这些运动控制着物体的次级运动，驱动万物生长和衰亡，分裂和结合，并伴有热和冷、重和轻、硬和软、亮和暗、苦和甜；灵魂运用着这一切，它总是将理智即神作为助手——正确地讲，神是指诸神①——灵魂引导万物走向正确和幸福之路，不过，当灵魂与非理性结合（ἀνοίᾳ συγγενομένη）时，它给万物带来的却是相反的东西。（896e8 – 897b4）

对这段文本可以给出不同的诠释，从这些诠释中会产生几个问题。特别是，这段话开头"灵魂"的范围是什么？例如，是雅典人宣称的一种宇宙灵魂吗？或者，我们应当拒绝这种可能性？

三、《法义》896e – 897b 中"灵魂"的范围

确实，我们很可能会认为，这段话是在宇宙的层面上涉及灵魂。特别

---

① 897b2 的前几个词就表现出了语义学上的困难。在诸多可能性中，我们既可以把它读作 θεὸν ὀρθῶς θεοῖς ［正确地讲，神是指诸神］（Burnet），也可以读作 θεῖον ὀρθῶς θεος οὖσα（Diès, 1956, 此处注释），后者意指一旦获得神圣理智，灵魂可正确地称为神。我的译文遵循 Burnet 的读法，但也应该提到 Diès 的读法。

是前几行提到，"灵魂驱动在天上、地上和海里的一切事物"，对所有读过《蒂迈欧》的人来说，这必然让他们想起世界灵魂。但如果是这样，我们就禁不住要为柏拉图呈现灵魂的方式所吸引。至于这里提到的灵魂运动，我们发现，灵魂不仅会有正确的意见，而且会有错误的意见；不仅有理性或理智（νοῦς），而且有非理性或愚蠢（ἄνοια），后者会造成令人讨厌的结果。在前期对话中，这些特征不仅不是世界灵魂的典型特征（参《蒂迈欧》36e，37b－c；《斐德若》28d－e，30a－d），它们似乎还与神的善和理性相冲突。而在《法义》卷十中，神的善和理性正是柏拉图试图确立的一个重要部分（参899b5－7，900d2，902e7－8）。①

面对这个难题，人们可能倾向于推测。事实上，在《法义》这个段落中，根本没有提到宇宙灵魂；相反，这段话必定仅仅关注人类的个体灵魂。② 毕竟，在《蒂迈欧》中，诸如怯懦－大胆、欢欣－痛心这样的情感（897a2－3所提到的），跟人类灵魂的可朽部分相连（69c－d，参42a－b）；那里说，与那些情感一样，错误的意见源于灵魂的可朽部分植入可朽的身体之中（44a，参43a以下）。特别是，那里认为，愚蠢（ἄνοια）是人类灵魂的一种病，它由生理混乱引起（86b）。此外，《蒂迈欧》中还表明，理智或愚蠢的可能性属于个体灵魂，并决定了从人类到动物（抑或相反）的不同转化（92c）。然而，这种解释的主要问题在于，如果在《法义》的这段话中，柏拉图指的仅仅是人类灵魂，那就很难理解他谈论灵魂的方式：只有这些灵魂驱动"在天上、地上和海里的一切事物"（896e8－9）——或者，像雅典人随后所说的（897b7－8），它们是"天体、大地

① 这里提到的其他一些精神状态也很引人注目，但或许不大成问题。例如，在《蒂迈欧》中，柏拉图没有提到恨和爱，但从统治宇宙的更有人性的诸神（比如奥林波斯山诸神）来看，这点可以理解。在《王制》中（卷十，612e），按照柏拉图纯化的说法，这些神喜爱正义，厌恶不义（亦参《法义》901a）。在《斐勒布》中，柏拉图已经把世界灵魂等同于"宙斯"的灵魂（30c－d），因此，如果他这里使用同样的术语表达统治宇宙的力量，这也不足为奇。（确实，随后柏拉图称后者为"居住在奥林波斯山的诸神"，《法义》904e4。）"恐惧""悲伤"和"欣喜"适合同样的人类学图景。在《蒂迈欧》中，当感觉到摹本与原型一致时，造物主感到欣喜（37c7）。在《治邦者》中我们读到，神变得"焦虑"，唯恐世界陷入分裂和毁灭（273d5）。在《法义》卷十较后面，柏拉图想知道，我们是否可把神比作农夫，"提心吊胆"地等待庄稼通常难以生长的季节（906a2）。此外，没有必要解释诸如希望、反省、关心和忠告这样的状态，这些状态一再表征着造物主的远见行为（例如，参《蒂迈欧》29e－30b，34a8，71a7，75b8；亦参《治邦者》271d4 的ἐπιμέλεια［照管］）。

② 例如，参 Rist（1964，页107）。Grube（1980，页147）也考虑到这种可能性。

和整个轨道的掌管者"。

但我认为，这些并不是解决问题唯一可能的方式，因为《法义》896e－897b中的"灵魂"，并不一定要么只是指宇宙灵魂，要么只是指人类灵魂。相反，ψυχῆ作为灵魂之为灵魂，柏拉图可能保留了它更为一般的含义。① 在前面894b－896d涉及灵魂优先于物体的段落中，柏拉图曾提到这种含义。更不用说（a fortiori），这种含义包含了灵魂运动的任何类型，比如错误的意见、理智或愚蠢。然而，柏拉图似乎同时介绍说，ψυχῆ也特指统治宇宙的灵魂或"灵魂类型"（ψυχῆς γένος，参897b7）。而依据文本随后的内容（898d），后者不仅可包括世界灵魂，而且可包括诸天体。② 因此，就此而言，在谈到灵魂的这段话中，柏拉图似乎融合了这两种含义。紧接下来的内容表明了这种融合，在此，雅典人提出，应当认为灵魂不仅控制着到处运动的万物（我认为这就是灵魂之为灵魂），而且控制着天体（οὐρανός，896d10－e2）。由此，我们注意到论证的一个新维度。

因此，如果我们把896e8－897b4这段话解释为过渡性的，解释为既

---

① 把这段话看作限定灵魂之为灵魂的学者，比如，Moreau（1939，页69），Solmsen（1942，页141），Cherniss（1954，页26，注释29），及Robinson（1970，页148－151）。但Robinson倾向于否认《法义》卷十中有任何对世界灵魂的暗示。我会证明这种观点只是部分正确，因为在这里，柏拉图增加了第二种意义（亦参下一个注释）。另一方面，Gaudin（1990，页178，183）宣称在896e以前，没有任何地方明确提到世界灵魂，我不认为是这样；我也不认为在893c－896e灵魂等同于理智，就像Craig（1980，页8、13）和Stalley（1983，页171）认为的那样。

② 事实上，柏拉图让雅典人问，"哪种"灵魂统治宇宙（897b7），并进一步得出结论——是好的灵魂，"无论一个还是若干个"（μίαν ἢ πλείους，898c7－8；对比899b5，ψυχὴ ἢ ψυχαὶ［灵魂或诸灵魂]）。此时，乍看起来，我们可以认为，对柏拉图来说，统治宇宙的灵魂是一还是多的问题是开放的（就像上一个注释所引的前四位作者认为的那样）。这原因可能是，对于柏拉图在这种显白说辞中得出的观点，解决这个问题并非至关重要，也就是说，民众要信仰神，不管神是一个还是多个。然而，仔细阅读文本会发现，事实上，神性的两个层面——单数和复数——在此都有保留，而且他所考虑的既有世界灵魂，也有诸天体，就像在《蒂迈欧》中那样（也没有排除奥林波斯山诸神作为其传统的对应者，参《法义》904e4）。在898d3－4我们读到，关于太阳、月亮和其他星体，它们"全都由灵魂驱动，并且灵魂一个个驱动它们"（ψυχὴ περιάγει πάντα... καὶ ἕν ἕκαστον）：换句话说，灵魂（作为世界灵魂）管理着整个天体系统，并单独引导着每个天体，这些天体也应该有自己的灵魂（参898d9－10关于太阳灵魂的说法）。这反过来又符合什么"种类的灵魂"统治宇宙的问题，因为《蒂迈欧》显示，世界灵魂和每个天体的灵魂都是同"类"的，或有着相同的本性。因此，898c7－8的"一或多"（μίαν ἢ πλείους），最终证明是"一和多"。亦参Cornford（1937，页108），Festugière（1947，页21）。

在总体上谈论灵魂，又在宇宙层面谈论灵魂，那么，我们就不一定会碰到先前提到的那两种偏颇观点导致的任何困难：一种是，如果这段话仅指世界灵魂，那就难以想象它跟愚蠢有关，或者它会有错误的意见；另一种是，如果这段话仅指人类灵魂，那就不能说它们统治着宇宙万物。看起来，要点毋宁是，当说到错误的意见或愚蠢时，柏拉图指的是灵魂本身的状态。从这里开始，问题将会是，要确定灵魂的哪种状态——理智或愚蠢——遍布于整个宇宙中。由此，柏拉图接着要将灵魂的范围限定为掌管宇宙的灵魂，我们马上就会看到。

四、宇宙层面上恶的灵魂的状况

在下一步的论证中（897b7 – c1），雅典人想知道：

> 我们可以说，哪一类灵魂（πότερον ψυχῆς γένος）已成为天体、大地和整个轨道的掌管者呢？是审慎无比、完美无缺（τὸ φρόνιμον καὶ ἀρετῆς πλῆρες）的那一种，还是一无所有的那种？

他没有直接回答，而是提出，要根据对天体运动的研究做出有条件的选择：如果天体和天体里一切存在物的整个轨道和运动类似于理智的运动、旋转和谋划——也就是说，如果它是有规律的（κατὰ ταὐτὰ, ὡσαύτως）、在相同的位置运动，并围绕相同的中心、在同一个方向（πρὸς τὰ αὐτὰ）运动，还依据某个比例和秩序运动（λόγον καὶ τάξιν, 898a8 – b1）——那么，正是最好的灵魂引导并照管着整个宇宙。[①] "如果，相反，这些东西是以一种错乱的和无序的（μανικῶς καὶ ἀτάκτως）方式运动，那么，[照管的]便是恶的灵魂。"（897c4 – d1）对于这种选择，对话者同意，只有说驱动整个宇宙旋转的是具有各种德性的灵魂，否则就不虔敬（898c6 – 9）。

事实上，这个结论预设了另一个前提，亦即，宇宙的运动是有秩序的。尽管这里只是隐含着这个前提，但在《斐勒布》（*Philebus*, 28e –

[①] 这种运动相当于原始分类中的第一种运动（893c – d），这里在如下意义上据说是理智的影像：物质宇宙的有序旋转反映出，它是出于精妙的谋划，这些谋划不可化约为物体本身的运动（参卷十二，967a – d）。

29a）和《法义》卷十二 966d – e 中，这明显成了一种类似"自然神学的
证明"（physicotheological proof）的基础。在那两处，从宇宙的良好秩序
中，推导出了占支配地位的理智的存在。① 在《法义》中，支持诸神安排
宇宙这个信念的依据，是新近发现的天文学，而非肤浅的常识性论证（亦
参卷十二，966d – 967e）。新近的发现表明，比如，行星并非在"漫游"，
而是沿着某个固定的轨道运行（参卷七，821a – 822c，尤其 822a4 – 8）。②
这就是《法义》卷十如何能够重申，正是一个或若干个灵魂，在每一种德
性上都是好的，并因此就是诸神，它们引领一切星体，并带来年、月和四
季（899b）。雅典人已经证明，首先，灵魂优先于物体；其次，掌管宇宙
的那种灵魂绝对是好的。加上以上这点，雅典人完成了关于诸神存在的命
题（1）的证明。

从这个角度来看，迄今为止，"恶的灵魂"的状态已证明是什么？从
896d – 898c 的论证中明显可以看出，一种掌管宇宙的恶的灵魂，只不过是
个假设。一开始，柏拉图把它作为好的灵魂的替代物，但只是为了反驳
它。然而，不应该认为——就像某些人认为的那样，③ 我们对于 896e –
897b 恶的灵魂只能说这么多。因为，论证并没有驳斥"恶的灵魂"本身
的存在。结论清楚表明，统治宇宙的不是一个恶的灵魂（而是一种优异的
灵魂），宇宙被视为整个天体（或"天体旋转"，οὐρανοῦ περιφορὰν，
898c3）。因此，文本中（897d1，对比 898b5 – 8）所描述的，在恶的灵魂
的影响下产生疯狂和无序的运动，只能应用于虚拟的宇宙中：它们表明，
如果不是神或好的灵魂引导宇宙，宇宙将会是什么样。④

不过，这一切证明了多少？有人或许会说，这并不是说恶的灵魂绝不
会掌管宇宙。因为还可以认为，刚刚获得的结论符合对宇宙的这一看法：

---

① 在《法义》中，据说有两件事情促使我们相信诸神存在：首先，灵魂优先于物体；其
次，"星体和其他一切东西的有序运动，这些东西都受控于为万物定序的理智"（966e2 – 4）。我
们这里再次看到一个不断出现的说法：秩序归于理智或神。

② 参 Moreau（1939，页 72，76）。对比《斐勒布》中普罗塔库斯（Protarchus）对天体"外
貌"或"外观"的天真要求（28e3；参《法义》卷十二 967c2 以下，那里暗示，在这方面，光有
眼睛还不够）。同样，在《法义》886a，克勒尼阿斯也天真地求助于宇宙秩序。

③ 例如，参 Festugière（1949，页 125，129 – 130）；Diès（1956，LXXVII）；Montoneri
（1968，页 330 – 331）。

④ 同样，我已经解释过，在《蒂迈欧》和《治邦者》中，宇宙的无序是一种假设。参下一
个注释关于一种假设性读法的可能性。

在不同的宇宙循环中，行统治的灵魂会依次表现出理智或愚蠢。① 但这样一来，如果没有否认在一个不同的（无序的）循环中，宇宙会受恶的灵魂统治，那么只有在我们所处的有序循环中，神明存在的证明才有效。（毕竟，《治邦者》的神话只有关于不同宇宙循环的初步看法，而没有把每种循环交付给相反的灵魂力量。）然而，这不大可能是柏拉图考虑的东西。因为，他整个论证的要旨似乎是，掌管宇宙的好灵魂可称为"神"。而且，他会愿意进一步声称，"神"本质上是善的、有力量的，并有先见之明，因此，无论什么时候都没有理由说，神不能恰当地照管宇宙，或宇宙的各个部分（901c－903a）。此外，在《法义》卷七，雅典人宣称，天体总是沿着同样的循环轨道运行（822a）。②

无论如何，问题不在于善和恶是否支配着我们宇宙的不同循环，因为以这种方式"具象化"的恶，对回答下面这个关键问题不起什么作用：对于我们生活的现实世界，我们如何解释其中的恶。那种既定的恶，雅典人似乎跟我们同样清楚。因此，即使在证明过诸神存在之后，他依然不断提及宇宙中存在恶（903d－906c）。但这样一来，如果坚持某种原则认为，一种恶的灵魂是宇宙中坏结果的起因（参896d5－e6），那我们就应该承

---

① 897b1－3 的词组 νοῦν προσλαβοῦσα...ἀνοίᾳ συγγενομένη ［运用理智……与非理性结合］可表明这种读法，倘若我们认为这里的分词不仅是条件性的（也就是说，"如果［灵魂］获得理智"，或"如果［灵魂］与非理性结合"），而且是时间性的（即"当［灵魂］获得理智时"，或"当［灵魂］与非理性结合时"）。这种"循环的"观点，我是受 Conrado Eggers Lan 的启发。

② 此外，如果行统治的灵魂会从"获得"理智或作为"神"（后一种特征反映在 Diès 对897b1－2 的校读中，无论如何，899b 的结论证实了这一点，参898c），转而让愚蠢侵占（这时候，灵魂就不再是神），那么"神"就只是灵魂的偶然属性：根据灵魂与理智或愚蠢结合，这种属性会分别产生或消亡。这跟神作为不朽的概念相矛盾（参卷十二，967d）。我们也要注意到，"循环的"假设同样不合理，因为它试图使理智不是作为灵魂的内在分支，而是作为分离的实体，作为神。因为，如果理智是分离的，与无序时期的宇宙无关（按字面来读《治邦者》272e 以下会表明这点），那么这就有悖于《法义》关于神的命题（2）：本质上（900d2－3），神持续（根据 Stobaeus）、完整地（根据抄件）照管整个宇宙（905e2－3）。确实，《法义》卷十 901c－903a否认，诸神会由于懒惰、无知或缺乏能力而无法照管宇宙。普罗克洛斯（Proclus）也使用了类似的根据，否认神在某个时间点（而非更早的时候）开始安排宇宙（参其《柏拉图〈蒂迈欧〉疏解》Ⅰ 288，17－27）。同样，对于宇宙的循环状态会失去神圣照管任何假设，都可以用这个证据来反对。亦参笔者［Carone，1988］对宇宙灵魂存在非理性分支的假设的简要反驳。如果我们认为，灵魂具有非理性分支这一事实，可解释灵魂可能在不同时间与理智或非理性结合，那么，这个反驳也会适合这种"循环的"解释。

认，存在一种恶的灵魂。按照论证刚刚所表明的，这种灵魂不会统治整个天体。这就是为什么在那一方面，灵魂跟愚蠢的关联仅仅是个假设。但是，一旦我们开始解释，在一个神明统治的有序宇宙中，尤其是在尘世的层面，为何仍有恶的存在，那我们就可以说，897a–b 提到的错误意见和非理性，都变成了灵魂的现实状态。① 那么，这种现实的恶的灵魂状态是什么？

通过区分道德的恶与自然的恶，可以进一步探究这个问题。我将证明，柏拉图认为，道德上邪恶的（人类）灵魂，造成了道德的恶；而自然的恶，比如洪水或旱灾，后者更难解释，也不能很直观地归咎于人类的作用。或许正是出于这个原因，某些解释者把自然的恶的起因归于宇宙的——非人的——层面上的某种灵魂，即使如我们所见，那种宇宙的起因不会掌管整个宇宙。然而，我认为，在《法义》的语境中，这种看法不能成立。这里，在给出我自己对恶的问题的解释之前，我将呈现这种看法，并说明它所面临的难题。

这种观点至少可以采取两种不同形式，每一种都回应了文本中的含混性。同样，在这里，我们也可以用不同的方式呈现它们，以解决我们所发现的因下述条件而出现的矛盾：在同一时间和同一方面，唯有一个灵魂是一切对立之物的起因。我们已经看到，同一个灵魂不可能在不同的时间产生善和恶。但我们仍可以认为，相反，我们正处理两个不同却共存的灵魂，一个行善，另一个行恶——可以像《法义》896e4 所说的那样，假定有"若干"（πλείους）个灵魂。另外，可以想象，同一个灵魂可以跟理智和愚蠢都有关（就像 896e8 单数的 ψυχῆ 表明的那样），却是在不同的方面：因此，世界灵魂可能有不同的分支或部分，产生相反的影响。②

刚才描述的两种立场，在历史上都能找到先例：对于前一种，在古代，普鲁塔克（Plutarch）持有最极端的看法，而一些近代诠释者则持有较温和的看法。按照普鲁塔克的观点，最极端的看法假定有两位共存的神，一位行善，另一位行恶，他们相互竞争，争夺宇宙的统治权，有时候

---

① 这里，我们可以使用 897b3 ἀνοίᾳ συγγενομένη［与非理性结合］这个词组中分词的模糊性，它可以读作条件性的和时间性的。

② 如果我们记得《王制》中也使用 γένος 这个词指灵魂的不同"部分"，那么后一种可能性似乎可在 897b7 找到文字支持，那里问到，哪"类"灵魂，或灵魂的哪"部分"（γένος）统治着天体宇宙。例如，参《王制》441a1，441c6，并对比《蒂迈欧》69d5。

甚至轮流统治。① 然而，我们已经看到，柏拉图相信，宇宙的有序是持续性的（而非仅仅是周期性的），并且，神的善是本质性的（而非仅仅是偶然的）。因此，我们不应该接受普鲁塔克的部分观点：有两位神轮流统治宇宙。② 但是，我们仍要面对一种更为温和的对恶的灵魂的看法。根据这种看法，不能把恶的灵魂说成是神，也不能说它跟好灵魂拥有同等力量，毋宁说，恶的灵魂（主要）充当一种次要的"事物的起因"，有时候还会带来一些讨人厌的后果。③ 那么，为什么不把自然的恶归因于恶的灵魂呢？

这种解释的问题在于，它赋予宇宙一种内在的运动根源，这种运动会产生恶的结果。这样，宇宙就能在不同的方面，成为善和恶的起因。然而，柏拉图说，宇宙本身就是一位神（《法义》卷七，821a），④ 这位神无论如何仅仅是善的起因（亦参《法义》卷十，899b5－7，900d2）。如果是这样的话，看来，宇宙不可能包含两种起因——这两种宇宙层面上的起因分别产生善与恶——而必定只是善的起因。

如果把恶的灵魂视为世界灵魂的非理性分支，会面临同样的问题。这一分支容易引起不理智的行为，由此导致不想要的结果。⑤ 如果世界灵魂（同样地，还有天体）拥有不同的分支，并因此被认为在不同方面上是善

---

① 参《艾西德与奥西里德》（*De Iside et Osiride*），370b－371a。那里，普鲁塔克对比了坏的灵魂与波斯二元论宗教中的恶神（他带来"瘟疫"［λοιμόν］，对比《法义》卷十906c5），以及古希腊人所谓的"冥府"（Hades）。在《论〈蒂迈欧〉中灵魂的产生》（*De animae procreatione in Timaeo*）1014d－1015f，普鲁塔克认为，坏的灵魂是物质的灵魂，但它是非理性的前宇宙根源，从中，神通过引入理智创造了世界灵魂。关于这些矛盾，参 Cherniss（1976，页136－140）。即使在今天，二元论解释依然有人响应：因此，Annas 和 Waterfield 认为，"《法义》896c［以下］……似乎坚持一种宇宙灵魂的宇宙善恶二元论"（1995，页23，注释25）。

② 无论如何，这看起来明显与《治邦者》的神话相矛盾："我们不应当说……有两种不同的神，带着相反的目的，推动宇宙。"（269e8－270a2）参 Festugière（1947，页12以下）。同参 Jaeger（1948，页132）的主张：《法义》卷十中坏的灵魂，乃是柏拉图献给琐罗亚斯德（Zoroaster）的贡品。

③ 例如，参 Dodds（1965，页21），追随他的 Guthrie（1978，页97，注释1）。Grube（1980，页147，注释1）也同意这种可能性。

④ 参821a2 的 τὸν μέγιστον θεὸν καὶ ὅλον τὸν κόσμον，我翻译为："最伟大的神，亦即整个宇宙。"καί后面是补语，因为这是柏拉图在天文学的语境中说的，而且，在821b6，伟大的诸神（μεγάλων θεῶν）是指"太阳和月亮"。这表明，最伟大的神是整个宇宙。关于宇宙是"最伟大的神"，亦参《蒂迈欧》92c7。

⑤ 按照 Hackforth（1952，页75－76）的看法。亦参 Robin（1908，页164）。我自己曾为这种观点辩护，认为它是在解释有序宇宙中自然的无序，见拙作（1988）。但我现在发觉还有很多问题。

与恶的起因，那么考虑到诸神只是善的起因，柏拉图同样不能说整个世界和天体是诸神，而只能说它们的理智才是诸神。但柏拉图确实说，宇宙（包括它的整个灵魂）就是一位神，① 而且，不管从单个还是总体来看，天体的灵魂都是诸神（卷十，899a－b）。由于诸神的德性在于他们的理性（例如，参卷十，900d），因此世界灵魂及诸天体的灵魂，都必须在本质上绝对理性，没有任何非理性的分支。确实，在 900d5－9 我们读到，节制或明智（τὸ σωφρονεῖν）是德性的基本部分，属于诸神，而不节制或不明智是邪恶的部分。如果是这样的话，诸如缺乏自制（如果灵魂的低等分支有时不服从，它就会出现）就绝不可能适合神的本质。902a6－b3 转而证实了这个观念，那里否认，当诸神知道什么最好时，会屈服于快乐和痛苦，人们说，这种情形对人类最没有价值。

因此，看起来，在《法义》的宇宙论中，这些要给恶一个宇宙起因的尝试，没有一个能占有一席之地。既然如此，我们如何理解恶？如何理解恶的灵魂？接下来，我将论证，《法义》卷十的语境表明，正是（仅有）人类要对恶负责，甚至要对自然的恶负责，而柏拉图学派倾向把自然的恶归于超人类的宇宙根源。为什么柏拉图要推进这个争论？它的合理性有多大？接下来，我们就要着力面对这些问题。

五、人类、恶与目的论

（一）作为宇宙统治者的人类

现在，接着雅典人对诸神存在的论证，我们应该把注意力转到下一部分。在此，雅典人声称，要证明诸神关心人类事务，并且不会被收买（899d－907b）。我们在那里发现，那类具体提及的恶的灵魂，乃是人类灵魂（903d，904a－e，905d 以下；对比 899d－e，900e，902b4－5）。此外，据说节制、理智和勇敢属于美德，而相反的东西——不用说，包括愚蠢和非理性——则与邪恶有关（900d5－e2）。在这个语境中，雅典人又加上，"无论哪个坏品质（φλαῦρα），都与我们任何人相称（προσήκειν ἡμῖν）"（900e6）。这个评论很重要，它会让我们回想到，897b3 提到的与灵魂有关的愚蠢属于人类灵魂，如果灵魂完全呈现在宇宙中的话。② 但是，如果

---

① 《法义》卷七 821a2，亦参 Diès 对卷十 897b2 的校读。
② 同样，906a7－8 暗示，愚蠢是败坏我们的某种东西，我们在后面会看到。

我们回顾一下那段文字，那里说的是，灵魂通过各种不同的精神状态，统治或管理宇宙万物（896d10－897b4）。柏拉图真的在说，人类的非理性或愚蠢遍布宇宙吗？

事实上，柏拉图似乎准备承认，人类灵魂分享着对宇宙的统治（就像896e8－9宣称的"灵魂"），尽管在程度上比不上神的统治。因为在903b－c，我们进一步读到，神"将所有东西聚合起来，为的是整体的安全和德性"。整体的各个部分也都有统治者（ἄρχοντες），掌管着每一活动和情感，直至最小的方面（903b4－9）。这段话讨论的"统治者"是什么？从中我们当然能读出，它暗示说，伴随着那位主神的，还有一些更小的神（参《治邦者》271d，272e；《蒂迈欧》41a－d，42d－e；《斐德若》30d。在柏拉图自己的宇宙宗教中，这些神可能是诸天体，它们反过来受世界灵魂的统治）。但是，文本又明确补充道，"你只是其中的一分子，这分子总是奋力趋向整体，即便它微不足道"（903c1－2）。因此，看起来，人类也是这些部分（μόρια）的"统治者"。这些部分被分配给宇宙中的人类，因为人类具有转变的原因（αἴτια），不管是好是坏，这些转变都会发生（904b8－c2，904c6－7，904b2－3）。①

如果是这样的话，那么，对于人类灵魂作为运动的独立起因，就可以暗中包含在896e8提到的管理宇宙的"灵魂"范围内。由此可以证明，他们那些部分（比如整个城邦、家庭或他们自己的生活）的管理是坏的。②但是，我们如何从这里上升到宇宙层面？在这个意义上，重要的是弄清：一个人行为的效果如何不会局限于封闭的影响范围，而会影响到更大的范围？接下来，就道德的恶而言，我将首先集中讨论人类责任的问题，随后我会证明，基于某些关于宇宙本质的有机论假设，柏拉图何以认为，在一个类似框架中可以解释自然的恶。

（二）宇宙正义和人类责任

这里对人类责任的强调值得注意。在前面部分（893b－899d），雅典人已经提到，灵魂作为万物的起因，既有好又有坏；他也认为，对于宇宙旋转中展现出的良善或秩序，诸神才是起因。我们可以称这种论证为自然

---

① 请记住起因（ἄρχε）的概念如何与前面的统治概念相关联（896b－c）。

② 相应地，在896e8－897a2，正是人类灵魂会屈服于错误意见，这种意见归属于引领宇宙的灵魂。

目的论（natural teleology），它基于一个既定事实：天体系统的规律性。现在，从899d开始的这部分，处理关于恶的问题。其中，起因（αἰτία）的概念再次归结到灵魂，特别是在道德责任的意义上（参904b–d）。因此，目前跟我们有关的是伦理目的论问题：我们如何成为道德主体，从而跟神一起管理宇宙？如果我们不能成为道德主体，又会怎么样？

目前为止，有一段文字显示，灵魂可能要么跟理智相关，要么跟愚蠢相连。在那段晦涩的文字中，我们看到，人类灵魂连同世界灵魂，必须包含在掌管宇宙的"灵魂"之下。因此，即便我们证明，就宇宙而言，这种可能性仅仅是个假设，但柏拉图也可能有意保持那个希腊语词的含混性，从而表明，在某些情形中，它也会变成现实的可能性，尤其是当我们进入这幅图景时。

灵魂作为自我推动者，正是这个概念应用在人类灵魂上。这首先表明，我们能自我决定（self-determination）。也就是说，我们发动自己的行为，或开启影响的链条，而非仅仅作为前面原因或影响的结果。我们推动自身的灵魂负有责任，其含义正是在此。神的灵魂也是自我推动者，但与之不同，我们不是完全的理性，因此，我们成为宇宙无序和丑恶的潜在根源，并由此成为恶的根源。在这里，自由，尤其是人类自由进入这一背景，并不仅仅作为行善的能力或力量（按《高尔吉亚》［*Gorgias*］的看法，① 我们会设想，神享有那种"积极自由"），而且可作为我们所谓的"冷漠的自由"（freedom of indifference）：选择行善或行恶的能力，善恶分别基于知识和无知。这就是为何"恶的灵魂"也被称为"缺乏智慧的那种"（897b8–c1）。但是，柏拉图告诉我们，在这个宇宙中，神已经安排好一切，以便"在整体上，德性大获全胜，邪恶则一败涂地"（νικῶσαν ἀρετήν, ἡττωμένην δὲ κακίαν，904b4–5）。那么，这种自由何以能符合一个目的论的宇宙呢？

这个问题很重要，因为我们想要理解，如果在我们的世界，邪恶终究如杂草般兴盛，那么神的旨意如何可能？另外，神如何控制一切，而不用

---

① 如下论证可用来支持这种观点：如果自由（或力量［δύναμις］）是人们做想做的事情的能力，而且人们只想要好东西，那么，自由就是做好事的能力。关于这个一般性问题，参《高尔吉亚》466b以下，及拙作（2004b，页61–67）。

使我们沦为他手中纯粹的木偶?[①] 如果神确实已使宇宙变好，那么，为什么我们还要为了宇宙的更好而斗争? 同样，这里重要的是弄清神圣法律与人类责任的线条是如何交织在一起的，因为原则上，它们看起来相互冲突。

首先，神是立法者。但是，就其本身而言，神并不为我们开启我们的行为。毋宁说，神所做的是制定法律。根据这些法律，从某些行为中不可避免地会产生某些后果：如果这些行为是善的，就获得奖赏；如果是恶的，就受到惩罚。我们可以称这些法律为"宇宙的正义"（参 δίκη［判决、正义］，904e4）。人类的审判法庭容易犯错，与之不同，宇宙的正义，或者说神确立的正义，能可靠地判定我们造成的转变所产生的结果。因此，在涉及人类事务（ἀνθρώπινα πράγματα，902b4）的语境中，我们被告知，取决于灵魂的较好和较坏，人如何能获得更好或更坏的命运（903d3 - e1）。换句话说正是，我们要依据自己的意志（βούλησις，904b8 - c2）对善行或恶行负责（αἴτια，904c6 - 7）。但是，这种行为结果的获得，要根据"命定的秩序和规则"（κατὰ τὴν τῆς εἱμαρμένης τάξιν καὶ νόμον，c8 - 9），而这些规则反过来又由诸神制定（904e - 905a，对比《蒂迈欧》41e，42d）。

宇宙正义的法则如何运作? 基本上，在这些看似隐晦的讨论中，人们也许会发现一些令人不快的东西。柏拉图想要用地狱的景象吓唬我们吗? 通过更仔细的检审，我们会发现根本不需要这样假定。首先，神不一定是超越的存在，从天上干预我们的生活；其次，地狱或天堂、奖赏或惩罚，可以视为一条法则，它运行于人类生活之中，运行于这个（而非另一个）世界，就像火焰燃烧的自然法则一样无情。

必须认识到，我们的任何行为，就像丢到水中的石头一样，其影响波及之处，可能远远超过预计的目标。因此，《法义》因如下事实而值得注意：赏罚这一神圣设计的运作，就像同类相吸（attraction of like to like）的自然法则一样。在《蒂迈欧》中，同类相吸服从必然性（ἀνάγκη）的力量。对充满空间的物质来说，必然性是它们的内在属性。[②] 在《法义》

---

① "木偶"形象现在卷一644d - 645b（对比卷七803c）。但 Stalley（1983，页60 - 61）指出：在《法义》卷十903d，神反过来被称为下跳棋的弈手。

② 参《蒂迈欧》47e4 - 5，52d - 53a，Cornford（1937，页202 - 203）。

中，同类相吸原则变成了宇宙空间中精神吸引的必然法则。这种宇宙正义的机制确保，"变得更邪恶的人被带到较邪恶的灵魂当中，变得更好的人则被带到较好的灵魂当中"（904e5 - 7）。这些法则有条件地起作用，因而不会限定我们以某种特定方式行动。它们所决定的是，某些行为会带来某些后果——比如，如果我们点了火，那就会燃烧，但要不要点燃，取决于我们自己。我们是否需要假定，这些不可避免的后果仅在死后发生？看起来不需要。因为文本告诉我们，"在活着和每一次死亡中，他遭受的和做过的事情，合乎相应的灵魂做过的相应事情"（904e7 - 905a1）。因此，我们可以发现，这里表达的伦理学说，并不必然依赖末世论——虽然原则上它也没有排除末世论。①

毕竟，任何读过《王制》的人都会记得，僭主怎样付出最痛苦的代价：内心混乱，没有友谊，周围都是最坏的人（卷九，578e - 580a）。而且，在《苏格拉底的申辩》（*Apology*）中，苏格拉底也已传达出他的认识：如果伤害了任何同伴，他就会处于受报复性伤害的危险中（25e）。同样，这里暗示，不得不跟坏人一起生活，正是对坏人的惩罚（参《法义》卷五，728b）；它也暗示，恶行伤害了灵魂，并给自己带来惩罚（卷五，727a - 728c，对比卷十，899d - e，905b - c）。但如果这样的话，那么，《法义》就会给那些道德直觉提供一个宇宙论框架，而不需要来世使这一法则生效，并表明，他人或精神状态可能就是地狱。②

然而，如果宇宙正义在世界上的运作方式可谓是"自动的"，③那么，要解释宇宙各部分的运行方式，甚至不需要假设，有一位神超越于相互联系的有机宇宙之上。要解释为什么有德之人幸福、坏人悲惨，不需要神秘的解围人物（deus ex machina），不需要改变事物必然进程的奇迹。因此，尽管神话般地把神描述为"我们的王者"（904a）、"下跳棋的弈手"

---

① 同样的看法，参《高尔吉亚》470e9 - 11，478d7 - 8，527b - e；《王制》卷十 621c - d。《法义》中对末世和再生的其他暗示，参卷九 870d - e，872d - e，但它们被称为"神话"（就像在《法义》卷十 903a10 - b2），因而很难确定柏拉图真的有多相信这种观点。《法义》卷四 721b - c 表明，他可能不大相信这种说法，在那里，他告诉我们，生殖是人类达到不朽的真正方式——不是唯一的方式（正如《会饮》［*Symposium*］207d 所表明的）。

② 参 Dodds（1951，页 221，及 233 - 234 的注释 77）。他认为，《法义》卷十描述的"冥府"是一种精神状态。

③ 关于这一点，参 Saunders（1973，页 234，237），及（1991，页 204，206）。

（903d）或（用复数形式的）"居住在奥林波斯山的诸神"（904e），但很明显，这位神实际上就是前面论证过其存在的那位神，即宇宙神，或更具体地说，作为自我调节机制的有机宇宙本身。[①] 若是这样的话，人们就能理解，为什么宇宙正义在世界中实现的方式，会被说成"最轻松的"（903e，904a）。

这些看法符合我们上面关于身心关系的发现，并且表明，柏拉图没有必要假定，精神法则的运行方式不同于物质法则。[②] 灵魂本身是自我推动者，但是，由于运动发生在空间中，灵魂便占有某种空间，并因此是物质实体。灵魂必定有别于物体就在于，灵魂开启因果链条，而非仅仅是这个链条的结果——这个结果的运动起因于其他某物；此外，吸引和排斥的法则，以及"使自身适应一切行为和情感"（894c）的能力，用于灵魂不比用于物体少。这样，法律以可能最表面的方式植根于自然。甚至，最具唯物论倾向的人也必须看到，他的行为无法脱离宇宙的必然活动。[③]

在《法义》卷十中，就连末世论也被视为空间世界里灵魂的重新安置。我们读到，不同类型的灵魂，都要占有某个位置（τίνας τόπους，904b8）：灵魂越邪恶，就会跌入越低的地方，直到地下深渊之处（904c – d）；而好的灵魂则沿着相反的方向，进入更好的地方（904d – e）。虽然这一描述穿插在"神话"的语境中（903b1），但我们可以发现，不存在"另一个世界"的暗示。相反，按照松德斯（Saunders）的评论（1973，页233 – 234），这里的冥界等于物质世界本身。这证实了我们的假设：在柏拉图的晚期作品中，灵魂不能离开物体和空间而单独存在。

---

① 对于那些发生在"神话"语境中，用来"迷惑"精神的个人描写，参 903a10 – b2。但是，这位照管宇宙的神不可能是别的神，而就是好的灵魂（世界灵魂或天体的灵魂）。好灵魂的存在和统治前面已经证明过，并变得很明显，因为，据说柏拉图在卷十中力图证明的第二个命题（即诸神照管人类事务），以第一个命题（关于诸神的存在）为基础：因此可以肯定，支持它们的诸论证之间存在明显的关联（参 900b1 – 3，b6 – c1）。此外，在 900d1 – 3，在证明命题（2）的语境中，也暗示诸神关心人类事务。很明显，这个暗示回到了诸神对宏观宇宙的关注，898c 对神明存在的论证中提到了宏观宇宙。

② 毋宁说，我们已经发现，在自然（φύσις）领域中，身体和灵魂都共享着起作用及受作用的能力。就此而言，柏拉图似乎可免受如下责难，即唯物论者经常针对二元论者的责难："科学研究的世界只包含自然事物，它们按照自然法则运行，而非理智的法则"，如 Armstrong（1968，页49）所指出。

③ 就此而言，关于宇宙正义的论证，可视为对雅典人的对手的直接回应，对手认为，"依据自然的正确生活"是一种统治其他人的生活，而非"依据礼法成为其他人的奴仆"（890a）。

但是，如果事情这样安排是为使邪恶得到应有的惩罚，那么在这个世界上，善为什么要与恶进行斗争？这不是已经由神（或宇宙）照管好了吗？事实上，从伦理的视角出发，最常见的论证之一是，总体上反对宇宙的目的论概念：如果最终已安排宇宙朝向好的结果，那么，什么来阻止我们陷入懒惰呢？我们的贡献为何如此要紧？①

事实上，柏拉图相信，我们的贡献至关重要。但是，要理解他是否一贯这样认为，我们需要引入对最完美（first bests）与第二完美（second bests）的区分，以及我们可谓"封闭的"目的论系统与"开放的"目的论系统的区分。在一个封闭的目的论宇宙中，所有或大部分事物都独立于人，自行朝着完美发生。对于自然目的论的整体状态，这些事物的行为结果无关紧要，没有任何影响。相反，如柏拉图提出的开放的目的论系统仍承认，宇宙中的事物被安排走向完美，但关键是，它区分了最完美和第二完美。在最完美的宇宙中，理智遍布各个层面，包括人类。相反，宇宙正义的系统——据此，坏人不可避免地成为自己恶行的牺牲品——只是第二完美，因为它表明，虽然某种程度的理性最终获胜，但人类理智并非总是这样做，因此，宇宙的总体结果就不如以下达到的结果：依靠人类的积极合作，维持宇宙秩序。

《法义》卷九讨论的惩罚为这一点提供了重要线索。首先，那里告诉我们，个人的恶行是内在的坏，就像一种痼疾，正是从个体的角度来看，惩罚是第二完美的，即使在最好的情况中，惩罚会让个体变得更好；其次，从共同体的角度看，惩罚也是第二完美的，因为有德之人组成的社会，好过要惩罚坏人的社会（参卷九，854b – e，853b – c）。因此，毋庸置疑，柏拉图偏爱的是这样一个世界：在其中，我们用自己的理智提升万物分享德性。宇宙有目的的安排，应起到促进这个世界的作用，而非阻碍我们干预世界。因为关于宇宙正义的知识——作为宇宙目的论的一个方面——让我们不得不有德地行动，并由此为善斗争（卷十，885b）。事实上，通过这样做，我们将会成为神的盟友，并带着令人振奋的信念，认定宇宙站在我们这边。

然而，这项事业相当引人注目，《法义》卷十后面的一段话清楚描绘了它；对于阐明《法义》卷十中恶的问题及其宇宙含意，这段话最为

---

① 这里，例如，可参 Attfield（1994，页81）的抱怨。

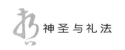

重要：

> 既然我们之间已经同意，天体（οὐρανός）里充满许多好东西，也有许多坏东西，而坏东西更多（πλειόνων δὲ τῶν μή），那么，我们就得坚称，这类永恒（μάχη…ἀθάνατός）的斗争会持续下去，需要高度警惕，同时，诸神和精灵是我们的盟友（σύμμαχοι），而我们终归是诸神和精灵的所有物。不义（ἀδικία）和肆心（ὕβρις），加上愚蠢（ἀφροσύνης），毁灭了我们（φθείρει ἡμᾶς），而拯救我们的是正义（δικαιοσύνη）和明智（σωφροσύνη），还有睿哲（φρονήσεως）——这些品质居住在诸神注入灵魂的力量中，但有些人也可以清楚地识辨出，有一小部分居住在我们里面。（906a2 – b3）

柏拉图说善与恶之间是永恒的斗争，这是什么意思？我们之前发现，两种宇宙起因间存在二元冲突。是否可能针对令人难以置信的这一点，柏拉图谋划了一个替代方案，而最终出现一个坏的宇宙灵魂？从文本来看，很明显，这场斗争发生在"宇宙"层面，因为那里提到，斗争发生在整个天体（οὐρανός）中。然而，坏的宇宙灵魂的可能性立刻受到否定，因为我们认识到，我们才是这场斗争的主角，诸神和精灵仅仅是我们的盟友，他们只站在善的一边。从这个角度来看，现在给我们的任务是高度警惕（φυλακή），尽管其他地方强调诸神是护卫者（φύλαξ，如907a）：很明显，我们和诸神必须共同承担责任。愚蠢、不义和肆心再次留在我们这边。柏拉图宣称，宇宙中的坏东西多于好东西。确实，这一悲观主义论断让人吃惊，尤其是，这部作品极力强调目的论的存在及胜利。① 但是，这里我们可以看到，柏拉图如何一步步把宇宙视为人类生活的某阶段。只有关于人类生活，柏拉图能够说，坏东西多于好东西——在《王制》卷二379c 中，

---

① 当然，人们也可以认为，在卷十906a，柏拉图关于恶的存在多于善的说法，只是在表明恶的众多。在宇宙中，坏的人类灵魂及其影响，可能在数量上远多于好的灵魂——包括诸神的灵魂（毕竟，我们在地上发现的恶的多样性，要多于天上），但这并不需要否定如下事实，即好灵魂占主导，因为"更多的恶"并不意味着"更邪恶"。因为，相比数量稀少却重大得多的诸善而言，大量的个人之恶每个都可能很小。而且，有趣的是，在这里，柏拉图并没有提到善的主导地位。毋宁说，他强调的是，在善与恶的力量之间存在永恒的斗争，人类在这场斗争中起主要作用。

他已经明确肯定了这点。① 这样，在《法义》中，柏拉图最终表达了一种宇宙观，亦即，宇宙打上了伦理和政治所关注的事物的色调——正如我们看到他在《治邦者》的神话中所做的那样。②

事实上，我想进一步指出，文本中进而暗示，实际上，人类的贪婪不仅要为道德的恶（比如政治上的不义）负责，而且要为自然的恶（比如瘟疫和疾病）负责。因此，将诸神仅与善关联起来（906a－b）之后，雅典人试图根除的看法是，人类可以"过度获取"而不用吃苦头。他提到，贪婪或"过度获取"（πλεονεκτέω）是不义灵魂的恶习（906b3－c2）。在这个语境中，雅典人继而声称，"刚刚所谓的过错，即取得多于每个人的那份（πλεονεξία），就是所谓的肉身中的'疾病'，节令和年月中的'瘟疫'……诸城邦和政体中的不义"（906c3－6），它们由此可视为对人类过度获取的儆戒。③ 但是，我们必须这样看吗？对于自然的恶，柏拉图岂不能找到更好的解释？

（三）人类与自然的恶

前面我们看到，把自然的恶归因于宇宙（比如坏的宇宙灵魂，或世界灵魂的非理性部分）的几次尝试都失败了。然而，这似乎大体上为解释如下现象留下了空间：既不需要使用那乍看起来难以置信的结论，即人类要为每一种恶负责，也不需要用前后矛盾的说法——神（就此而言是宇宙）并非绝对的善，而是在某些方面要为恶负道德责任。相反，关于自然无序的问题可以这样回答：它是物质运动偶然和无心的结果，这些运动来自世界灵魂有意图的行为。可以认为，《蒂迈欧》中给出了这种解释：灵魂有意推动某个物体，然后推动另一个物体，直到灵魂有目的的影响开始减弱，物体开始出现随机运动，而随机运动不再属于灵魂最初的目的范围

---

① 事实上，由于906a3本身很含混，它也可以读作"……我们之间已经同意，对我们自己来说（ἡμῖν αὐτοῖς），天体里充满许多好东西"，但更多的是相反的看法。如果这样理解，那么906a3的ἡμῖν αὐτοῖς会让人直接想起《王制》卷二379c4－5，那里告诉我们，对我们（ἡμῖν）来说，善比恶少得多。

② 从《治邦者》的神话可以看出，人类的戏剧性事件同样会投射到宇宙中。

③ 尤其参906c1－2，"取得多于每个人的那份"（πλεονεκτοῦσιν ἐν ἀνθρώποις）。

（参 58a－c，46d－e）。① 在那种情况下，灵魂（甚至好的神圣灵魂）仍然是一切运动的起因，包括作为偶然结果的无序运动。无序运动并非灵魂的本意，因此，灵魂也就不需要对其负责。这不会影响神的德性，充其量，由于物质的本性，它只会强调灵魂不得不去面对的限度。

　　那么，这幅图景能否适用于《法义》呢？事实上，在卷九（863a 以下），柏拉图已经考虑到，恶的起因不同于对恶的道德责任：一旦完成某个行为，灵魂中充满关于最好的意见，那么，即使造成某种伤害，这个已完成的行为也必须说是正义的（864a）。② 根据这段话，严格来说，下述两者定会有差别：一是正义的灵魂，但"会产生与善相反的结果"；一是就其本身而言"恶的灵魂"。然而，《法义》卷十没有为这样的区分留下任何空间，因为这两者直接等同（参 896e6 和 897d1）。卷十提到，凡是坏的东西，都源于"一种恶的灵魂"（896d5－e6，897d1）。因此，如果地球上有自然的无序或邪恶，如果它们运动的最终根源是灵魂，那么，至少在那个方面，那个灵魂会是恶的（因为它是终极"起因"，因此要"负责"）。这样，《法义》卷十的论证似乎要求，恶的终极因不是神，或全然好的灵魂。

　　但是，在《法义》中，柏拉图为何要引导我们得出这样一个结论？在卷十中，关于无序，他没有聚焦于任何宇宙根源，这可能是因为，他想转而强调诸神的遍在和关心，以反对无神论。由此，我们可以开始解释——通过我们这里讨论的那种显白的劝诫之辞③——柏拉图除了不提人类外，何以不提自然的恶的起因。这种劝诫之辞，意在赞扬诸神的存在及神意

---

　　① 对《蒂迈欧》这样的解释，参 Cherniss（1944，页 444－445），在其（1954，页 28－29 和注释 44）那里，这种解释并被应用到《法义》上。Brisson（1974，页 503－504）遵从这种看法，并反过来把这种解决方法应用到《法义》（2000，页 259）。对《蒂迈欧》的不同解释，参 Vlastos（1939，394－398）；Robinson（1970，页 95－97）遵从 Vlastos；Easterling（1967，页 31，37－38）；Mohr（1985，页 159－170，184－188）。

　　② 关于柏拉图道德和惩罚理论中这种区分的含意，参 Roberts（1987，页 23 以下）；Mackenzie（1981，页 174－175，245－249）。

　　③ 关于《法义》卷十的这一特征，参 Vlastos（1939，页 392－393）。

（乃至诸神的能力），① 并让人们意识到，诸神的德性如此完善，因而似乎只有人要为恶负责。

在这方面，切尔尼斯（Cherniss）可能是对的，他注意到，在不同对话中，恶的起因不是一个，而是好几个。因此，他区分了消极的恶（纯粹是因为，可感世界仅仅是各种样式的反映，不可避免地具有不完善性）、偶然的恶（灵魂有意图的行为的间接后果）与积极的恶（由负道德责任的恶的灵魂直接产生）。② 然而，在这里，我们还要注意，至少就《法义》卷十而言，它所给出的恶的唯一明确起因是最后一个。因为我们已经看到，文本中没有为偶然的恶留下任何空间，而另一方面，这段话面向不具名的人群，完全由各种样式构成——宇宙作为这些样式的反映，可能是不完善的复制品，在这方面，它指的是消极的恶。

相反，文本早已断言，所有的坏东西都属于我们（900e6）。根据这点，看起来，对于那些似乎是自然的恶的东西，我们同样应当负有道德责任。这符合906c3 – 5 的暗示，在那里，疾病和瘟疫是恶习（ἁμάρτημα）和过度获取的例子。后面这两个词语都有浓厚的人类学和道德含义，此外，这里提到，宇宙中的善与恶正进行着斗争，这一语境赋予了这两个词宇宙意义（906a – b）。如果是这样的话，那么柏拉图在《法义》中所强

---

① 事实上，值得注意的是，尽管《蒂迈欧》指出，理智（仅仅）引导大多数事物（τό πλείστα）走向完美（48a3），但雅典人在此评论说，神安排一切（πάντα），为的是整体的德性（903b5）。他还坚持，对神来说，就像对任何造物主一样，照管小的部分比照管大的部分更加容易（902c – 903a），因此，这意味着，实际上没有什么东西在神的控制之外。这使得像 Mohr（1985，页185）这样的学者相信，不同于《蒂迈欧》，柏拉图《法义》中的神是全能的（亦参 Cleary［2001，页135］）。人们会发现，901d7 – 8 尤其能表明这点（"神能做凡人和不朽的人所能做的一切事情"）；不过，我们这里或许只能探讨强调点的不同，而非思想的差别。实际上，我们一定不能忘记，901d7 – 8 那个词语本身并不暗含全能之意，因为不朽者的力量可能在某些方面受到限制（参《法义》卷七818b，卷五740e – 741a）。

② 参 Cherniss（1954），以及后来的 Brisson（1974，页 449 – 452）。

调的，就是人类行为的宇宙含意，并带着明显的生态学回响。[①] 由此，人类的无序被视为一种过度获取或宇宙的混乱，因为它超过了每个事物应得的那份（μέρος, μερισμòν, μόριον，903b – c）（参 Friedlaender，1969，页439）。这种观点能让我们获益吗？

一方面，现代读者不禁会把柏拉图的看法，跟那些看似支持其观点的重大历史事件联系起来，比如战争引起的饥荒，切尔诺贝利（Chernobyl）核泄漏造成的癌症，或全球变暖导致的气候变化。同样，我们日益意识到，表面上小范围内的事件，影响范围可能很大，比如，在北美喷洒的杀虫剂（DDT），可以在南极的鱼腹中找到。另一方面，人们可以完全正当地抱怨，在柏拉图生活的时代，人类行为的这种大范围影响没有如此明显。然而，看起来，柏拉图建立了一种形而上学，可以解释这些现象；而且他确实在经验上意识到，力量的滥用或多或少会带来不良后果。

要理解柏拉图的看法，这里我们可以对比两种宇宙观：一种是我们看到的，柏拉图在《法义》中提出的有机宇宙观；另一种似乎是他的唯物论对手预设的观点，即宇宙是一个集合体。在一个集合体中，各个部分首先出现，各部分之间的联系是外在的。因此，有一种观点认为，世界由原子构成，这些原子随机聚在一起。由此来看，这些原子作为部分分散时，不会失去自己的本性，它们的本性也不会取决于特定的关系，不管是相互间的关系，还是与整体的关系。[②] 相反，在有机论中，整体首先出现，整体内各部分间的关系不是外在的，而是内在的：因而如果从整个有机体中分离，心脏就不再是真正的心脏。确实，如果不提心脏在整体中发挥的功能，甚至没办法定义心脏。同样，在有机论中，某个部分的任何变化，都

---

① 确实，柏拉图意识到环境问题，比如阿提卡滥伐森林，那里的土壤对降水吸收的减少，见柏拉图《克里提阿》（Critias，111c – d；Hunghes［1982，页7］也注意到这点）。但柏拉图远非漠不关心，他似乎对当时社会的态度持批判态度。在《高尔吉亚》中，苏格拉底已批评，雅典充满着船只和物质的成功，但缺乏德性（518e – 519a）。因此，不足为奇，在《克里提阿》的后面部分，柏拉图对比了雅典当时的处境与过去雅典的理想环境条件——当时雅典人有着卓越的德性（《克里提阿》109c4 – d2，110e3 – 111a2，111b – d，112e2 – 6）。事实上，近来的研究认为，柏拉图对当时社会的批评，乃是《克里提阿》故事的主要寓意。参 Brisson（1992a，324 – 325），他在页319 提到 C. Gill 和 Vidal-Naquet。关于这片土地作为值得我们关心的家园，并且就是神，见《法义》卷五740a5 – 7。参拙作（1998a）。

② 参 Cornford（1937，页31），他认为，柏拉图在讨论目的论的时候，把原子论作为首要攻击目标，即使柏拉图对唯物论先驱的阐述，有可能不是基于某个特定的理论，而是对流行于5世纪开明雅典的各种理论的结合论述。关于这一点，例如，参 Solmsen（1942，页133，137）。

会影响所有其他部分，并影响到整体。因此，柏拉图会这样解释，如果我的手指受伤，受苦的是我整个有感觉的身体，而非仅仅我的手指：这就是为什么我们会说，我觉得手指痛（《王制》卷五，462c－d）。

那么，恰恰是因为对柏拉图来说宇宙是个有机体，我们不应惊讶于发现柏拉图认为，某个部分的任何运动都会影响到整体，并且其影响会超出它最初的范围。就此而论，可以更清楚地看到，《法义》为何既要强调我们承担责任的重要性——在这个复杂的世界中，我们是已分配给我们的各部分（μόρια）的统治者（ἄρξοντες）（903b－c，904c7）；又要强调，我们也分享着宇宙的理智，宇宙的理智不仅管理我们这部分，而且管理整个世界（896e－897b）。此外，还因为我们是一个更大的相互联系的系统中的部分，所以我们能理解，在攻击贪婪（πλεονεκτέω）时，柏拉图为什么要努力弥合关注共同善与自我利益这两者间的鸿沟：他不是简单主张一个人应当牺牲自我利益，做有益于整体的事情，而是认为，服务于整体利益最有利于个人，因为"就你们同源的力量而言，有益于整体的，同样最有益于你自己"（903d2－3）。这也符合如下主张——该主张可视为其整体论的基石——"部分乃是为了整体，而非整体为了部分"（903c7－d1），并且，每个变化的目的，是为了"所有人生活的幸福"（903c3－5）。正如不提心脏在整体中履行的任务，心脏就不能发挥作用，甚至无法得到定义，同样，不提我们在更大的宇宙中应发挥的作用，不提效法宇宙会带来美好和秩序（如我们所见），也无法限定或理解我们自己——或者，我们也不能真正繁荣起来。也是因为这点，宇宙论知识以自我认识告终，幸福生活符合与自然协调的生活。①

----

① 因此，我们可以看到，何以柏拉图远不是在阐明一种人类学的目的论。即使特别强调人类对自然的责任，即使（如我所证明的）柏拉图对宇宙的描述最终会打上伦理关注的色彩，这点依然如此。《法义》认为，重要的是整体的善，我们是整体的一部分，部分为了整体而存在，而非相反（903b－d）。这种看法与《蒂迈欧》相应。《蒂迈欧》认为，生物（无疑包括人类）的存在，必定是为了保存宇宙的完整性，整体比部分更加完美（30c－d，39e－40a，41a－c）。能否认为，《蒂迈欧》39b－c（那里描述，太阳点着了火，"这样，它就能使整个天体充满光芒，使一切造物可以分享在相同和相似的旋转中获得的数"）表达了"部分的人类中心主义"（比如，Sedley，2002，页65）？就连这里所谈的人类中心主义也不充分，因为在这个语境下，文本明显有意不具体提及人类（请记住，《蒂迈欧》提到，通过训练理智，动物也有提升自己的可能性：42c－d，92b－c，对比《法义》卷十，904c－e）。再强调一次，在柏拉图的宇宙论中，处于特权位置的是理性（也为宇宙分享，这恰恰是因为它有理解和履行共同善的能力），而非人类本身（人类可能无法成为理性的模范）。

在柏拉图对世界作为有机体的描述中，人类生活最终怎样成为其关键部分，这点随着论证的展开变得尤为显著。有人提出，不同于《蒂迈欧》，《法义》卷十没能提出有机整体（ὅλον）观，因为它仅仅处理"万物"（τά πάντα，895a，对比896d – e）。① 不过，充其量，这种挑衅的看法只适用于卷十的第一部分，② 那里在引介人类在宇宙中的作用之前，只是概括性地讨论了宇宙（从899d开始）。然而，值得注意的是，一进入柏拉图的那种描述，我们确实得到了想要的概念，即宇宙是个统一的整体。因此，我们才被说成是诸神的所有物，整个宇宙（τὸν οὐρανὸν ὅλον）也都属于诸神（902b8 – 9）。在一个末世论语境中，我们读到，万物（τοῦ παντὸς）的照管者将所有东西聚合起来，为的是整全（τοῦ ὅλου）的保存和德性（903b4 – 6）。③ 宇宙作为"万物"（τὸ πᾶν），其生活（βίος）的幸福是各个部分和生成的目标（参 ἕνεκα［为了］，903c – d）。这比之前更进一步指向了有机整体。先前我们看到，宇宙（οὐρανοῦ）是人类善恶的战场（906a）。这一切表明，除非我们把人类事务纳入宇宙必不可少的一部分，否则，柏拉图似乎不会认为这个宇宙是个完整的整体。④

就此而言，柏拉图说宇宙中的坏东西多于好东西，或者我们是宇宙中的"统治者"（ἄρχοντες），就不会让人那么惊讶。为了实现目的论，我们跟神的合作很重要。对此，我们也不应当感到惊讶。因为已经证明，柏拉

---

① 参 Moreau（1939，页67）。沿着相同的路线，经常有人认为，《法义》中的论证关注灵魂之为灵魂，而非包罗万象的世界灵魂。

② 事实上，就连这里也提到宇宙（οὐρανός，例如896e1，899b8），但 Moreau 正确指出，在这个语境中，τό ὅλον（整全）没有出现。

③ 整全这种普遍内在的善，为作为目的论主体的灵魂设定了目标（亦参 904b4 – 5，903d1 – 3，卷十二 966e – 967a）。这个目标并非大大不同于《蒂迈欧》中造物主追求的目标："万物应当是好的，尽可能无物为坏。"（30a2 – 3）然而，在《蒂迈欧》中，可根据与原型的相似性来理解这点（参39d – e）。通过安置"生命体本身"（ὃ ἔστιν ζῷον），统一的有机整体的概念获得了理想的对应物。"生命体本身"作为原型是完美的（τέλεον），它引导造物活动，以产生一个如同生命体的可见世界（32d – 33a）。关于诸样式，《法义》卷十似乎没有给出明确的暗示。不管柏拉图是否仍像在《蒂迈欧》中那样相信它们，显然，他在这里反驳无神论，并不需要这种负载着形而上学的主张；大多数公民要过正义的生活，也不需要关于这些实体的知识。不管怎样，在《蒂迈欧》和《法义》卷十中，我们都能发现同样的努力，借助理智的原因维护目的论。

④ 这并不意味着，柏拉图不认为宇宙作为天体系统是个统一体（因为，如我们所见，在《法义》卷七 821a 他就这样做）。但它确实表明，在卷十前面部分，柏拉图聚焦于作为天体系统的宇宙（897b – 899b），现在柏拉图强调，在任何有关宇宙的完整论述中，人类世界都必须作为其中一部分。

图的宇宙（κόσμος）概念，与其人类学的关注密切相关。而且，在《法义》卷十中，柏拉图强调的是：可以看到，在与人类生活的相互作用中，宇宙论最终获得了全部意义。因此，我们做的任何事情，都会在宇宙中得到反映，并影响宇宙，转而又引发它所分配的宇宙结果，这些结果也会影响我们。从这种观点出发，伦理学不能离开宇宙论，而探究宇宙最终能更好地理解我们自己。

（林志猛　校）

参考文献

Annas, J. and Waterfield, R. *Plato：Statesman*（《柏拉图：〈治邦者〉》），Cambridge，1995.

Armstrong, D. *A Materialist Theory of Mind*（《心灵的唯物主义理论》），London，1968.

Armstrong, J. "After the Ascent：Plato on Becoming Like God"（《上升之后：柏拉图论变得像神》），*Oxford Studies in Ancient Philosophy* 26（2004）.

Attfield, R. *Environment Philosophy：Principles and Prospects*（《环境哲学：原则与前景》），Aldershot，1994.

Benardete, S. *Plato's Laws：The Discovery of Being*（《柏拉图的〈法义〉：发现存在》），Chicago，2000.

Bobonich, C. "Persuasion, Compulsion, and Freedom in Plato's *Laws*"（《柏拉图〈法义〉中的劝说、强制和自由》），*Classical Quarterly* 41（1991）.

—*Plato's Utopia Recast*（《柏拉图乌托邦的重塑》），Oxford，2002.

Brisson, L. *Le Même et l'Autre dans la structure ontologique du Timée de Platon*（《柏拉图〈蒂迈欧〉本体论结构中的同一和他者》），Paris，1974.

—*Platon：Timée/Critias*（《柏拉图：〈蒂迈欧〉/〈克里提阿〉》），Paris，1992a.

—*Lectures de Platon*（《关于柏拉图的演讲》），Paris，2000.

Carone, G. R. "El problema del 'alma mala' en la última filosofía de

Platón（*Leyes* X，893d ss.）"（《柏拉图终极哲学中"恶的种类"问题》），*Revista de Filosofía* 3（1988）.

— "Calculating Machines or Leaky Jars? The Moral Psychology of Plato's *Gorgias*"（《精密的机器或有漏洞的罐？柏拉图〈高尔吉亚〉的道德心理学》），*Oxford Studies in Ancient Philosophy* 26（2004b）.

Cherniss，H. *Aristotle's Criticism of Plato and the Academy*（《亚里士多德对柏拉图及学园的批评》），Baltimore，1944.

— "The Sources of Evil according to Plato"（《柏拉图眼中恶的来源》），*Proceedings of the American Philosophical Society* 98（1954）.

—*Plutarch's Moralia* 13：Part 1（《普鲁塔克的〈道德论集〉13》，第一部分），London，1976.

Cleary，J. "The Role of Theology in Plato's *Laws*"（《柏拉图〈法义〉中神学的作用》），F. Lisi（ed.），*Plato's Laws and Its Historical Significance*，Sankt Augustin，2001.

Cornford，F. M. *Plato's Cosmology*（《柏拉图的宇宙论》），London，1937.

Craig，W. C. *The Cosmological Argument from Plato to Leibniz*（《宇宙论论证：从柏拉图到莱布尼茨》），London，1980.

Diès，A. *Platon：des Lois*［Ⅶ－Ⅹ］（《柏拉图〈法义〉：卷七至卷十》），Paris，1956.

Dodds，E. R. *The Greeks and the Irrational*（《希腊人与非理性》），Berkley，1951.

— "Plato and the Irrational"（《柏拉图与非理性》），*Journal of Hellenic Studies* 45（1965）.

Easterling，H. J. "Causation in *Timaeus* and *Laws* X"（《〈蒂迈欧〉和〈法义〉卷十中的因果关系》），*Eranos* 65（1967），25－38.

England，E. B. *The Laws of Plato*（《柏拉图〈法义〉》），vol. 2（Ⅶ－Ⅻ），Manchester，1921.

Festugière，A. J. "Platon et l'Orient"（《柏拉图与东方》），*Revue de Philologie* 21（1947）.

—*La révélation de Hermès Trismégiste*（《至尊赫耳墨斯的启示》），vol. 2：*Le dieu cosmique*，Paris，1949.

Friedlaender，P. *Plato* (《柏拉图》，卷三，英译本)，London，1969.

Gaudin，C. "Automotricité et auto affection：un commentaire de Platon *Lois*，X 894d – 895c"(《自我运动与自我影响：柏拉图《法义》卷十 894d – 895c 评注》)，*Elenchos* 11 (1990).

Grube，G. *Plato's Thought* (《柏拉图的思想》)，with new introduction and bibliography by D. Zeyl，Indianapolis，1980.

Guthrie，W. K. C. *A History of Greek Philosophy* (《希腊哲学史》)，卷五，Cambridge，1978.

Hackforth，R. *Plato's Phaedrus* (《柏拉图的〈斐德若〉》)，Cambridge，1952.

Hunghes，J. D. "Gaia：Environmental Problems in Chthonic Perspective"(《盖亚：从冥府的角度看环境问题》)，*Environmental Review* 6 (1982).

Jaeger，W. *Aristotle：Fundamentals of the History of His Development* (《亚里士多德发展史的基础》，英译本)，2nd，Oxford，1948.

Laks，A. "Raison et plaisir：pour une caractérisation des *Lois* de Platon"(《理性与快乐：论柏拉图〈法义〉的特征》)，in J. Mattéi (ed.)，*Actes du Congrès de Nice*，Paris，1990a.

— "Legislation and Demiurgy：On the Relationship between Plato's *Republic* and *Laws*"(《立法与造物：论柏拉图〈王制〉与〈法义〉的关系》)，*Classical Antiquity* 9 (1990b).

Mackenzie，M. M. *Plato on Punishment* (《柏拉图论惩罚》)，Berkeley，1981.

Mohr，R. *The Platonic Cosmology* (《柏拉图的宇宙论》)，Leiden，1985.

Montoneri，L. *Il problema del male nella filosofia di Platone* (《柏拉图哲学中恶的问题》)，Padova，1968.

Morrow，G. "The Demiurge in Politics：The *Timaeus* and the *Laws*"(《政治中的造物主：〈蒂迈欧〉与〈法义〉》)，*Proceedings and Addresses of the American Philosophical Association* 27 (1954).

—*Plato's Cretan City* (《柏拉图的克里特城邦》)，Princeton，1960.

Moreau，J. *L'Âme du Monde de Platon aux Stoïciens* (《世界灵魂：从柏

拉图到廊下派》）, Hildesheim, 1939.

Naddaf, G. *L'origine et l'évolution du concept grec du phusis*（《希腊自然概念的起源和发展》）, Lewiston, 1992.

Nagel, T. "Panpsychism"（《泛灵论》）, *Mortal Questions*, New York, 1979.

Ostenfeld, E. *Forms, Matter and Mind: Three Strands in Plato's Metaphysics*（《样式、物质和心灵：柏拉图形而上学的三分支》）, The Hague, 1982.

Parry, R. "The Soul in *Laws* X and Disorderly Motion in *Timaeus*"（《〈法义〉卷十的灵魂与〈蒂迈欧〉中的无序运动》）, *Ancient Philosophy* 22 (2002).

Rist, J. M. *Eros and Psyche*（《爱欲与灵魂》）, Toronto, 1964.

Roberts, J. "Plato on the Causes of Wrongdoing in the *Laws*"（《柏拉图〈法义〉论恶行的起因》）, *Ancient Philosophy* 7, 23-37, 1987.

Robin, L. *La théorie platonicienne de l'amour*（《柏拉图式的爱欲论》）, Paris, 1908.

Robinson, T. M. "Deux problèmes de la psychologie cosmique platonicienne"（《柏拉图宇宙心理学的两个问题》）, *Revue Philosophique* 159 (1969).

—*Plato's Psychology*（《柏拉图的心理学》）, Toronto, 1970/1995.

Saunders, T. J. "Penology and Eschatology in Plato's *Timaeus* and *Laws*"（《柏拉图〈蒂迈欧〉和〈法义〉中的惩罚和末世论》）, *Classical Quarterly* 23 (1973).

—*Plato's Penal Code*（《柏拉图的刑法典》）, Oxford, 1991.

Sedley, D. "The Origins of the Stoic God"（《廊下派之神的起源》）, D. Frede and A. Laks (ed.), *Traditions of Theology*, Leiden, 2002.

Skemp, J. B. *The Theory of Motion in Plato's Later Dialogues*（《柏拉图晚期对话中的运动理论》）, Cambridge, 1942.

Solmsen, F. *Plato's Theology*（《柏拉图的神学》）, Ithaca, 1942.

Stalley, R. F. *An Introduction to Plato's Laws*（《柏拉图〈法义〉导论》）, Oxford, 1983.

Vlastos，G. "The Disorderly Motion in the *Timaeus*"（《〈蒂迈欧〉中的无序运动》），Allen（ed.），*Studies in Plato's Metaphysics*，London，1965.

——"Creation in *Timaeus*：Is it a Fiction?"（《〈蒂迈欧〉中的创造是虚构吗?》），Allen（ed.），*Studies in Plato's Metaphysics*，London，1965.

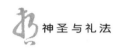

《法义》中的灵魂学与德性教诲

卡姆特卡尔（Rachana Kamtekar）撰

一、对"体育"的困惑

尽管亚里士多德说，柏拉图在《法义》中提出的教育建议，与《王制》几乎完全一致（《政治学》，Ⅱ.6.1265a6 – 8），不过，《法义》［与《王制》的］一个显著差异在于，它强调一种贯穿一生的体操锻炼制度，或者说，要终身进行规定的体育训练：雅典人说，孕妇要进行锻炼，以便她们腹中的胎儿能够四处走动（789a – 793e）；三岁到六岁的儿童，必须练习摔跤和舞蹈（814e – 816e）；自此之后，他们要在献给缪斯的合唱队中跳舞（和歌唱），直到二十岁进入阿波罗合唱队（664c），此后他们要一直参与阿波罗合唱队，直到老年退到狄俄尼索斯合唱队（653d，665a，666b，670b，812b – c）。他们也进行战争训练（813d – e）。然而，所有这体育训练的价值何在？这个问题的答案出奇地困难，要尝试回答它，会将我们带入柏拉图晚期对话中灵魂学的核心。

让我们从《法义》的两段话开始，它们为这一探究指明了方向。首先，雅典人赞扬了通过摇动孩子使其从不安宁中平静下来的做法：

> 或许母亲们想让不安宁的孩子入睡时，她们不是给予安静，而是恰恰相反——运动；她们在臂弯里不断摇动着孩子，不是伴以沉默，而是某些乐调。这像母亲用吹箫迷住孩子，甚至像为疯狂的酒神狂饮者所做的那样，母亲们实施的这种治疗，构成了舞蹈和音乐的运动。……在这两种情形下［即，婴儿的啼哭和酒神狂饮者］，体验到的激情或许都是恐惧，而恐惧源于灵魂的某种坏习惯。当有人将外部的摇摆运动带给这类激情时，这种外部产生的运动就制服了恐惧和内部的疯狂运动，而且，由于制服了恐惧，它使出现在灵魂中的平静安宁，取代了每种情形下心灵的狂躁不安。这具有完全值得向往的结

果，使孩子们得以入睡。（790d5 – 791b6）

雅典人继而说，通过摇摆消除恐惧，是在训练勇敢（791b7 – c2），因为否则的话，孩子的成长就会习惯于感受恐惧，并因此会变成一个懦弱的人。但在另一个地方，雅典人说，恐惧涉及对邪恶的预料（《法义》646e）。如果是这样，通过摇动所缓解的孩子身上的东西，怎么可能是恐惧？或者，如果摇摆运动可以让我们摆脱对邪恶的预料，那么，身体运动所能引起的心智状态，限度在哪里：通过绕圈奔跑，能否理解天文学的命题？

第二段话声称，快乐和痛苦是"儿童最初的教育，正是在这些感觉中，德性和邪恶首次在灵魂中产生"（653a）：

> 这个论述宣称：可以说，一切幼小的东西都无法在身体或声音上保持平静，而总想活动和喊叫：幼小的东西蹦蹦跳跳，宛如在欢快的跳舞和一起玩耍，并发出各种各样的喊叫声。这个论述还指出，在运动时，其他动物没有有序和无序的感觉（这些秩序称作"节奏"与"和谐"），与此相反，上述诸神作为舞伴赐给了我们，诸神还赋予我们欢快的节奏感与和谐感。诸神运用这种感觉打动我们，并用合唱队引导我们，让我们在载歌载舞中结合在一起。（653d – 54a；参 664e）

因此，存在于舞蹈之中的身体教育部分，教导我们在秩序（节奏感与和谐感带来的秩序）中感受快乐，并因此以某种方式帮助我们走向德性。但如何［做到］？

有关体育如何使我们变得有德性，我会提供自己的解释，但在此之前，我要先简要说明一下，为何当前学界已有的回答不能完全令人满意。莫罗（Morrow）首先注意到，[①]《法义》的体操教育计划，基于以下理论：人类在有序的运动中感到快乐（p. 305，他提到了 653d – 654a 的说法，前引）。不过，莫罗接着将跳舞比作音乐，并由此认为，就跳舞对我们德性的贡献而言，其价值是通过对行为、情感和品性的模仿而达成（p. 307）。

---

① G. R. Morrow, *Plato's Cretan City: A Historical Interpretation of the Laws.* Princeton University Press, 1960.

至于战争训练和非音乐性的竞技训练，莫罗说，柏拉图希望将其非职业化，以便为最初目标——让公民为战争做好准备——服务（pp. 332 – 333，351）。最后，对于《法义》非常醒目的主张——我们在有序的运动中感到快乐——莫罗毫不重视。

拉克斯（Laks）认为，① 鉴于灵魂和城邦中都包含着难驾驭的因素——至少，灵魂中某些欲望，城邦中的民众（δῆμος）——如何让它们达到德性的和谐状态，《法义》给出的答案就是舞蹈（p. 220）。这是因为舞蹈可以让理智与难驾驭的快乐之间产生和谐（pp. 227 – 228）。但这一观点需要回答：可以让理智与快乐之间达到和谐的舞蹈是什么？由此，可以被和谐的快乐和理智，其特征分别是什么？这种和谐需要终生进行强化，尤其是用体操运动，那么，其本质是什么？

有关体育价值的问题，波波尼奇（Bobonich）对快乐在教育中作用的论述，提供了更深刻的回答。根据其看法，快乐，② 或至少是与教育有关的快乐，是一种对秩序、美好和善的感觉，它始于人类对体育运动中秩序的理性感知（pp. 359 – 360）。就认知内容而言，这种秩序中的快乐，延续着道德行动中表现德性的美好和善带来的快乐（pp. 363 – 365）。按照波波尼奇的主张，这种认知内容上的连续性之所以可能，是因为在［柏拉图］晚期对话作品中，非理性的灵魂态度，在认知内容上必须借助——或多或少是受过教育者的——理智的资源，因为灵魂的非理性部分只能产生不可概念化的（non-conceptualized）情感（波波尼奇称之为灵魂低等部分的"认知贫乏"，pp. 259 – 267）。有关灵魂各部分作用的这一概念表明，晚期对话否定了《王制》的灵魂概念，后者认为灵魂由三个"动因类"（agent-like）部分组成，其中每一个部分都可以自行激发行动。（之所以拒绝灵魂由"动因类"部分组成这一概念，一个关键原因是，这些部分会破坏

---

① André Laks, "Legislation and Demiurgy: On the Relationship Between Plato's Republic and *Laws.*" *Classical Antiquity* 9, 1990, pp. 209 – 229.

② 从狭义上界定，快乐是一种感觉，因此是一种非概念化的精神运动，但如果在广义上界定，它是一种表象，一个"信念和感觉的混合物"，包含着解释，并因此是具象的，拥有概念内容。Bobonich, *Plato's Utopia Recast.* Oxford University Press, 2002, p. 354. 概念化需要借助理智，因此，一种快乐可以照顾到感觉的不同特征，可以或多或少进行区分，等等，p. 355。纯粹的快乐，包括纯粹的感官快乐，其快乐性并不取决于跟痛苦的对比，而是在于对物体优质性能的欣赏，p. 356。

主体的统一性。波波尼奇指出，柏拉图运用了这一原因，在他论证说，知觉需要一个统一主体，这个主体通过——而非"和"——各种感官而看［《泰阿泰德》184c－e］之时。波波尼奇对柏拉图晚期对话中灵魂学的阐释，导致他在解读可能是晚期作品的《蒂迈欧》时，夸大了其中有关灵魂组成的"动因类"特征，以便清楚表明［柏拉图］否定《王制》灵魂概念的原因。pp. 295－298，316－331）

在我看来，灵魂动因类组成这一概念，其关键在于，它是劝谕性的，而非解释性的，[①] 因此，我并不认为，接受或否定这一动因类概念是柏拉图灵魂学的转折点。但无论如何，我将会论证，在《蒂迈欧》中，灵魂非理性部分在激发［行动］上的充分性（这是动因的关键要素），这是我们设计的其中一个部分。我会在第二部分做这一论证，在这部分我也会解释，《蒂迈欧》（《王制》也一样）对灵魂三分的论述，如何清楚阐明了《法义》和《蒂迈欧》刻画的"作为运动的灵魂态度"。在第三部分我将说明，波波尼奇对"体育有序运动中感受到的快乐如何有助于德性发展"的解释，其基本洞见与一种由"动因类"部分组成的灵魂完全相容。

二、《蒂迈欧》和《法义》的灵魂学

首先，由于我最终关心的是《法义》，所以要先说明一下，为何我认为应当像我下面要做的那样，花那么多精力讨论《蒂迈欧》。《法义》只有两处对灵魂的实质性讨论：一是确认灵魂控制的心智运动（896e 以下），另一处是把灵魂的强力比作牵着木偶的绳索（644c 以下）。第一处的灵魂概念，很明显关联着在《蒂迈欧》中解释得更明确的灵魂概念。第二处也跟《蒂迈欧》的概念相容，我将在本部分结尾证明这一点，但由于它意在举例论证无节制、节制和自制德性三者达到充分状态时的区别，因此对于理解教育进程并无太大帮助。先来看看《法义》第一处讨论中的部分文字：

这样，灵魂驱动天上、地上和海里的每一事物，乃通过自身的种

---

① 有关三个动因组成的灵魂论述，其劝告性价值，参 Rachana Kamterkar, "Speaking with the Same Voice as Reason: Personification in Plato's Psychology." *Oxford Studies in Ancient Philosophy*, XXXI, 2006, pp. 167–202。

种运动，这些运动的名称是：意愿、探察、照管、深思、正确和错误的意见、欢欣、痛心、勇敢、胆怯、憎恨和喜爱——并通过所有与这些类似的或原初的运动；这些运动控制着物体的次级运动，驱动每一事物生长和衰退，分裂和结合。（896e – 897a）

雅典人是在论证，灵魂先于物体，理由是，灵魂的自身运动必然先于物体的一切运动，后者总是为他物所驱动。在这段中，雅典人说明了灵魂的心智运动。他继而在讨论明智或理智时，这样描述这种运动：心智运动是围绕一个固定中心的循环运动（即它总是思考着相同事物的相同思想），跟无心智的运动相反，后者是无规则的偏移运动（898a – b）。

这里在说明灵魂运动时，雅典人清楚借用了《蒂迈欧》发展出的灵魂概念。《蒂迈欧》的灵魂学，是其物理学或论述自然世界的一部分。将灵魂学整合进物理学，也需要将作为认知主体和道德价值承担者的灵魂，与作为运动和生命之来源的灵魂，整合在一起。[1] 通过阐明对运动的认识，蒂迈欧实现了这种整合。

跟雅典人一样，蒂迈欧描述到，理性、不朽的灵魂，沿着圆形轨道思考（37a – c）。蒂迈欧补充说，世界灵魂（the World Soul）包含整个宇宙，并驱动天体沿着其圆形轨道运动：它推动着恒星在完全一致的同的圈（Circle of the Same）运动，并推动行星——太阳和月亮——在七个异的圈（Circles of the Different）运动（36d – e）。[2] 我们自身的灵魂认知行为也是圆形运动：对理智之物的理性把握，是在同的圈运动；而对于可感之物的正确意见，则是在异的圈运动。我们能够把握存在、同和异，并由此能够

---

[1] 如 Broadie 所指出，《斐多》未能成功将灵魂这两种功能联合起来。尽管在《斐多》中，赛贝斯（Cebes）要求苏格拉底要说明人死之后灵魂仍然存在，仍然拥有某种能力和智慧（70b），而苏格拉底提供了一对论证，说明作为赋予生命者之灵魂的不朽性，即轮回论证（70c – 72d）和目的论证（105c – 106c），以及另一对论证，证明作为认知主体之灵魂的不朽性，即回忆论证（72e – 77a）和类同论证（78b – 80e）。S. Broadie, "Soul and Body in Plato and Descartes." *Proceedings of the Aristotelian Society*, n. s. 101, 2001, pp. 295 – 308. Broadie 认为，最终让灵魂这两种功能统一起来的是，灵魂在本质上是一个评价者，同时，灵魂想要赋予的生命，决定着跟它相牵涉的身体，p. 304。她将灵魂描述为，为了身体活动、感觉和经验而塑造身体，并赋予身体以活力。（p. 305）

[2] 参亚里士多德在其批判之前对《蒂迈欧》中理性灵魂的总结："诸天的运转，就是灵魂的运动。"《论灵魂》（*DA*），I. 3 406b26 及以下。

做出判断或拥有信念（例如，有物存在，一物是其自身，而与他物不同），因为我们灵魂中理性、不朽的部分，即由存在、同和异组成（37a – b）。（在《泰阿泰德》中，苏格拉底说，在理解这些形式时，灵魂是借由或通过自身的运作，而不是通过感觉 [185c – e]，对任何事物的认知，都至少需要对存在本身的把握 [186c – e]。）我们学习天文学时，对天体圆形轨道的思考，使我们的思想本身在我们球形头脑的圆圈中运动（90a – d）。如果我们的思想变得充分理性，沿着圆形轨道运动，那我们的灵魂就会返回到天体之中（42b）。①

一旦脱离理智和正确意见，心智将不再是圆形运动，因为［此时］灵魂具身化（embodiment）进入可朽的身体之中（43a – 44b）。（如果宇宙同时拥有可朽和不朽之物，并因此要追求尽可能完善，那么，不朽的灵魂必须具身进入可朽的身体中 [39e – 40a]）。对这种具身化，蒂迈欧提供了两次论述。第一次（41c – 44c）提到，当理性的灵魂被放入一个可朽的身体时，会发生两件事情：灵魂沿同的圈的运动完全停止（43d），这意味着它无法再把握理智之物，不再控制其身体（43d，44a – b）；此外，它在异的圈的运动也严重扭曲，这意味着它对可感之物的许多判断——灵魂的意见（37b）——是错误的，因为感觉通过身体影响着它（43b – c）②。蒂迈欧重新讲述了这些事件，通过：（1）造物者对次等诸神的指令（41c – d）；（2）造物者向那些即将具身［进入身体］的灵魂，论述即将进行的具身化（41e – 42d）；（3）直接讲述造物者将灵魂播种到天体中（42d – e）；（4）直接讲述次等诸神如何将灵魂赋予可朽的身体之中（42e – 44c）。

虽然（1）（2）和（4）都属于同一事件，即不朽的灵魂具身进入可朽的身体中，不过，在（1）中，造物者对次等诸神的指令，没有提到任何灵魂受到的干扰；而在（2）中，向那些即将具身［进入身体］的灵魂演说时，造物者预告了这种干扰。换言之，灵魂具身（进入可朽的身体）将导致的结果是，灵魂会拥有由激烈情绪而生的感觉（42a5 – 6）、混合着

---

① 关于思想的循环性，参 E. N. Lee, "Reason and Rotation: Circular Movement as the Model of Mind（nous）in the Later Plato." In W. H. Werkmeister（ed.）, *Facets of Plato's Philosophy*. Assen: Van Gorcum, 1976, pp. 70 – 107; Sedley, "The Ideal of Godlikeness." In G. Fine（ed.）, *Plato 2: Ethics, Politics, Religion and the Soul*. Oxford University Press, 2000, pp. 309 – 328。

② 这一天文学上的对比表明，异的圈的运动已经扭曲，因为它们不再受同的圈控制，因此，对可感之物的判断之所以错误，是因为它们不再受理智知识的控制。

快乐和痛苦的欲望（42a6－7），以及其他由此带来的情感，诸如恐惧、愤怒，等等（42a7－b1）。在这部对话的解释框架中，作为达到某种善的手段，世界的某些特征是必要的（例如，为了让世界充满各种类型的活物，要达到这一好结果，灵魂具身进入可朽的身体是必要的［39e－40a，参照70e]），而世界的另一些特征，只是所发生之事带来的必然结果（例如，由于在具身化中遭遇到的直线运动，［灵魂的］圆圈运动发生扭曲［43a－d]）。我们注意到，造物者向次等诸神的演说，与向即将具身［进入身体］的灵魂所作演说之间存在差异，这种差异表明，感觉、欲望、恐惧等对灵魂的干扰，不是诸神为了某种善而带来的，而只是具身进入可朽的身体所带来的必然结果。蒂迈欧后来将之描述为"糟糕和必然的""是恶的诱因""极易走向歧途"（69d），也证实了前述结论。①

具身进入可朽的身体时所发生之事的三个版本，并没有详细说明三者在认知上的关系：（a）外界物体刺激我们的身体，以及这种运动传送给灵魂时所产生的感觉（43c）；（b）由之导致的错误判断（43d－e）——（a）（b）二者在（4）中均有提及；（c）由具身化而产生的欲望、快乐和痛苦、恐惧、血气等（42a－b）——在（2）中提到。在后面一段话中，［蒂迈欧］否认有欲求的灵魂会做出判断或拥有信念（但会有感觉、欲望、快乐和痛苦），并将缺乏判断归结为，它是被动的，没有自我运动（77b－c）。在缺乏判断方面，恐惧和血气之类，是否跟欲望、快乐和痛苦一样？或者说，恐惧和血气是否总是在某种程度上涉及判断，因而它们可能处在异的圈的扭曲之中，或分享着这种扭曲？这里我们看到，对于恐惧这类心理状态的本性，说的同样不清不楚，就像《法义》790d－791b有关摇动孩子的段落一样（前文第一部分的引述）。

如第一部分所见，波波尼奇（基于《蒂迈欧》和许多其他文献材料）认为，非理性的灵魂态度，在认知内容上必须借助理智，因为灵魂的非理性部分，本身只能促成向着非理性态度的运动。这些运动靠自身不可能成为行动的驱动力，要导向行动，需要理智在［认知］内容上的贡献。② 波

---

① Johansen 认为，蒂迈欧使用这些情感修饰词，证明了那些情感的必然性不是有条件的必需，即作为达到某个好目的之手段的必需。T. K. Johansen, *Plato's Natural Philosophy*. Cambridge University Press, 2004, pp. 146－148.

② 参照 Bobonich 在这章中对下述问题的进一步讨论：为了保证灵魂恰当做出决定，理性部分必须向其提供什么。

波尼奇的看法似乎要求说，像恐惧和愤怒这样的状态有其表征内容，以使得我们第一部分提到的婴孩的不安，严格来说不能算是恐惧。波波尼奇的解释，缺少的不是这些非理性态度，而是作为它们（部分）来源的灵魂非理性部分。

不过，这种在行动和内容上对理智的依赖，跟蒂迈欧的下述说法相悖：灵魂非理性部分的设计，旨在服务于这一好目标，即让理性部分能够在平静中推理，并占据统治地位。我认为，这一好目标［的实现］，要求灵魂的非理性部分能够完全依靠自身去激发行动。

为了说明这点，我们转向蒂迈欧对灵魂具身进入可朽的身体的第二个论述（69c–72d）。次等诸神创造了一个身体，用来支撑不朽的灵魂（69c4–6）和一个可朽灵魂（69c6–7）：

> 他们［指次等诸神——引者注］模仿它［指造物者——引者注］：在接管了灵魂的不朽本体后，就铸模了一个可朽的球体来安置它，并造了一个身体来支撑这球体。他们还在身体中造了另一种形式的灵魂：可朽灵魂。可朽灵魂中拥有糟糕和必然的情感：首先是快乐，引导它向恶的最强力量；其次是痛苦，乃离开善所致；此外还有鲁莽和恐惧，它们是一对愚蠢的军师；以及难以平息的愤怒，容易走向歧途的希望。所有这些，加上非理性的感觉，想要进行一切投机的欲望，共同组成了作为必然结果的人类。因此，由于害怕污染了灵魂的神圣部分——这一部分并非完全出自必然性——他们把可朽部分安置在身体的另一处，在头和胸之间建立界线，将颈放在它们之间，以使两者保持分离。（《蒂迈欧》69c5–e3；译文参谢文郁译文，上海人民出版社2005年版，第50页，依英文有改动）

这段对于建构可朽灵魂的论述，如何跟前面的具身化——它导致了错误的意见和其他心理情感——论述相关联？43a描述了推理的神圣圆圈被放入可朽的身体，69c提出建构可朽灵魂，是否是具身化这一复杂事件的第二阶段？又或者，对于前面论述的灵魂体验的各种心理情感，69c只是补充了细节?① 第一个论述提出了有关感觉、错误判断、欲望、快乐和痛苦及各种情感之间关系的问题，第二个论述如何有助于回答这些问题?

蒂迈欧对具身化的第二个论述清楚说明，次等诸神刻意创造了可朽灵魂（相比之下，心理情感只是具身化的必然结果）。就创造可朽灵魂而言，次等诸神是在模仿造物者（69c4），这意味着，他们正在用技艺制造尽可能美善的东西（29a – 30a）。因此，指引我们讨论的应该是：第二个论述要告诉我们的是，次等诸神在创造可朽灵魂时，目标指向的是一种善。这一论述告诉我们，对于必须拥有灵魂欲求部分——如果它要成为可朽的活物（70e4）——的受造物来说，这一目标即是要使理性部分能够在平静中推理，在共同利益中有效统治（尽可能不受污染 [69d6]；分离 [69e3]；远离欲望的干扰，思考共同福祉 [70e5 – 71a5]）。

显然，要确保灵魂理性部分能够进行推理和有效统治，最好的方式是，在没有理性部分直接参与的情况下，让非理性部分能够自己去做那些理性部分引导它们去做的事情（寻找食物，躲避仇敌）——如果这有可能的话。这似乎正是次等诸神装备非理性部分所要做的，他们在制作这些部分时，将快乐和痛苦、恐惧和莽撞、愤怒和希望，与感觉和欲望结合在一起（69d）。蒂迈欧说："所有这些（快乐和痛苦、恐惧和莽撞、愤怒和希望），加上非理性的感觉，想要进行一切投机的欲望，共同组成了作为必然结果的人类。"② 这一结合的必然性，是否仅仅是必然，就像具身化中产生情感的必然性一样? 或者，它是会带来好结果的一种特殊手段的必要性? 诸神是这一结合的直接原因，这一事实表明，这种必然性是一种手段，就像这一结合本身那样——那么，何种必然性会导致感觉、欲望与其

① Reydams-Schils 认为，蒂迈欧对具身化的第一个论述（41 – 44），呈现了《斐多》中的灵魂 – 身体二元论。G. Reydams-Schils, *Demiurge and Providence: Stoic and Platonist Readings of Plato's Timaeus.* Turnhout: Brepols, 1999, pp. 60 – 69. Reydams-Schils 还认为，早期廊下派会接受有关创造的第一个论述，但会拒绝第二个论述（pp. 69 – 72），因为第二个论述提供的是灵魂理性部分与非理性部分之间的二元对立。根据 Reydams-Schils（p. 65）的说法，盖伦（Galen）指出，克吕希波（Chrysippus）拒绝接受第二个论述。我认为，我所提出的对具身化第二个论述的解释，会让廊下派接受这一论述。虽然这两个论述之间可能存在某种紧张，但我认为，对它们协调一致的解读更加可取。

② 我们不要认为，这段话和 42a6 – 7——将欲求描述为"混合着快乐和痛苦"——之间有任何不一致：42a 的描述是造物者的预见性描述 [在（2）]，描述的是那些即将进入可朽的身体的灵魂，将如何体验欲望。它不是在次等诸神接触之前描述欲望是什么。就形而上学或物理学事实而言，混合着快乐和痛苦、感觉的欲望，是次等诸神理智设计的结果（69d）。

他心理情感的结合？此外，可以将感觉和欲望加诸情感上。以恐惧为例，让人拥有"死/受伤是坏的""安全是好的""逃跑可以让我安全"等想法（非理性的动物不可能具有这些想法），而不是像动物一样，在感知到危险时不假思索地直接逃命，意义何在？我们今天倾向于认为，我们依据理性做出的反应是恰当的，因为这些反应迅速而且合算；《蒂迈欧》的看法似乎是，这些反应之所以好，是因为它们让理性有时间去了解真理，包括对于灵魂整体来说什么是善，以及如何据此有效地去支配灵魂。

对于我所说的观点，一个合理的反驳是，在蒂迈欧那里，灵魂欲求部分在认知上如此贫乏，以致它不可能将行动的来源，建基于其确实拥有的情感、感觉和欲望上。下面是至关重要的一段话：

> [这种形式的灵魂]位于肺和肚脐之间，不会形成信念，也没有理性能力或理解能力，但有感觉——乐感或痛感，以及欲望。它是完全被动的，其生成时并没有被赋予反思或推理的本性，使其可以通过在自身之中并围绕自身的旋转，拒斥外部运动，并运用自身运动来认识自身。因此，它活着，跟动物没有不同，但固定不动、扎根于地，因为缺乏自身运动。（《蒂迈欧》77b－c；参谢文郁译文第55页，有改动）

显然，否认灵魂欲求部分拥有推理、理解和意见，带来的结果是，一个只拥有欲求灵魂的活物，不可能从一个地方移动到另一个地方。但是，是否所有可移动的动物都拥有意见、理解和推理？蒂迈欧关于轮回和动物头部形状的论述，要求非理性的动物拥有某种扭曲形式的理性（91e－92c），但动物的运动是否涉及这种扭曲的理性能力？问题在于，当蒂迈欧谈论植物灵魂（欲求部分）和人类灵魂（欲求、理智和血气部分）时，他极少说到非人动物的灵魂。既然植物之所以静止生活，是因为它们只有一个欲求灵魂，那看起来，可移动的动物必定拥有欲求之外的其他灵魂部分。

这里有两种可能：一种可能是，由于蒂迈欧将移动归因于对"自身"的反思或推理，因此可移动的动物可能拥有非常低等的反思或推理自身的能力。因此，一株植物只能单向地回应外部刺激——它在地面以上只能朝着阳光生长枝干，地面以下只能朝着水分生长根茎——但可运动的动物却有着更多可选择的回应方式。一只蜥蜴靠近一只小虫，并通过观察发现是一只蜜蜂。蜥蜴可以选择攻击或逃跑。在这些可能的回应方式中做选择，需要它对自身所处状况和能力有一种意识（这大概就包含在它反思"自身"所得到的东西之中）。一只动物对其自身状况的评估，远非普罗塔戈拉式（*Protagoras*-style）的度量技艺——这一技艺得到的真理，无关乎外形——因为它需要某种比较，某种对可选择项的排序，所以我们可以发现，蒂迈欧会将之与一种单纯对外形的被动记录相对比，并认为它只是一种扭曲的推理活动。另一种可能性是，带来移动的其他部分是血气。蒂迈欧只讨论了人类灵魂中血气部分的功能，在其中，血气是理性部分的独裁者，但或许，非人动物的理性部分处于休眠状态，因此，动物的血气服务于欲望，也进行某种类似推理自身的活动。可以支持把这些能力归为血气的因素包括：许多动物会对带给它们痛苦的东西变得愤怒；唤起它们怒气的，主要是对它们幼崽或领地的攻击；这种怒气通常伴随着反击。

诚然，这些说法具有很大的猜测性，但更紧贴《蒂迈欧》文本的讨论，可以终结那种认为整个［灵魂］非理性部分都是欲望的看法，其结果是，要么这些讨论无法解释非人动物的行为，要么它们给予了欲望过多的认知能力。波波尼奇的看法存在前一种问题，因为它过于严苛地强调欲求部分缺乏认知，并将这种缺乏扩展到灵魂所有非理性部分。蒂迈欧说，欲望部分即使能够感知到某种推理或论证，也无法理解它，而是会受影像和幻觉的引导，因此，在神的设计中，肝可以反思，可以接收思想力量的印记作为视觉影像，以便震慑或鼓励欲求部分（71a－b）。由于波波尼奇坚持认为，理性部分不仅要提建议，而且要以影像形式提供表征内容，因此，他对这段文本的解读是，这些影像的观看者就是理性部分自身，因为欲求部分只能响应由肝之平滑或粗糙所带来的快乐和痛苦，而无法回应任何表征内容（p. 318）。但是，为何这些是在肝——欲求部分的所在地——反思，而非在头脑中反思，如果它们不是为欲求部分所看到的话？此外，理智可以是欲求部分影像的来源，这一事实并不必然意味着理智可以独自作为这些影像的来源（想一下，当一个人——应该是这个人的理性部分——熟睡之时，欲求部分还可以进行预兆，71d）。最后，如果每一行为都需要理智的投入，那非理性的动物如何行动？

为了避免有关动物运动的这些问题，但又仍然将灵魂所有非理性部分设定于欲求部分之上，洛伦兹（H. Lorenz）赋予了欲求过多的认知能力。[1] 洛伦兹认为，由于欲求部分源自理智和信念，因此它拥有感官想象所具有的表征能力，核心的是获得表象（appearance）的能力。[2] 在《蒂迈欧》的证据之外，洛伦兹补充了《斐勒布》的两段话（在他看来，这两段话是更加精心设计的）：32b－36c 认为，一切欲望都需要记忆；38e－40c 认为，预期的快乐关涉对（建议上设想的）那些信念的意向性表征。

我同意洛伦兹的结论，即欲求可以靠自身激发行动，但我并没看出［《斐勒布》］这些文本证实了这个结论，而非波波尼奇的替代看法。因为，灵魂内部有个"画家"，将灵魂"写下"的话予以图解（《斐勒布》39a－c），这一事实，甚至都无法说明画家可以离开书写而激发行动。《智术师》（Sophist）补充了"跟随书写的画家"这一观念，将表象界定为感觉和信念的结合（264b）。由于《蒂迈欧》71a－e 和《斐勒布》38e－40c 所述是有关理性对欲求的一种特定作用——欲求对理性信念的意向性表征——因而我们不应该认为，这些段落给出了这些部分之间关系的全部论述。无可否认，《斐勒布》35a－c 认为，欲望暗含着记忆，而且至少在这一语境中，欲望的模型是欲求性的，不过，加上《蒂迈欧》对肝的讨论，它也不足以给予欲求以感官想象的全部能力：我们是否应该认为，植物拥有所有这些能力？如果是的话，植物影像所追随的是哪种书写？

从这些考察中，我的结论是，对于非理性的灵魂部分在不同情况下如何独立于理智之外激发行动的细节，文本表述得模糊不清，尽管如此，《蒂迈欧》对可朽灵魂建构的目的论论述，支持如下观点：非理性部分可以独立于理智之外引发行动。接下来，我会略述几种不同方式，通过它们，可朽灵魂的建构，可能可以让理性部分很好地进行推理活动。

一种可能性是，可朽灵魂保护理性部分，使其免受心理情感的影响，而如果不建构可朽灵魂部分——这与事实相反——的话，理性部分将不得不遭受这种影响。在这种解释上，可朽灵魂的创造，跟理性灵魂的具身化同步。（因此，蒂迈欧的第一个论述部分讲述了这一事件，第二个论述填

---

[1]　H. Lorenz, *The Brute Within*. Oxford University Press, 2006, pp. 99－109.

[2]　对一种缺乏推理能力的生物，标准的补偿策略，是充实其非理性的能力。扩展性的文献材料，参 R. Sorabji, *Animal Minds and Human Morals*. Ithaca: Cornell University Press, 1993.

充了细节，例如，将灵魂放入可朽的身体时，必定同时包括对一个可朽灵魂的建构。）在这一解释中，具身化第一论述提到的恐惧和愤怒，在第二论述中被认为位于血气部分，欲望、快乐和痛苦位于欲求部分，等等。

这并非一个完全令人满意的解释，因为第一论述断言，具身化过程中感官知觉缠住理性，此时，理性的思考活动实际上是扭曲的（43a-d）。人们可能认为，可朽灵魂的建构，保护了理性免受诸如愤怒和恐惧等心理情感的影响，而非不受感官知觉的影响，由此，因为具身化，理性部分产生了错误的意见，但不是情感和欲望。但是，当造物者告诉灵魂，具身化中它们将体验什么时，他不加区别地列举了感官知觉和欲望，其中混有快乐和痛苦、恐惧、愤怒（42a-b）。此外，至少可以确定，某些情感涉及意见，而蒂迈欧明确指出，思维圆圈的某些扭曲，是因为营养（44b2-3对此说得很明确），此时，如果把错误意见归诸感官知觉而非欲望，这似乎非常奇怪。

替代性的解释是，理性部分在具身化中实际体验着非理性的心理情感，如愤怒、爱等等，直到可朽灵魂被创造出来接管这些体验。或许具身化包含两个相继的阶段，在第一阶段，理性灵魂被放入一个可朽的身体时，体验着扭曲的思考、感觉、快乐和痛苦、欲望、恐惧、愤怒等（42）。这对灵魂的冲击如此之大，以致它失去了跟理智的联系（按苏格拉底《斐多》76d的说法，［灵魂］忘记了自己所知之事）。继而，在具身化的第二个阶段，次等诸神制作了可朽灵魂。这些灵魂可以接管之前理性灵魂遭受的一些体验，以使理性灵魂可以更少干扰地进行推理和统治。① 它们可以吸收或抑制来自身体的冲击，不让冲击到达理性部分，接着，由于身体仍然需要保护和营养，它们也可以按照自己的方式回应这些冲击。例如，血气部分接管了愤怒，对愤怒来说，胸口是一个好的所在，因为血液可以在那里燃烧，而肺可以在那里让愤怒平息（70c）。

对于具身化中理性体验着愤怒、恐惧等，此观点的一个激进版本，是卡尔菲克（Karfík，2005）的具身化论述中表现出来的。② 卡尔菲克认为，可朽灵魂正是那些灵魂干扰物——源自理性灵魂的具身化——的集合体，

---

① Johansen 提到，David Sedley 称之为从理智到灵魂低等部分的"非理性退化"。T. K. Johansen, *Plato's Natural Philosophy*, pp. 154-155.

② F. Karfík, "What the Mortal Parts of the Soul Really Are." *Rhizai* 2, 2005, pp. 197-217.

但在空间上［与不朽灵魂］分离。① 据这种看法，具身化只会产生一种类型的干扰（由旋转运动与直线运动冲突导致的干扰），而 69c 可朽灵魂的建构，只不过是把这些干扰的其中一些抑制或安置于身体的不同部分，以让它们与理智有所分离。理智为各种麻烦所缠绕，它疏远了其中一些更麻烦的情感，这些情感此后成为一种低等的灵魂部分——就好像在 2008 年金融危机中，通过创立"坏账银行"（bad banks），将"不良资产"丢入其中，银行又变成了"好"银行。

卡尔菲克必定认为，次等诸神创造的"可朽灵魂"（69c），是一种特殊条件下的——空间上分离——不朽灵魂。有利于这种看法的是，骨髓的形状——又圆又长（73d4），使其适合那种被直线运动改变了的循环运动——表明，它意在安置已具身化之理智的运动。② 但骨髓拥有这种外形，也可能是为了促进理智与灵魂其他部分的交流。对卡尔菲克有关可朽灵魂的论述，决定性的反对意见，可能跟［灵魂的］组成有关。原因在于，对于理性部分之所以拥有把握存在、同和异的能力，并因此可以思考和形成信念，其解释是，理性部分即是由这些东西组成（37a–b）。如果可朽灵魂由相同材料构成（蒂迈欧对此问题保持沉默），那么，可朽灵魂也应该可以思考和形成信念。但蒂迈欧至少否认说，欲求部分可以推理和形成信念（77b–c）。另一方面，有关［灵魂］组成的问题并不容易回答。假设我们认为，可朽灵魂的成分不可能跟理性部分的成分相同，那么，可朽灵魂由什么构成？如果是土、水、气或火，那它们如何推动自身运动？因为灵魂必须如此？

如果这一看法——理性可能体验非理性的情感，但也可能靠着其他部分的承担而停止体验它们——是对的，那么，一方面是意见，另一方面是感官知觉和欲望，它们如何关联着像恐惧和愤怒这样的心理情感，我们就有了一个可能的答案，同时我们也可能回答，《法义》中雅典人如下做法的基础何在，即，如果恐惧涉及对邪恶的预料，雅典人何以能将恐惧归到

---

① Karfík 说："灵魂的'可朽类别'或'可朽部分'只不过是特定细胞组织的特定运动，它们都源自不朽灵魂，并作用于不朽灵魂。不存在一个脱离活物身体的可朽灵魂、也不存在任何身体器官组织之外的其他基质。这就是为何蒂迈欧可以说哪里可以发现可朽灵魂、在它之中发生了什么，但却不说在其自身之内有什么。"F. Karfík, "What the Mortal Parts of the Soul Really Are", p. 214.

② 参 T. K. Johansen, *Plato's Natural Philosophy*, pp. 151–152.

不安宁的孩子——需要通过摇动来使之摆脱不安——身上。恐惧可能——但并非必需——关涉理性部分。如果是，恐惧涉及对邪恶的预料，但如果不是，恐惧的历史（或者更生硬但却更准确一些来说，其个体发生学）仍是将之视为恐惧的原因。对邪恶的预料之典型现象学的和物理学的相关因素（含糊的煽动，不停的心跳），之所以被算作恐惧，不仅是因为它们惯常与对邪恶的预料相联系，而且也因为这一历史。

是时候转到《法义》第二段有关灵魂学的文字，即那段灵魂和牵木偶绳索之间的著名类比（644c–645b），来看看我们对《蒂迈欧》灵魂三分的解释如何与之相协调。根据《法义》此段，快乐和痛苦的情感，莽撞和恐惧，还有推理，就像一条条绳索，朝这个或那个方向拉扯木偶：它们作用于我们身上，互相抵触着，并以此引导我们行动。其他绳索都是牢固的、坚硬的，但推理的绳索却是温和的、柔软的，因而为了胜过其他绳索，推理需要帮手。我们应当追随推理的拉力，每个人和立法者都应当获得关于这些灵魂中内在拉力的真正道理。波波尼奇认为，这段话否定了灵魂的动因类概念，因为它将灵魂各部分描述为绳索，将非理性部分对行动的贡献刻画为拉力，而它设计的木偶类比一开始就声称，我们每个人都是一个独立个体，最终我们必须追随推理的金色绳索。

然而，《王制》虽然接受灵魂的动因类说法，但也不时会将灵魂描述为绳索（410e–411a，411e–412a，参照443d，以及有关和谐的比喻），将它们的贡献描述为拉力（437b–c），有时还会调用一个胜过和超出三部分之上的自我（553c–d）。此外，在《法义》这段中，只有理智被说成是太柔软，无法拉动木偶，其他绳索似乎都非常坚硬，不用理智帮助也足以拉动（这让人听起来好像是，理智需要其他部分帮助才能激发行动，而非其他部分需要理智）。因此，尽管《法义》木偶这段并没有将灵魂各部分表达为动因类，但要说它否定这一概念，内在的文本基础太过薄弱。

之所以不在木偶这段文字中使用灵魂的动因类概念，柏拉图有着很好的语境理由。木偶类比的引入，是要向未来的立法者阐明自制德性的本质（645b），以便为一种非常具体的教育建议（即会饮，638c以下，645d以下）进行辩护。会饮有两种功能：其一，它可以考验公民是真正具有德性（他们的非理性动机会跟理性判断相结盟），还是仅仅是自控（enkratic）（他们依照理智行动，尽管不是依照他们的感受）。通常来说，只可能发现一个人的行动是否符合理性判断，了解他的感受要远为困难。会饮习俗提供了一种了解他们感受的途径：让人醉酒，他们的快乐和爱欲会更强烈，而理性的运作（他们的感觉、记忆、意见、明智）会弱化（645d－e）。其二，会饮提供了修正各动机间平衡的机会：如果会饮的掌舵者发现，公民的快乐缺少跟意见的结盟，他会公开斥责他们，并在他们面前表彰那些快乐跟意见结盟的人（648c）。这一经验会给他们另一种动机去支持推理，大概关注的是荣誉或声誉。通过把不同动机比作牵动木偶的绳索，木偶类比使我们可以形象地设想这一过程。这一类比也有助于从第一人称视角的思考，因为它提供了一种管理我们自身动机的方式，在我们拥有所有这些动机的前提下（对比《王制》提供的药方，让人将自身理解为包含着人、狮子和多头兽的存在［588b－d］：这显然是在鼓励人们远离自身的非理性动机）。

木偶类比在一个更大语境中的作用也表明它为何无助于理解：要如何将德性灌输到公民身上？虽然木偶类比包含了有关ἐγκράτεια［自制］、其［自制］与德性的区别以及ἀκρασία［放纵］① 的丰富信息。音乐和体操如何作用于快乐和痛苦这些坚硬、牢固的绳索之上，使它们能够襄助理智的金绳索？是否是在每次公民依据理智行动时，通过快乐绳索的合适拉力，创造一种让人欢喜的联合？是否是在被好的、有序的事物牵动时，让快乐绳索进行实践，以便加强那些快乐的驱动力量，使其超过其他力量？为了理解这一从母体中（in utero）即已开始的整体教育计划，我们需要超越木偶类比。

三、体育如何让我们变得更好

在《王制》论述音乐教育的一开始，苏格拉底将有待教育的儿童灵魂比作蜡——易受陶冶，可塑性强（377a－b）。在说到数学和辩证法教育

① 如 Bobonich 所示，有关《法义》的灵魂概念，木偶这段可以告诉我们很多：快乐和痛苦、莽撞和恐惧、愤怒等情感，其起源与推理无关，它们拥有独立的推动力量，与理智对它们的作用无关，而且它们确实会抗拒推理。这一类比涉及几种不同类型的放纵：（1）一个人不依据恰当的理性判断而行动；（2）对于所考虑之物（all-things-considered）如何是最好的，形成的恰当理性判断无效（例如，当一个人醉酒之时）；（3）对于所考虑之物如何最好的判断，被非理性地改变；（4）不按照所知最好的方式去行动。注意，要使放纵行为合乎理智，需要的是，跟有关所考虑之物的知识相悖的东西，不仅需要独立产生，而且要跟更深或更长远的关切相连，Bobonich 举例提到，相互冲突的动机，涉及对何者好或何者快乐的记忆。C. Bobonich, *Plato's Utopia Recast*. Oxford University Press, 2002, pp. 263－285.

时，他不得不改变这一意象，因为理智拥有一种先天的能力，在转向可理解对象时就会被激发，就好像并不需要把视力灌入眼睛之中，但一旦眼睛转向阳光，它马上就能看到东西（518b–e）。至于体育，苏格拉底所说的是，推行体操和音乐教育，是为了灵魂，体操教育是唤起［灵魂的］血气部分，离开了它，音乐教育会使人要么过度软弱（如果他们天性温顺的话），要么过度粗暴（如果他们天性血气旺盛的话）（410b–411e）。

相比之下，《法义》中待教育的儿童灵魂，既非单纯的易受陶冶，也非已经装备好去把握其理解对象，相反，它被描述为很难驾驭的运动（653d–654a）。引人注目的是，至少这种难驾驭的其中一部分，是对理智的难以驾驭：

孩子是所有兽类中最难驯服的（δυσμεταχειριστότατον），因为在很大程度上，小孩子自身中有一种尚未规训的思想来源（πηγὴν① τοῦ φρονεῖν μήπω κατηρτυμένην），他会变成阴险（ἐπίβουλον）②、尖刻（δριμὺ）和最肆心的野兽。（808d）

对野性的这一解释，让我们想起《蒂迈欧》对年轻人狂热活动的解释：这种狂热活动的产生，是由于直线运动对理智旋转运动的冲击，并通过身体作用于灵魂（43b）。因此，教育很自然地被设想为，要引导这些无序行为回到正轨。《法义》似乎将理智——它存在于到那时为止仍是非理性的孩子身上——放在显要位置，将之作为需要训练的一种能力，起初是通过音乐和体操教育［进行训练］。相较之下，《王制》对孩子身上的理智只字未提，尽管它确实提议，要通过游戏教导孩子数学知识（536e）。相反，《王制》认为，伴随着音乐教育，理智会随之成为一种成熟的能力（402a）。这些反差可能反映了柏拉图灵魂学在《王制》和《法义》之间的改变，但它们也可能表明，柏拉图在《法义》中的更大兴趣，是去解释教育的机制。

我在前一部分提出，我们灵魂这样建构：理性部分可能（但并非必

---

① πηγὴν［泉水］，这是说到动机来源时最常使用的比喻。参 636d，那里提到，快乐和痛苦是两股天然泉水。

② 参《会饮》（*Symposium*）203d4 对爱欲（Erôs）的这一描述，他是波洛斯（Poros）之子。

需）牵连着非理性态度。可将这点与《斐多》中苏格拉底的看法结合起来，在那里，苏格拉底坚持认为，我们的错误意见，源于思想掺入了像快乐这一类的身体情感，不过，我们仍然可以不陷入这些情感，而是专注于理智的提升（参《斐多》83a）。对于成年人状况的这一静态论述，《蒂迈欧》补充了一个发展论述。由于诸神对我们灵魂的理智设计，在人类发展的某个时刻，灵魂会分开，以让理性部分可以去做《斐多》中的提议：停靠在自身之中，专注于其在具身化过程中忘记的事情。此刻之后，是让自己的思想陷入这些非理性情感（因此产生错误意见，例如认为幸福取决于欲望的满足），还是让思想脱离这些情感的摆布，取决于我们自己。这种自愿脱离可能带来的一个结果是，成熟的感情将会被胸口或肠道直接化约为干扰之物，没有任何判断介入其中，就像塞涅卡（Seneca）所说，感情的"伤疤"在廊下派的圣人那里仍然存在（《论愤怒》［On Anger］，Ⅰ.16）。①现在我要指出，对于理智摆脱非理性情感的建议，《蒂迈欧》和《法义》补充了身体训练，以管理这些情感（而不是假装我们不用体验它们）。

体育最直接的好处当然是增强体质：蒂迈欧说，我们既要锻炼身体，也要锻炼灵魂，以使它们的力量比例协调，因为如果灵魂较身体过于强壮，会导致身体遭受疾病，在研究和辩论中耗尽精力；反过来，如果身体较灵魂过于强壮，会让灵魂变得愚蠢，因为灵魂要被迫总是服务于饮食欲望（《蒂迈欧》88a－b）。除了会产生一个困乏的学生之外，身体孱弱还可能带来对德性的妨碍，对此，我们可以想象到很多方式。如果勇敢鼓动我参与某项很费体力的事情，但我的身体虚弱，那么，因为耗费体力产生的痛苦，欲望可能就会叛离勇敢德性的要求。但假若我很强壮，欲望就不会体验到体力耗尽的痛苦。这里可以认为，体育是要减少欲望面对痛苦时的被动性。当然，这样做的手段是间接的，是通过增强身体的力量。

不过，雅典人说，通过摇动，让不安宁的孩子平静下来，这是在训练勇敢（791b－c，参前文第一部分），此时他认为，身体运动所做的，不只

---

① Cooper 认为，波塞多尼乌斯（Posidonius）为廊下派灵魂学引入了"情感行动"（"affective movement"）的说法，指的是服从于情感冲动的行动，通过它，灵魂中的非理性力量彻底促成了感情（emotions，行动的冲动，形成了自身的价值判断）的产生。不同于感情，这些情感行动对人（和动物）是自然的——因此，它们可以避免感情的毁灭。J. M. Cooper, "Posidonius on Emotions." In *Reason and Emotion*. Princeton University Press, 1999, pp. 467－468.

是增强体质。孩子灵魂受到恐惧这一无序运动的折磨，摇动制服了这种运动。雅典人认为，这种克服恐惧的习俗，有助于产生勇敢，因为伴随着恐惧的成长，会让人更容易成为懦夫（791b）。如果理性可能——但非必需——与非理性情感一同占据自身，那或许，从孩子的早期经验中消除这些情感，会减少理性部分形成相关错误意见的机会，这些错误意见一旦生根，会让孩子变得懦弱。恐惧的运动想必令人不安，如果孩子习惯于这些运动，会容易形成这种意见，即，引起这些运动的，无论为何，都是邪恶的。或许与此同时，从孩童时就习惯于感受恐惧，会导致的结果是，伴随着恐惧感受长大，他将不会产生摆脱潜在危险的动机，对即将到来的邪恶也会无动于衷。

如果我们的灵魂态度是各种运动，并且其进程受身体运动的影响，那么，我们可否通过运动诱发意见或知识？很明显，明智德性需要学习天文学、音乐理论和神学（《法义》821e－822c，参817e－818a，967d－e），而非绕圈奔跑，因此，体育显然无法产生知识。对这一常识的灵魂学解释是，知识是绕着同的圈的运动，在最严格的意义上，同的圈的运动是一种自身运动，因此不可能是任何身体运动的结果。但意见的情况却不这么明确：一方面，由于错误的意见是那些情感——它们通过身体到达灵魂——的产物（如《蒂迈欧》有关具身化的第一论述所言），那看起来，真实的意见可能是身体不同情感的产物；另一方面，如果意见需要把握存在、同和异——理性部分靠自身把握它们——那么，这如何可能仅仅是身体运动的结果？很难看得出来。

到此为止，体育的最大好处——按波波尼奇的说法是，有序运动带来的快乐，对于德性教化的作用——似乎仍是间接的。由于体育存在于有序运动之中，由于人类从童年时就可以感知和享受运动中的秩序（《法义》653e－654a，参前文第一部分），因此，在由秩序实例组成的阶梯中，有序的运动是初级阶梯，德性则是更高级的阶梯。运动中的秩序，像其他实例中的秩序一样，本质上很宝贵，因此，有序运动中的快乐，是对某种内在可贵之物的欣赏。在教育中，学生从欣赏身体运动中的秩序开始，逐步上升到欣赏数学或德性行为中更抽象的秩序。《蒂迈欧》在论述视觉和听觉时，提到了类似的上升：视觉使我们可以观察天体，训练我们的视觉观察天体，使我们能将理智聚焦于天体的理智运动，并由此使自己变得明智；听觉使我们能够听见音乐，使我们能聚焦于音乐的和谐，并由此使自已变得和谐（46e－47e）。虽然这段话没有提到快乐，但它解释了身体运动带来秩序和明智的实例，这些实例是我们能够很容易发现的。如果已懂得去认识和享受运动、音乐和视觉现象中的秩序，我们将更加能接受包含这类秩序的体验，而更不能接受相反的体验，由此，我们在暴饮暴食和过度饮酒中就不会发现快乐。如果在这些事情中不会发现快乐，我们也不会愿意去错误地相信，食物和酒，或者得到它们的途径，是特别可贵的。既然如此，我们的快乐就会支持（而非阻碍）我们的理性行为。波波尼奇有关快乐在教育中作用的说法，也与《斐勒布》和《法义》接受快乐为一种善的说法——不过，其善性在于每一快乐中的真实、纯洁和均衡（程度）（《斐勒布》65a）——非常契合。

在我看来，柏拉图可以给予快乐这种角色，尽管他并不否定非理性的灵魂部分可以独自运动，由此他也不要求理性要为快乐、感觉、欲望等提供内容。不论非理性的灵魂部分能否独自激发行动，波波尼奇描述的那种教育中的上升，涉及的只能是理性部分，因为只有理性部分能够回应秩序本身——因此才有雅典人在《法义》的见解，即在所有动物中，只有人类可以感觉到舞蹈中的秩序（654a）。对于受过恰当教育的人来说，波波尼奇的提议——理性必须为非理性情感提供表征内容——所确保的是，他们的非理性情感不会与理性部分的态度发生冲突。不过，有教养者灵魂中这种完美的和谐（确切地说，不是理智与欲望间的和谐，而是理智与快乐之间的和谐），其实是个假象，因为需要有类似旨在进行教育的会饮（面向老年人）这样的习俗存在。贯穿终身的体操制度表明，我们意见和快乐之间的失调是一种持续的状态，需要通过贯穿一生的体育进行持续修正。在我看来，对于灵魂不同部分，体育意味着不同的事情：它为理性部分提供的是一个令人愉悦的秩序实例，从中可以进行类推和提升；它使欲望部分在涉及痛苦时减少被动性；它取消了心理情感，使得跟它们相关联的那些意见，与理智的训练相分离。

我对体育价值的论述，比波波尼奇更加凌乱，但好处在于，基于波波尼奇的论述，我们可以只作为旁观者，从有序运动中受益——通过观察其他人的身体活动，我们可以汲取同样的智慧资源，就跟我们亲自进行一样。但雅典人坚持主张要参与到体操训练中，而非仅仅是观察它。而在为不同类型的身体运动进行排序时，蒂迈欧说，对我们的幸福来说，最好的是自身运动（最接近宇宙的运动），其次是通过载具的移动（在海上乘船航行，被家长抱着走动），再次是通过药物引起状态的改变（89a－b）。（在解释为何自身运动最好时，蒂迈欧借助的是自身运动与宇宙运动之间的亲近关系，这表明，一个人的身体运动与思想运动之间，存在一种关联或是类比，或许是因为两者都表现出了自发性，但更可能的原因是，当我移动自己的身体时，我这样做是基于所做出的判断——这样做是最好的。但这里所求助的好，是自身运动所表现出的好，而非由它发展出的好。）我或许要更多地直接进入秩序实例之中——如果我想要亲自参与，而非只是观察别人这样做的话——或许这会带来对秩序欣赏的本体感受性，而非仅仅视觉上的欣赏。要获得秩序实例，需要拥有健康的体质，动作的协调性，或要加入一个合唱团，因而可能只有参与者才能深入其中。不过，如果对秩序的快乐体验，关键在于它能让我们把握秩序本身，那么，只要可以获得其他类型的秩序体验，错过一种特殊类型（即对秩序的本体感受），也似乎并非一个很大的损失。此外，如我所说，如果在解决心理情感使之与相关信念分离时，体育发挥着重要作用，那么，如《法义》所言，参与体育训练就至关重要，而且，这重要性贯穿一个人的生命始终。

心智的运动

普兰尼克（Zdravko Planinc）撰

马格尼西亚（Magnesians）城邦第一项法律的序曲说："根据某种自然本性（φύσει），人类分有不朽（μετείληφεν ἀθανασίας），正是这种自然本性（πέφυκεν）使人人深切地渴望不朽。"（《法义》721b7–c1）木偶形象（puppet ikon）表明，会背弃分有不朽的本性，也是所有人的自然本性。在序曲中，雅典人提到了这种可能性，他补充说："自愿（ἑκόντα）舍弃这一份的人绝非虔敬（ὅσιον）。"（721b–c）第一项序曲嘱咐所有马格尼西亚人，神是万物的尺度，要尽力变得像神。马格尼西亚人把神作为一切虔诚的敬畏（τῆς εὐσεβείας σκοποῦ）的目标，是他们所有箭的靶子（716c–717a，对比962d）。但是，并非所有人都是马格尼西亚人。有些人试图否认，依据自然本性，他们分有不朽。他们自愿不虔敬。这怎么可能？对于这个问题，木偶形象给出了部分答案。在《法义》卷十讨论不虔敬的言行时，雅典人给出了最完整的回答。部分出于这个原因，按照克勒尼阿斯（Cleinias）的说法，雅典人对不虔敬的讨论，应称为"一切法律最高贵和最好的序曲"（887b–c）。

在德性和恶行领域，木偶形象描述了人类存在，但它仅仅是对人类灵魂（psyche）的概述。推理（λογισμὸς）以及快乐和痛苦的绳索所描述的结构，无法完全解释德性和恶行，因为一个人不只是谋划的推理加上身体的情感。雅典人认为，在向上和向下的拉力之外还有其他东西，而这些东西部分弥补了不足。有必要更全面的解释拉力。雅典人将灵魂对拉力的回应描述为各种爱。如果一个人想要获得属神的诸善，尤其是审慎（phronesis）和心智（nous），那么他的整个灵魂都必须回应向上的拉力。如果他拒绝向上的拉力，转向不审慎（aphrosyne）和不理智（anoia），那么他的整个灵魂必定转而回应向下的拉力（参886a–b）。灵魂的转离是自爱。

雅典人说，自爱是"所有情况下每个人恶行的起因（αἴτια）"（731e）。同样，灵魂回应向上的拉力，襄助金绳索，可称之为对神的爱，或对神圣理智的爱。在卷十中，雅典人把这两种爱的经验核心（experiential centers）放入人类灵魂中，从而扩充了自己的解释。自爱是血气（thumos）的核心。雅典人会赞同赫西俄德说，无论如何，拒绝把神放在心里（εν θυμοί）的人，毫无价值。此外，在雅典人的第二个形象中，即他讨论的心智运动（897e），描述了可称之为对神的爱的经验核心。

关于不虔敬法律的讨论，面对的是所有这些人，他们自愿舍弃分有不朽的本性。不允许这样的人殖民马格尼西亚，这正是雅典人的打算。因此，讨论可视为考验的一部分——"在一个足够长的时间中，运用各种各样的说服"（736b – c）——城邦的建立者会利用这种考验，净化那群病入膏肓的殖民者，并用某种方法，治愈所有那些天性善良，却被吸引到不虔敬者行列的人。它为什么是一切法律最高贵、最好的序曲（887b – c），这是另一个原因。然而，城邦建立起来之后，对于马格尼西亚的不虔敬法律来说，讨论变成了冗长的序曲。同样，这个讨论连同《法义》中的其他演说，都要让马格尼西亚的孩子们学习（811c – e）。雅典人打算用他的所有演说和序曲（不只是这个），引导马格尼西亚人完全地分有不朽。尽管如此，对于城邦来说，还是必须有针对不虔敬的法律。光有恰当的教育（paideia）还不够。雅典人解释说："总是有些人，有时多，有时少，会染上这号病。"（888b）

虔敬和不虔敬，并非只是词语或言辞的属性。毋宁说，它们是灵魂的状态，在言行之中寻求表达。特别是，不虔敬是灵魂的一种病态。在《王制》（Repulic）中，苏格拉底称之为"灵魂的无知"（ἄγνοια）。心灵的无知而非不虔敬言辞的无知，才是"真正的谎言"（ἀληθῶς ψεῦδος）；言辞中的谎言，只不过是"派生的影像"（ὕστερον γεγονὸς εἴδωλον）（382b – c）。阿德曼托斯（Adeimantus）宣称，所有关于神、诸神或神圣的言辞，是"各种神学"（τύποι περὶ θεολογίας），苏格拉底也同意这个说法（379a）。来自病态灵魂的言辞，跟来自健康灵魂的言辞一样，都是一种神学。两者均用可能的话语，证明了人类对神圣的回应。

在《法义》中，雅典人讨论的言辞表明，灵魂背离了神圣；在《王制》中，苏格拉底讨论的言辞则表明，灵魂漫长而艰难地朝向神圣提升。在这两种灵魂状态中，前者认为，话语的表达更有一致性。在《王制》中，关于神圣的言辞，苏格拉底展现了两种尺度，使很多不同的言辞可视为虔敬神学的实例。第一个尺度是神义论。神实际上是好的（ἀγαθὸς ὅ γε θεὸς τῷ ὄντι）。神不是所有事物的起因（αἴτια），而只是好东西的起因。对于人类事务中的恶，神没有责任（ἀναίτιον），其有其他起因（το αἴτια，379b – c，380c）。第二个尺度表明，神具有永恒的完满性。所有神圣之物都完全没有虚伪（ψεῦδος）。在各个方面，神和一切神圣之物都是最好的。于是，首先，神永不改变；其次，神单一而真实（ἁπλοῦν καὶ ἀληθές），绝不会用言行中的幻觉或谎言欺骗人类（381b – c，382e – 383a）。在《法义》卷十中，雅典人对不虔敬神学的讨论，提出了一个类似的结论。他讨论的三个观点，典型描述了不虔敬的无知灵魂的各种表达。无知灵魂所说的话，与其不虔敬行为紧密相连，均源于相同的心灵状态。雅典人说，所有自愿做不虔敬的事或说不法言论的人，都身处（πάσχειν）下面三种相关的灵魂属性之一：要么，他不相信（οὐχ ἡγούμενος）诸神存在（θεοὺς ... εἶναι）；要么，他相信诸神存在，但认为诸神不关心人类（οὐ φροντίζειν ἀνθρώπων）；要么，他认为诸神关心人类，但很容易让献祭和祈祷说服（εὐπαραμυθήτους）（885b，对比《王制》，365d – 366a）。

在马格尼西亚，没有不虔敬的位置。所有马格尼西亚人都很虔敬，符合苏格拉底在《王制》中提出的虔敬的两个尺度。马格尼西亚的礼法引导他们相信（ἡγούμενος）诸神存在（885b）。然而，这并不意味着，他们的礼法以惩罚为威胁，独断地要求他们接受这三个观点组成的神学，这三个观点与不虔敬神学的那三个消极观点相对立。① 如果城邦有可能以此种方式建立，那么，其礼法的最大后果，就相当于奠定所有不虔敬神学的灵魂无知。② 涉及神圣的马格尼西亚礼法，不是否定之否定，而是肯定那些消极观点试图拒绝的东西。这种礼法符合神圣理智，即对人类而言所有属神的善的领头（ἡγεμόν᾽）。因此，沿着礼法引领他们的道路，马格尼西亚人就能踏上灵魂之旅，朝神祇上升，远离不虔敬者的灵魂的无知。在言行上，马格尼西亚人接受了苏格拉底虔敬神学的两个尺度，因为，这两个尺度是他们拥抱的完善而永恒的神派生的影像。

雅典人说，总有人——通常是年轻人，染上自愿不虔敬的病。从孩提起，他们就蔑视（καταφρονήσαντες）所有虔敬的表现，这种蔑视表明了他们灵魂的无知。到他们成年时，他们的思想（διάνοιαν διεφθαρμένοις）

---

① 在对《法义》的现代诠释中，这已是老生常谈，它通常跟对柏拉图晚期神权的独断主义乃至集权主义的批评有关。最近的例子之一，见 R. F. Stalley，《柏拉图〈法义〉导读》（An Intro-duction to Plato's Laws），Hackett Publishing Company，1983，页 166 – 178。Thomas Pangle 对《法义》卷十的诠释与之类似，但他没有指控柏拉图陷入宗教的独断主义。Pangle 认为，卷十是马格尼西亚的一种"公民宗教"。这个概念来自卢梭（Rousseau）的《社会契约论》（Social Contract）（4.8），Pangle 采用了这个术语。他写道，用这个概念来分析《法义》是合适的，因为卢梭对公民宗教的论述基于"古典理解"。卢梭"看到，法律和义务需要神的支持"。雅典公民宗教的"主要功能"在于，通过"支撑刑法典"维护公民的秩序。必须有一种公民宗教，因为"除非说服人们相信，看不见的诸神保护他们今世的生活，并在死后提供一种可忍受的生活，否则，他们可能会感受到威胁，而不能为了共同利益牺牲自己的安全"。对马格尼西亚公民宗教的三个"证据"的信仰，"不是理性的"。Pangle 说道："［雅典异乡人的］法律所需要的虔敬和信仰，基本上不立足于公民们理性探究的结果。"公民的宗教独断主义可能不是理性的，但它"绝对是政治生活的必要维度"。参《柏拉图〈法义〉中的政治与宗教：一些初步反思》（"Politics and Religion in Plato's Laws：Some Preliminary Reflections"），载于 Essays in Arts and Sciences 3（1974），页 22 – 23；《柏拉图〈法义〉中的宗教政治心理学》（"The Political Psychology of Religion in Plato's Laws"），载于 American Political Science Review 70（1976），页 1060 – 1061。在 Pangle 的诠释中，对古希腊有关虔敬的论述的研究至关重要，参 Gadamer，《苏格拉底的宗教与宗教性》（"Religion and Religiosity in Socrates"），见 R. Velkley 译，Proceedings of the Boston Area Colloquium in Ancient Philosophy，卷一，J. J. Cleary 编，Lanham，1985，尤见页 53 – 60。

② 参 Blair Campbell，《柏拉图〈法义〉中的神与人类主体》（"Deity and Human Agency in Plato's Laws"），载于 History of Political Thoughts 2（1981），页 417 – 446。Campbell 接受传统理解，认为卷十描述的是马格尼西亚的公民宗教，但他主张，"卷十中描述的对诸神的那些信仰，并不必然会导致如下生活样式，即把人类贬低到被动的顺从之中"。Campbell 的结论揭示，公民宗教本身的基础是虚无主义。他主张，柏拉图的公民宗教不是"拒绝了普罗塔戈拉（Protagoras）"，而"似乎是在实践上确认甚至超过了普罗塔戈拉。看上去，人不仅是'万物'的尺度，而且是神的尺度。"（页 418，420）

完全败坏了。此外，雅典人还说，他们蔑视那些东西并没有依据哪一个充分的论证（ἑνὸς ἱκανοῦ λόγου）——即便只有一丁点理智（σμικρὸν νοῦ）的人也会肯定那些东西。他们的蔑视背离了审慎和理智，而非依据它们。但是，若非出于理智，他们为什么会蔑视呢？在向克勒尼阿斯解释如何最好地回应这些人时，雅典人回答了这个问题。他们应当和声细语，"平息血气"（σβέσαντες τὸν θυμόν）（887c–888c）。自愿不虔敬者的灵魂无知源于血气，如果要治愈这种无知，首先要控制血气。对得这号病的人，首先要结合说服和强制，尽可能使他们变得温顺（ἡμεροῦν）（890c）。雅典人警告克勒尼阿斯，他们说话必须小心，自己不要带着血气（ἀθύμως）。然而，他们没有做到。在完成对不虔敬神学的三个观点的回应之后，雅典人特地承认，他的言辞相当激烈。他说，之所以非常热切（προθυμία）地说出这些话，是因为渴望战胜（φιλονικίαν）坏人（κακῶν ἀνθρώπων）。雅典人的好胜心，不是某种形式的自爱。他论说的意图，不是要让不虔敬者完全沉默。好胜心驱动他说话，是因为在说服不虔敬者放弃自己不理智的轻蔑之前，必须首先让他们明白，他们不能为所欲为。在这种情况下，说服前有必要进行某种程度的强制。雅典人告诉克勒尼阿斯，他论证的终极目标，是要说服（πείθειν）不虔敬者憎恨自己并渴求相反的性情（ἐναντία πως ἤθη στέρξαι, 907b–d）。换句话说，他想要说服他们憎恨自爱——自爱基于热切地蔑视所有神圣之物——由此，在某种程度上使他们能够爱神。

雅典人明白，并不总是能说服不虔敬的人，憎恨对自己的爱。在这种努力中，成败最终取决于劝说对象的品性。城邦可能产生不同类型的不虔敬，对它们要进行不同的惩罚，论述这点时，雅典人描述了可治愈者与无可救药者之间的差别。他说，有些人压根不信诸神存在，但"性情天生正直"（ἦθος φύσει ... δίκαιον），拒绝行不义。另一些人的性情天生不正直，并且没有节制。这两类人患有相同的灵魂病，但前者的灵魂比后者大为健康。特别是，天生不正直的人——他具有通常所说的"好天性"（εὐφυὴς）——狡猾无比，欺诈成性。这种人，拥有欺诈所需的"各种迷药"（πᾶσαν τὴν μαγγανείαν）。这种人中最差的两类是智术师和僭主。通常，智术师有极强的记忆力和才智，而僭主面对快乐和痛苦时，则缺乏任何节制。他们都用自己的才智去满足无节制的欲望，就此而言，他们是类似的。但关于他们，这并非雅典人所要讲的全部内容。他们天生的不正直及其富有血气的灵魂无知，将这些特征变成了一种疯狂（μανία）。雅典人称之为魔法（908b – d）。智术师和僭主拥有的迷药是毒药，不是身体的毒药，而是灵魂的毒药。他们首先毒害了自己的灵魂，然后通过言语毒害其他灵魂，用"符咒和咒语"说服所有那些有意行大不义的人。由于受自己毒害，这些人变得像野兽（θηριώδεις）一样，蔑视所有人。对任何比自己优秀的人，他们都心存怨恨，这表明，他们想让所有人都变成野兽。出于这些最卑劣的理由，这种人"极力摧毁个人和所有家庭和城邦"。雅典人说，这些人应当作动物处死（909a – b，932e – 933e，934c – d）。然而，天生的正直者无须承受这样的惩罚。虽然由于缺乏理智（ἄνοια），他们也变得不虔敬，但他们"没有坏脾气或坏性情"。在马格尼西亚，这种人有机会变得节制（σωφρονεῖν）。他们只需要在五年的监禁期内，接受像雅典人这样的人劝说，这些人懂得"拯救灵魂"（ψυχῆς σωτηρία）（908e – 909a）。

在讨论不虔敬前，雅典人先描述，出于对雅典人、克勒尼阿斯和墨吉罗斯（Megillus）的蔑视，这样一个年轻人会说些什么（885b – e）。首先，年轻人会承认，雅典人概括的涉及所有不虔敬神学的三个观点，确实为真。然而，年轻人没有说，他没受引导去相信（ἡγούμενος）诸神存在。相反，他只是说，他和同类人不信仰（νομίζομεν）诸神。他选择的语词很重要。伽达默尔（Gadamer）注意到，动词 νομίζω "用于公共领域，跟坚持某事为真的内在经验无关……而是跟行为显著的公共性相关"。[①] 因此，年轻人宣称雅典人说的是实情时，他是在说谎，并带着一种轻蔑的口吻。年轻人也承认，大多数不虔敬者不去克制行不义之事。然而，他会解释这种行为：他宣称，这种行为符合所谓最好的东西，社会中那些最受尊敬的人甚至大多数人，都视为最好的东西。在年轻人看来，行不义只是在反对古老约定的信仰。目前在社会中占多数的不义者，并不认为自己违背了法律。人多力量大，年轻人可以扭转指控，而使雅典人在言行上显得不义，或有悖于当前关于正义约定的信念（参《高尔吉亚》［Gorgias］，482e – 484c）。

出于对雅典人、克勒尼阿斯和墨吉罗斯的蔑视，年轻人还可以说很多。他可以嘲弄他们说，既然这三人自称是温和的立法者，那么，不虔敬

---

① Gadamer，《苏格拉底的宗教与宗教性》，前揭，页56。

的人就能要求（ἀξιοῦμεν），不可用严厉的威胁对准他们，而只能用言辞说服。当然，不虔敬者提出这个要求，目的是拒绝倾听（参《王制》，327c）。此外，年轻人嘲讽地为讨论本身设置了条件。他要求雅典人要教导（διδάσκειν）不虔敬者，必须"举出充足的证据"（τεκμήρια λέγοντες ἱκανά）。但是，在这些问题上，证据充足的标准是什么？恰当论证的标准又是什么？年轻人要求一种无可置疑的证明（ἀπόδειξις），从他认为自明的真实之物出发进行逻辑论证，这是不可能的。雅典人只能提供一种表面的证据（ἐπίδειξις，892c）。他只能指出如下心灵体验的现实：年轻人自愿忽视或拒绝去感知，并邀请自己重新去看。①年轻人相信，最坏的不义者在真理（ἀλήθεια）上讲得好，因此，他不大可能接受只从口头上提出的邀请。

雅典人对不虔敬的讨论，不是一种公共言辞。他的话意在让人研究，而非给人听。尤其是，所有的马格尼西亚人都要研究这些话，这些话最初是作为他们早年教育的一部分（809e，811c - e）。在一个比教室更合适的地方，城邦中产生的不虔敬者要再次研究它们，以让他们集中注意力。在跟夜间议事会成员的讨论中，他们会研究雅典人的言论。或许，这可以让他们驯服血气。如果他们变得节制，那么，教育就能成功地引导他们远离自爱，依据礼法，他们在成长中要接受这种教育。没有染上不虔敬这号病的学童研究雅典人的说辞，则是出于不同的原因。他们没有受上述描述的不虔敬吸引。他们的教育引导他们朝向最高的属神之善：审慎和理智。他们发现，不节制和不理智为神所抛弃，没有任何吸引力。他们研究雅典人的讨论，是为了了解理智本身。

在讨论一开始，雅典人就告诉克勒尼阿斯和墨吉罗斯，他已经发现，不虔敬的年轻人及其引导者所做的全部论证的根源或源头（πηγή）。这些人说，火、水、土和气是最早的东西，并将它们命名为自然（φύσις）。论证的河流，从这个源头开始流淌。不虔敬者声称，这些自然元素的混合或结合，形成所有存在物：太阳，月亮，所有天体，大地及地上的万物。自然产生的万物，或者毋宁说，自然元素的随机结合形成的万物，完全没有

---

① 关于证明（ἀπόδειξις）和证据（ἐπίδειξις）之区别的讨论，基于 Eric Voegelin，《神说什么》（"Quod Deus dicitur"），载于 *Journal of the American Academy of Religion* 53（1985），页578 - 579。

灵魂和理智。也就是说，它们是除人类之外的万物。人类拥有的灵魂和理智，是在所有物体或物质（σῶμα）产生后以某种方式生成的。不虔敬者没有解释这如何发生，相反，他们转向了技艺（τέχνη）。人类的理智使技艺得以可能。总体来说，技艺不是自然的。不过，特定的技艺并不产生"带有多少真理"的东西，除非它们"拥有同自然一样（ἐκοίνωσαν）的力量（δύναμιν）"。这并不意味着在任何情况下，都可用技艺产生由自然和机运所引起的东西。技艺"靠强力战胜"（νῖκαι βιαζόμενος）自然。因此，一旦人类拥有同自然一样的力量，他们就会用自己的才智和体力在自然领域行动，以产生非自然的却又可能的结果。在政治上，这尤其正确。"最正义的"（δικαιότατον）是，无论什么都允许人们用强力来获取。政治术的这一部分，符合完全自然和真实的东西。其余一切——政治术的最大部分——是法律习俗。整个立法的完成，完全靠技艺，因而其假设（θέσεις）并非真实（οὐκ ἀληθεῖς）。诸神也不是自然的。因此，诸神存在是一个不真实的假设，该假设本身只作为一种法律习俗而存在。诸神完全是政治术的产物。那些技艺不熟练的人才信仰诸神。换句话说，他们相信天上的石头——太阳、月亮和星星——实际上是诸神或神圣之物，仅仅是因为，那些精于制定礼法的人宣称，这些东西是神。他们甚至会相信，诸神根本没有形体。不虔敬者说，精于政治术的那些人明白，所有这些假设并不真实，但是，没有什么东西阻止他们使用这种信仰，以便战胜城邦中的其他人（886d－e，888e－890a，891c）。

雅典人说，这个根源产生了一大堆"没头没脑的看法"（ἀνοήτου δόξης），威胁着用不虔敬摧毁所有希腊年轻人，并用派系斗争毁灭希腊的所有家庭和城邦。在回应中，雅典人的论证来自不同的源头，它会引导所有希望避免这种摧毁和毁灭的人走向马格尼西亚。一开始，雅典人说，不虔敬者错误地相信物体是最早生成的东西，是宇宙中事物生成和毁灭的"第一因"（πρῶτον αἴτιον）。灵魂的生成先于物体。尤其是，灵魂是万物变化和重新排序的主要原因（ἄρχει），即便不完全是万物的第一因或主要原因。灵魂统治物体，因为它先于物体生成，因此，灵魂更接近万物产生的根源。在万物中，甚至在人类及人类事务中，灵魂对物体的统治都很明显。与灵魂同类的所有事物，优先于与物体有关的东西。根据雅典人的列举，与灵魂同类的最重要事物是：技艺、礼法和理智。他说，对于不虔敬者称之为自然的东西，技艺和理智是它们的"起因"（ἀρχόμενα）。

同样，对于不虔敬者认为只是法律习俗的东西，礼法和理智是它们的起因。雅典人说，自然这个词，应该用于指真正最早的东西；同样，礼法这个词，应该用于指真正符合理智的东西（891c－892c；参714a，957c）。马格尼西亚的礼法真正符合理智，并尊敬真正最早的东西，因此，这个城邦能够避免威胁整个希腊的不虔敬和派系斗争。

雅典人说，灵魂比物体更古老，或先于物体。从这一理解得出的东西，为他的论证所证明。还不止于此，从灵魂比物体更古老这一理解出发，引向对如下问题的理解：什么是真正最早的东西，什么被称为起因、神圣理智或神？为了导向这一目标，在开始论证时，雅典人对用词精挑细选。他说，灵魂"曾产生于最早的东西"（ἐν πρώτοις γεγενημένη）。灵魂不可能绝对最早，因而不应称之为自然。雅典人只是说，由于灵魂先于物体生成，灵魂"尤为自然"（διαφερόντως φύσει）。灵魂"出于"真正的最早之物。因此，说某物"出于自然"，意思是，它符合神或神圣理智，而非符合物体。根据真正的最早之物来理解自然，雅典人就能回应不虔敬者"没头没脑的看法"（ἀνοήτου δόξης），亦即，技艺、自然和机运统治着万物。他说："神引领万物（πάντα），与神同在的机运（τύχαι）和时机（καιρός），引领（διακυβερνῶσι）一切人类事务……这些还伴随着第三种东西：技艺。因为，掌舵术（κυβερνητικὴν）应该配合恰切的时机。"（709b－c，参《斐勒布》[Philebus]，66a－b）马格尼西亚的法律依据理智，并非因为城邦立法者拥有不虔敬者所敬重的政治能力，而是因为他拥有神的掌舵术的某个时机。

雅典人呈现的论证，从灵魂的优先性出发，由此，任何人讨论这些论证引出的问题，都会导向何为绝对的最早之物。单单从灵魂优先于物体，推论不出什么。灵魂和物体都是生成的。宇宙中的事物的生成和毁灭，人类能感知的，只是灵魂对物体的改变和重新排序。显然，不论述灵魂何以是万物变化和重新排序的主要原因（ἀρχὲ），论证就无法继续。它必须说明，在所有灵魂中，都有神圣理智的存在。此外，由于人的理智寓于灵魂之中，灵魂寓于身体之中，论证也必须说明人类理智与神圣理智的关系。神圣理智本身不是生成之物，但它以某种方式存在于生成的万物之中。

关于灵魂优先性的论证，一开始，雅典人就用比喻向克勒尼阿斯和墨吉罗斯做了描述，那个比喻清楚显现了论证的局限性。他说，他自己的论证——而非发源于不虔敬者的论证——是一条"十分湍急的河流"，他们三人必须渡过河，而不是被搞得晕头转向，让其席卷而去（892d－893a）。河流是一种意象，代表起源或各种形式的生成。更确切地说，这个意象代表那些所谓的聪明人对万物的解释。在《泰阿泰德》（*Theaetetus*）中，苏格拉底使用这一意象展现普罗塔戈拉（Protagoras）、赫拉克利特（Heraclitus）及其他人的论证，称他们为"河流人"（τούς ῥέοντας）。河流人承认，万物总在生成或永恒地运动（《泰阿泰德》，152d－e，181a）。因此，雅典人关于河流的警告表明，除非小心翼翼地跟随他关于灵魂和物体起源的论证，否则，某些人可能会晕头转向，被卷到河流人的不虔敬那里。特别是，从万物皆在生成的信念出发，普罗塔戈拉得出结论说，人是万物的尺度。

为了不被席卷而去，需要哪种清醒的头脑？安全渡河本身又说明了什么？同样，《泰阿泰德》有益于弄清雅典人的比喻。苏格拉底想要摆脱河流人，但他也想避开那些唱反调的人。苏格拉底称后一类人为"整全的捕手"（του ὅλου στασιῶται），如帕墨尼德（Parmenides）、墨利索斯（Melissus）及其同类。这类人坚持，无物生成。相反，他们宣称"万物为一"（ἧεν τά πάντα）。此外，苏格拉底希望避开可能最坏的命运；他说，如果落入两个阵营中间，那么，两边都会抓住他，就像拔河一样，把他往两个相反方向拉。这似乎穷尽了所有可能性：万物都在生成，或存在，或是两者的不稳定结合。然而，苏格拉底想要避开所有这些命题式的主张。他做到这点，靠的是完全摆脱可朽的领域。他说，"这种摆脱就是尽可能变得像神"，而变得像神，就是变得"富有审慎的正义和神圣（ὅσιον）"。（《泰阿泰德》，176a－b，180d－181b）因此，雅典人的渡河并不走向整全的捕手们的论证。他不想抓住运动之物，就像他不想设置运动中的不动之物。要成功渡河，并不取决于发现生成与存在或运动与静止的正确结合。它靠的是，通过穿越可朽领域，并尽可能朝着神上升，从而获得审慎的清醒头脑。

借由上升，雅典人避开了湍急的河流。一开始，他说了三件事情，表明如何上升，以及克勒尼阿斯和墨吉罗斯如何跟随他（892d－893b）。他提出，首先要独自过河，自问自答，发现了渡河的安全道路后，再招呼其他人渡过。在《王制》中，这条道路是一条叫作辩证法的通道（πορεία）。为了达到观点的连贯，辩证的提问不是独自进行的。它"用存在而非意见来检验"，并靠思想（νόησις）使灵魂看到善本身（《王制》，532a－b，

534b - c)。有必要的话，雅典人跟自己的对话将"贯穿整个论证"，这是在邀请其对话者，在辩证法的上升中追随他的引导。道路一清晰，克勒尼阿斯就接受了他的邀请（894b）。然而，墨吉罗斯却没有再说话，直到对话结束。在此之前，墨吉罗斯刚刚打破了很长时间的沉默，表示自己赞同反驳不虔敬者的论证（参842a，891a - b，969c - d）。关于论证，雅典人也祈求诸神的帮助。在《法义》中，这是雅典人两次祈祷中的第二次。①神是万物的尺度，雅典人第一次祈求神的帮助，是在建立城邦的时候。对人类来说，建立城邦开启了理智的时代（712b - 714a，715e - 716d）。因此，雅典人与自己的"恰切"（μέτριον）对话，同样指向了祈祷的目标。最终，雅典人也告诉克勒尼阿斯和墨吉罗斯，他们可以"进入"（ἐπεισβαίνωμεν）论证，抓住"一根安全的船缆"（ἀσφαλοῦς πείσματος），以避开急流。他的比喻让人想起木偶形象，那里描写说，跟随金绳索向上的拉力，灵魂朝着神上升。然而，通过把金绳索换成船缆，雅典人表明，在他眼下的论证结束后，仍然有更多东西要说。如果想要安全，船缆必须恰当地抛锚。在对话的第三个形象（夜间议事会）中，雅典人描述了如何抛锚。

　　雅典人开始谈论事物及其表象。他所指的事物是这个词的通常含义：人类感知的事物。雅典人也提到事物的运动。人类感知到的事物运动是一种表象，它可能揭示出某些并非直接显明的东西。从这个简单的出发点，雅典人开始进行论证（893b - e）。他说，事物既非全部运动，也非全部静止。有些东西在运动，有些则保持静止。运动和静止都在位置上发生。运动的东西会在一个位置上运动，或在许多位置上运动。第二类运动是移动，它在很多位置上运动，或是穿过很多位置。有两种移动：滑动（在一条直线上移动）和转动（在圆圈上移动）。第一类运动，即在一个位置上运动，并不简单。确实，雅典人对它的论述相当复杂。他说，这类运动就像圆在转圈。但是，这类运动不只是眼前呈现的那样——它不是圆周运动。只有当圆旋转时，圆周才会转动，而旋转是一种不同类型的移动。雅典人还说，以第一类运动移动的事物，它们运动的能量（δύναμιν）来自中间（ἐν μέσῳ）静止不动的东西。此外，圆的圆周，乃至一个球体，并

---

① Jackson，《苏格拉底的祈祷》（"The Prayers of Socrates"），载于 Phronesis 16（1971），页15 - 16。

没有从其中心点获得力量。雅典人没有解释，运动的力量如何从自身不动的东西，转移到以这种方式运动的东西上。接着他说，第一类运动存在一种旋转（περιφορᾷ），可携带最大和最小的圆圈一起旋转（περιάγουσα），并按理智或比例（κατὰ λόγον）给大小圆圈分配相应的力量。在同一道（λόγος）上，许多圆周运动和谐一致（ὁμολογούμενα），这似乎不可能（ἀδύνατον）。由于看起来不可能，静观这种运动，在人类身上便产生了一种奇异的效果（πάθος）。当然，雅典人所说的唯一这样运动的东西是宇宙。他说，宇宙是"一切奇观（τῶν θαυμαστῶν ἁπάντων）的根源（πηγή）"。更具体地说，从神奇的不动根源获得力量的宇宙万物，其和谐是人类所有惊异的根源，甚至可以说是所有虔敬的根源。因为宇宙旋转给人们注入的惊奇感，也转动（περιαγωγή）着人们的灵魂。

从共同感觉开始，到有关宇宙的论述，雅典人的论述进展得相当迅速。宇宙包含万物，包含所有位置和运动。一个人静观宇宙的时候，可能会产生惊奇。就连这种惊奇本身，也是宇宙中的事件。现在，看起来，雅典人有可能认为，宇宙万物的和谐使人类灵魂产生了这种感受，这是人类拥有的最好证据，证明在万物中灵魂统治物体。但是，雅典人没有这样说。相反，他继续列举其他类型的运动（893e – 894a）。他说，第三类运动是分裂。当运动的东西撞到静止的东西时，这种运动就会发生。第四类是结合，发生在两个运动的物体相撞时。第五类是生长或增加。这是一种结合，在其中，保留着事物的状态或固有特性（ἕξις）。第六种是衰亡或减少。这是一种分裂，在其中保留着事物的固有特性。第七种是毁灭。毁灭既可以是结合，也可以是分裂，在其中，事物的固有特性没有保留。下一种运动应该是什么？在第二种到第七种运动的定义中，雅典人建立了一种模式。按顺序，接下来的运动应该是，在生长或衰亡中保留着事物的固有特性。然而，雅典人的第八种运动，指的是别的某种东西。第二到第七种运动的顺序，没有涉及第一种运动，因为所有这些运动都发生在宇宙之内。第八种运动直接单独指涉第一种运动。虽然没有提到《蒂迈欧》（Timaeus）中描述的那种造物主，但最好把第八种运动描述为：宇宙本身的造物的运动。对这种运动的解释，明显区分了两种生成：灵魂和物体的生成，以及物体借助灵魂对物体的重新排序的生成。到目前为止，后一种生成只暗含在论证中。所有运动的不动根源，神奇地维护了宇宙万物的和谐。雅典人的论述也给了这一根源以名称，或者毋宁说，给了它一个名称。

雅典人说，万物的创生始于某种感觉的发生：第一因获得生长（αὔξην）。于是，通过转变（μεταβάλλον）或变化（μετακινούμενον），万物生成了。这种转变或变化既是一，又是多。它是一，因为它是第一因的一个转变；它是多，因为它经历了很多转变。雅典人说，第一因获得生长之后，继续进行第二次转变（μεταβαλὸν），接着再转变，当它到达第三次转变时，出现了感知者的知觉（αἰσθανομένοις）。当宇宙或万物以这种方式生成时，它就"确实存在"（ἔστιν δὲ ὄντως ὄν）。它不会遭到完全毁灭（διέφθαρται παντελῶς），因为它不会经由一种转变而变成其他特性。它所由之产生的第一因，保留着其特性（894a）。

造物主的创生不同于宇宙中事物的创生，但二者并非不相干。不可能通过对比第一因与第五种运动的生长或增加（συγκρινόμενα），来解释第一因最初的生长（αὔξην）。情况与之相反，因为，要理解第五种运动的生长，必须联系第一因的生长来看。在这个过程中，只有事物的固有特性得到保留时——换言之，只有当第一因最初生长出的某种东西可保留固有特性时——结合才能变成生长（αὐξάνεται）。

关于第八种运动是造物主的创生，最显著的迹象是，雅典人对其几次转变的描述。他有意模糊了它们的序号。算上第一因的最初生长，似乎有三次或四次的转变。参考雅典人前面对马格尼西亚人数学和立体几何教育的论述，就可以澄清这种模糊性。他说，所有马格尼西亚人都要学习"1、2、3"，还有线、面、体之间的关系（818c，819e）。在毕达戈拉斯的（Pythagorean）数字象征主义中，除了其他方面外，四个数字（1、2、3、4）还代表着万物的创生，通过线、面、体的几何系列，万物从超越的太一（One）那里得到体积。太一有三次转变，有三种转变后的状态。在这个系列的第三个状态，拥有体积的万物得以生成。不能把太一视为一种转变，或一种状态或条件。它超越了运动和静止。雅典人对造物创生的解释与此相似。这种解释之所以模糊，是因为它把转变的序号，变成了转变后的状态的序号。这阻止了将第一因转变的整个过程理解为一连串的运动和静止。第一因不动，但它不是静止之物。此外，它始终超越它自身转变成宇宙的运动，正如它始终超越它生成的宇宙万物的运动和静止。①

　　对于第八种运动，雅典人的解释很简略，也很模糊。这种简洁符合其原初目标：证明在造物主的创生中，灵魂优先于物体。只有在最终的转变状态，物体才变得明显。当感知出现时，空间、时间、运动和物体全都生成了。毕达戈拉斯学派称，所有这些事物都有"体积"。最终的转变完成了宇宙的创生。因此，不能把第一次转变理解为事物在空间和时间中的运动。这样，第一因获得的生长可恰切地称为一种体验，以表明第一因出现在"体积"本身生成之前。但是，第一因的最初生长是什么？它是第一因的转变，在其中，灵魂得以产生（参《蒂迈欧》，34b－35b）。灵魂是最先创生的东西，物体最后创生（参《法义》892a）。灵魂与万物超然的第一因有紧密关系，这使得宇宙产生之后，灵魂能够支配物体。最终，当感知者感知到宇宙万物时，他们会给出证据，证明灵魂统治物体，而且第一因凭借灵魂奇妙地保存了万物。人不仅可以用眼睛感知时空中的事物及其运动，而且能用自身的灵魂之眼感知宇宙中的灵魂和第一因。人类灵魂"看到"宇宙时的惊异感，类似产生所有灵魂的那种感受。它们有共同的根源，因为第一因也是人类所有惊异的根源（πηγή）：第一因产生了万物，并保存了万物。

　　总体来看，雅典人对第一种和最后一种运动的描述，是对宇宙的生成和秩序的解释。对他来说，剩下的工作只是要更明确地描述，在宇宙的运动中，产生于第一因的灵魂与物体如何发生关联。通过描述另外两种运动，雅典人做了这个工作，他戏谑地将这两种运动编为第九种和第十种运动。第九种和第十种运动，分别是物体和灵魂的运动。雅典人没有立即揭示这点，相反，他称第九种运动为"推动他物的运动"，第十种为"推动自身和他物的运动"。接着，通过重述前面对第二到第七种运动的阐述，

---

　　① 在对894a的讨论中，England认为，雅典人对创生的解释类似于毕达戈拉斯学派的几何学（《柏拉图的〈法义〉》[The Laws of Plato] 笺注，Manchester University Press，1921，2：465－468）。他得出结论，第一因"似乎被视为一个不可见的点"，尽管他引用的证据是，新柏拉图主义者（Neo-Platonist）把毕达戈拉斯学派的四个数字（1、2、3、4）比作理智、认识、思想和感知（αἴσθησις）。对柏拉图来说，理智或第一因并非某个点，甚至不是一个阿基米德点（Archimedean point）。确实，亚里士多德明确写道，柏拉图拒绝作为"几何教条"的点（《形而上学》[Metaphysics]，992a22）。在理解这点时，新柏拉图主义者有点受到误导，尽管他们颇有洞见地想要通过毕达戈拉斯学派的数字象征主义，把《法义》中对宇宙创生和秩序的论述，同《王制》中对分割线的论述结合起来。

他描述了这两种运动。他说，第十种运动始终能推动自身，"即通过结合与分离、增长与减弱、生成（γενέσεσι）与毁灭"。这种运动"属于所有运动之一"，因为它跟上面列举的所有那些运动相结合（894b – c）。

在好几个方面，雅典人的新列表都很奇怪。所有运动都是第十种运动的不同方面，都以复数形式给出。这表明，所有这些运动皆发生在宇宙之内。不能用复数形式描述的，只有造物主的创生及宇宙的旋转，在列表中，这两者都没有描述。同样，在一个不同于最初列表的顺序中，雅典人只提到了一种运动——生成。而且很明显，他没有提到衰亡。这两个奇怪之处合起来说明，宇宙中的生成不能混淆于造物主的创生。对它们的理解，应该根据初始列表中确立的定义模式：生成是生长结合衰亡，在其中，事物的固有特性得到保留。最后也没有提到，移动是构成第十种运动的各种运动之一。因此，在雅典人的重述中，移动是物体推动他物的运动。只有当推动自身或他物运动的灵魂，以某种方式作用于物体时，物体才会移动。于是，雅典人的重述表明，不存在十种运动。他最初列举的运动，可以重新分为宇宙运动中的灵魂和物体运动，超越的第一因产生了这些运动，并保存了它们。①

这些运动应该如何编号？为了让克勒尼阿斯和墨吉罗斯稍微明白刚才的说法，雅典人颇费了一番心力。显然，第十种和第九种运动相应地排在第一和第二位。但它们真的排在第一和第二吗？不是。一旦灵魂和物体及其各自运动，要么根据它们在造物主的创生中的位置排序，要么根据它们在宇宙秩序中的位置排序，它们就是第二位和第三位。万物的产生是第一因的一种转变，在其中，灵魂和物体拥有其位置。第一因保存的宇宙的奇妙旋转，安排了宇宙中灵魂和物体的所有运动。按照亚里士多德的说法，在宇宙的创生和秩序中，第一种运动都很明显，可称之为不动的推动者（unmoved mover）的运动。不动的推动者这个名称，也适合叫作第一因、太一、神圣理智和神。不管叫什么名字，推动自身和他物运动的灵魂，与推动他物运动的物体，都低于它自身。

---

① 评注者意识到了雅典人的重述，但在细节上弄错了。他写道，第九种和第十种运动是灵魂的运动，而其他八种运动是物体的运动。现代学者普遍没有意识到，这种重述和风格复杂的各种理论，是为了解释柏拉图的十种运动如何构成一种系统的整体。关于这种类型的进一步分析，以及出色评述此论题的学术著作，可参 J. B. Skemp，《柏拉图晚期对话中的运动理论》（*The Theory of Motion in Plato's Later Dialogues*），Amsterdam，1967，尤其页 96 – 115，157 – 164。

　　雅典人的几种说法表明，灵魂及其运动应该受制于真正的最早之物。他说，灵魂最早产生，但又补充说，"按理来看"（κατὰ λόγον），灵魂最早产生（894d）。他将灵魂描述为万物中所有转变和运动的起因，他甚至曾将灵魂的运动描述为"一切运动的起因"，但雅典人从未说灵魂是万物的起因（895b，896b）。在结束这部分论证时，雅典人宣称，灵魂优先于物体并统治物体，这一点已得到证明。他还说："灵魂依据自然（κατὰ φύσιν）进行统治（ἀρχούσης）。"（896c）依据自然统治，就是依据真正的最早之物统治。结果表明，各种提示并不足以让克勒尼阿斯或墨吉罗斯主动问他，什么是真正的最早之物，雅典人便公开谈了起来。

　　从向两位对话者进行的论证中，雅典人得出了几个结论。通过其运动，灵魂引导着天上、地上的万物，包括人类。灵魂是所有运动的主要原因，因此也是事物所有状态的原因。换句话说，灵魂是万物的起因，因为它是万物"好和坏、高贵和低贱、正义和不义"状态的起因。因此，灵魂驱动事物，并产生其状态的运动——意图（βούλεσθαι）、探察（σκοπεῖσθαι）、监管（ἐπιμελεῖσθαι）、企望（βουλεύεσθαι）、意见（δοξάζειν），诸如此类——必须有个向导或标准。当其运动遵循这一标准时，灵魂就是天上和地下好的、美的和正义的事物的起因。若不是这样，灵魂就是坏的、低贱的和不义的事物的起因（896c–897a，对比892a–b）。这个标准就是心智。显然，在一切有理性的人看来，灵魂结合心智引导着宇宙。雅典人说，灵魂在统治时若以心智为助手（νοῦν . . . προσλαβοῦσα），它就能"引导万物走向正确和幸福之路"（ὀρθὰ καὶ εὐδαίμονα παιδαγωγεῖ πάντα，897b），或者说，便是好的精灵在统治。他甚至说，生成本身就是为了这点："一个幸福的存在（εὐδαίμων οὐσία）可以描绘（ὑπάρχουσα）整体生活（παντὸς βίῳ）的特征。"（903c）由于有心智的灵魂统治着以此方式产生的宇宙，显然，"天体和天体里一切存在物的整个轨道（ὁδὸς）和运动（φορὰ），与心智的运动、旋转和谋划（νοῦ κινήσει καὶ περιφορᾷ καὶ λογισμοῖς）有着相同的本性（φύσιν）"（897b–d）。

　　人类也能"参与心智"，从而受"充满审慎和德性"的灵魂统治。然而，不同于宇宙，人类也能拒绝加入心智。他们的灵魂可能"与非理性结合"，变得"错乱和无序"（μανικῶς τε καὶ ἀτάκτως）。这是那类最坏的不虔敬者的愚蠢行径。受非理性统治的那些灵魂，无法感知宇宙中有心智的灵魂的统治。在一切事物中，他们都看到非理性，而且，他们相信，除了物体之外，宇宙本身别无他物。他们甚至疯狂地宣称，"整体生活"的幸福，只是为了他们的利益而存在。事实恰好相反。人类的存在是为了整体生活的利益，如果有人背弃这点，就必须受到惩罚（903b－d）。

雅典人不可能马上让克勒尼阿斯和墨吉罗斯相信，他所说出和暗示的一切真理。他们必须自己想通这些内容。不过，雅典人告诉他们，在思考刚才的说法时，将［他］"作为助手"（προσλαμβάνειν）是恰切的。他们该做的正是灵魂应做的事情：灵魂为了获得审慎并依据其引导来统治物体，应"分有心智"（νοῦν προσλαβοῦσα）。雅典人要他们从考虑一个问题切入，他承认，审慎地说，这个问题难于回答。雅典人想探究，心智运动的本性是什么（897b，897d）。跟往常一样，克勒尼阿斯对劝谕敞开。一开始处理问题，他就聚精会神地跟随雅典人。而另一边，墨吉罗斯则始终保持沉默，直到对话结束。他听了很长时间，然后告诉克勒尼阿斯，他会跟克勒尼阿斯一样，跟随雅典人的引导。于是，三人一致同意，在依据雅典人所描述的礼法创立城邦时，他们愿意分担其中的风险（969c－d）。毋庸置疑，假如从克诺索斯（Knossos）出来的路上，克勒尼阿斯没有碰到雅典人，那么，仅在墨吉罗斯的帮助下，他建立的城邦就会不一样（参624a－627a）。

那么，心智运动的本性是什么呢？显然，它既非灵魂推动自身和他物的运动，也非物体推动他物的运动。[①] 它也不是造物主创生万物的运动，因为那是独一无二的事件。此外，它也不是宇宙的运动。雅典人说，心智有"运动、旋转和谋划"。宇宙的运动是心智的旋转，而非心智的运动。在讨论"心智的影像"时，这点变得更加清楚（897e－898b）。雅典人让克勒尼阿斯和墨吉罗斯回忆起开头的论证，然后戏谑地告诉他们，在他描述的各种运动中，有一种仿佛是凸缘上转动着轮子（σφαίρας）。他说，那种运动就是心智本身的影像。他没有称之为心智运动的影像。因此，这个轮子是心智影像的意象；显然，宇宙的运动和旋转就是那个影像。雅典人说，类似轮子这样的物体，"与心智的运转（περιόδῳ）具有最大可能的关

---

① R. Hackforth 令人信服地反驳了所有这些人——他们将灵魂的运动等同于理智的运动，见《柏拉图的一神论》（"Plato's Theism"），载于 *Classical Quarterly* 30（1936），页4－9。不幸的是，他的论证局限于现代基督教神学思维的框架中，他对自己所认为的柏拉图一神论的展示，通常不怎么可信。

联和相似"，此时，他明显把宇宙的运动等同于心智的旋转，而非心智的运动。心智体现在宇宙的旋转中，但即使在维持宇宙时，心智仍然超越其上。心智的运动不限于宇宙中常见的东西。宇宙的旋转，使宇宙成为人类一切惊奇和虔敬的根源。① 提升人类灵魂和心智的某种东西源于惊异，那种东西也分有心智。它也是一种心智的运动。

说到言辞中影像的蹩脚匠人（δημιουργοί）时，雅典人仍然用戏谑的口吻。他补充说，凸缘上转动着轮子的运动，可看作原初的运动，而宇宙和心智本身的运动，可视为它的两个影像（898a – b）。这就把所有在上的东西都降低了，但它是有理由的。雅典人摆弄影像的严肃的目的在于，揭示事物如何显现给不虔敬者。轮子是一个制造出来的物体，对于心智的真实影像来说，它是虚假的影像（φάντασμα）：宇宙的运动依据理性和秩序（τάξις）。一旦心智的运动被说成人造轮子的影像，那么，看起来，宇宙就只不过是人造物，而心智本身也只不过是人类的生产能力，这种生产缺乏任何引导。当这种愚昧在人类中占优势时，就会产生不切实际的幻想世界。在《王制》中，其中一个言辞中的美丽影像，即从洞穴上升的影像，就描述了这种世界。②

雅典人试图引导克勒尼阿斯和墨吉罗斯远离这种疯狂，而转向对心智的审慎理解。然而，雅典人警告他们，在考察心智运动的本性时，一定不能"直视"心智。他说，如果他们直视太阳，"正午就变成了夜晚"。如果直视心智，也会发生同样的情况（897d – e）。一旦将雅典人的这些说法与《王制》和《斐勒布》中的类似段落对比，它们的全部意义就会显露出来。

在《王制》中，苏格拉底告诉格劳孔（Glaucon），一旦试图直视太阳本身，眼睛就会变瞎。心智是灵魂的眼睛，只有通过它才能看到太阳。心

---

① 《蒂迈欧》（28a – 29a）给出了一个更具有毕达戈拉斯派意味的阐述：宇宙是永恒样式（παράδειγμα）的美丽影像，它是所有生成物中最美的（参《法义》897e）。关于《蒂迈欧》中影像和样式之间关系的精彩讨论，参 Voegelin，《秩序与历史》（*Order and History*），卷三，Baton Rouge，1957，页 194 – 203。

② 在《书简七》（*The Seventh Letter*，40a – 344d，尤其 342a – 343b）被称为"哲学题外话"的部分，柏拉图继续严肃地摆弄轮子。那几页面对的对象，是所有"跟随"柏拉图的"神话和航行"的人（344d）。或许，要解开柏拉图对话的意义，这几页是最好的诠释钥匙。对《书简七》引人入胜的研究，参 Gadamer，《对话与辩证法：柏拉图诠释学研究八篇》（*Dialogue and Dialectic: Eight Hermeneutical Studies on Plato*），P. C. Smith 译，New Haven，1980，页 93 – 123。

智识别出太阳是善本身的产物。然而，心智只能简略或短暂地看到善本身。用雅典人的话说，如果心智企图"直视"的话，它也会变瞎。无论在可见领域还是心智领域，那都同样愚蠢。视觉和光都"像太阳"（ἡλιοειδῆ），但相信它们其中之一是太阳，那就错了。这样一种信念的盲目性，会使人既看不到太阳，也看不到阳光。因此同样的，人类心智拥有的知识和真理（善之光），也都"像善"（ἀγαθοειδῆ），但相信其中之一是超越存在的善，那也错了。这样一种信念的盲目性，会使心智既看不到善，也看不到善之光（《王制》，508e – 509b，515e – 516b）。在《斐勒布》中，对于超越存在的善，苏格拉底给了它另一个名称。苏格拉底主张，人类的美好生活是拥有审慎、心智和快乐的生活，快乐要符合审慎和心智。此时，斐勒布（Philebus）表达了一个自认为清晰的反驳："苏格拉底呦，你的心智不是善。"苏格拉底回答说："或许，斐勒布噢，我的心智不是善，但真正而神圣的心智是善（ἀληθινὸν…καὶ θεῖον…νοῦν）。"（《斐勒布》22c）超越存在的善是神圣心智。跟人类心智与善本身的关系一样，关于人类心智与神圣心智的关系，也可以那样说。雅典人警告克勒尼阿斯和墨吉罗斯，要区分人类心智和神圣心智。以同样的方式，《王制》中苏格拉底区分了人类心智与善本身。一旦人类心智"直视"神圣心智，就会产生最可怕的盲目，《法义》和《王制》都把这种盲目描述为疯狂。诡辩的疯狂和最坏的不虔敬的疯狂，同样是灵魂的疾病。

在其警告中，雅典人也说，对于凡人的眼睛，心智并非可见，或完全可知（γνωσόμενοι ἱκανῶς）。这个说法有两种理解方式。在接下来的讨论中，雅典人解释了他的两种含义。在第一种意义上，这个说法表明，由于假设凡眼可充分认识心智，正午就变成了夜晚。只用凡眼去看的那些人，看不到心智的所有证据。这些人相信，一个可见的人造轮子是宇宙和心智的起源，而宇宙和心智本身只是影像。雅典人这个说法的第二种含义，导向相反的方向。通过某种方式，凡眼可以看到乃至认识心智。宇宙的旋转是神圣心智的影像，也是人类所有惊奇的根源。如果人类的凡眼与不朽的心智一起在惊异中观看宇宙，并把它视为心智的影像，那么，由此说心智变得可见、可知，也就没什么错。以任何其他的方式去观看宇宙，都将导致心智的盲目和不虔敬。

对于那些可救的不虔敬者，如果他们有足够的时间和闲暇，仔细研究说过的所有东西，并且有个人能指导他们的研究，那么目前雅典人的论证，就能让他们沉默。当然，论证已经说服克勒尼阿斯，虔敬源于静观宇宙时的惊奇，不虔敬则源于相反的东西。然而，雅典人提出了最后一个问题。考虑到有心智的灵魂驱动（περιάγει）整个宇宙，雅典人要克勒尼阿斯考虑，对于天体中任何特定的东西，这样的说法是否真实（898c - 899a）。按照呈现论证的方式，对任何人来说，这个问题都很难做出审慎地回答，更不用说克勒尼阿斯。雅典人想以此证明，从几何思维中，不虔敬如何产生。尽管他自己的论证表明，那样做不合适，但为了讨论天上之物与超越它们的东西之间的关系，雅典人还是使用了普遍与特殊的关系，这种关系适合从公理进行几何学推理，也适合技艺的产物。雅典人要克勒尼阿斯只考虑太阳。他说，每个人都可以用凡眼看到太阳的形体，但没有人能看到引导其形体的灵魂和本性。只有靠心智才能理解它们。这大多已得到证实。但现在，雅典人不是讨论这些有心智的物质，而是运用"思想"（διανοήματι）阐释了三个观点。他说，要么灵魂居住在太阳的体内，就像居住在人体中一样；要么灵魂居住在其他物体中，间接推动太阳的形体；要么灵魂完全没有形体，而是拥有"某种极其惊人的力量"（δυνάμεις ... ύπερβαλλούσας θαύματι），引导着太阳的形体。对克勒尼阿斯来说，这个问题可能不公平，因为他太容易被说服，这些观点中有一个必然为真。雅典人阻止他从中选择，以免他出现这种选择的后果。这几个观点都不真实。

这三个观点让人想起另外三种说法，只有用到宇宙整体时，这三种说法才真实。在宇宙中，有心智的灵魂统治所有物体；因而在某种程度上，宇宙类似于某些人。推动自身和他物运动的灵魂，推动着宇宙中的所有物体；物体本身只有推动他物的运动。神圣心智拥有"某种极其惊人的力量"，它超越于宇宙，但通过安排灵魂的运动，它能够维护宇宙。因此，对于将心智作为其凡眼的向导的人类来说，神圣心智是"一切奇观（θαυμαστῶν）的根源"。一旦运用思想（διάνοια）把这三种说法用于天上的具体事物，它们就可能成为不虔敬的起因。显而易见，第二个观点可能成为不虔敬的起因。如果太阳是唯一的物体，受居住在其他物体中的灵魂驱动，那么灵魂何以会居住在这些物体中，而非居住在太阳中？因此，在宇宙中，灵魂全都居住在物体之中，似乎是个不必要的假设。第一个观点可得出同样的结论。如果太阳的灵魂居住在自身的形体中，并自动推动自身和他物运动，那么，太阳拥有心智的方式，必定与人类相同。由于并非如此，太阳和所有其他天体看起来只有形体，而没有灵魂。为了坚持宇宙中没有灵魂或心智，不虔敬者会推进第三个观点。他们会说，独立于人类灵魂和心智的灵魂，必定拥有惊人的力量来统治宇宙中的物体；但是，由于这种力量只体现在人类心智对事物的支配中，结果便是，在宇宙中，不存在独立于人类的灵魂和心智。

要谈论宇宙和其中的万物，最好的标准是惊奇感。一旦人类向神圣心智敞开，并静观宇宙及其运动，就会产生这种感受。人类表达这种感受的一种方式是，给其根源一个名称。雅典人称它为起因和心智，其他的名称是善和神。在宇宙中，能致使对整全产生惊奇的所有事物的类似感受，都是这样。对此，雅典人向克勒尼阿斯做了解释，他说，每个人都应当将太阳视为神（θεὸν ἡγεῖσθαι, 899a – b）。对太阳的描述，雅典人没有依据那三个有关事物的变形观点之一。靠心智可以得知，对整体宇宙而言，那三个变形观点都是真的。相反，雅典人说，太阳是一架马车，给所有人带来好的灵魂——分有心智的灵魂——的光明。称太阳为神是合适的，因为太阳的光照是惊奇的根源，感受到该惊奇的那些人，会被引向产生所有惊异的根源。太阳是由神统治的一位神。在《王制》中（508a – 509c），苏格拉底向格劳孔描述，太阳这位神是超越存在的善之子。

雅典人继续向克勒尼阿斯解释说，天上的月亮、星星——甚至依据宇宙的运动来安排的年、月和四季——都可以恰切地称为诸神。对于克勒尼阿斯可能出现的困惑，雅典人做了让步，他说，这些东西是诸神，因为灵魂或诸灵魂是这一切东西的起因（αἰτίαι），而且诸灵魂在"每一种德性上都是好的（ἀγαθαί）"。然而，根据他自己的论证，有一种灵魂是所有秩序的起因，因为它分有心智或超越存在的善。雅典人论证的结论引用了泰勒斯（Thales）。不虔敬者经常引用泰勒斯的话。然而，雅典人在说服不虔敬者对超越性敞开时，这些话是对的。他说：万物充满诸神（参亚里士多德《论灵魂》[De anima]，411a）。

针对那类最坏的不虔敬的论证结束了，但没有回答那个问题。什么是心智的运动？雅典人把宇宙的运动描述为心智本身的影像。然而，这是心智的旋转，而非其运动。他也区分了人类心智与神圣心智，并暗示，要理解两者的关系，应当依据《法义》的第一个影像，即神的木偶。论证的开头，雅典人警告说，追随他的人必须在神的帮助下抓紧安全的缆绳，由此，雅典人暗示，一旦人类心智尽可能追随金绳索向上的拉力，朝向拉力的源头——神圣心智，人类就可以变得像神。通过沿着谋划（logismos）之路上升，人类可以逃离可朽的领域，但无法完全脱离。他们仍然必有一死，并在某种程度上，总是受到向上和向下拉力的拉扯。换句话说，人类心智沿着谋划之路上升，始终无法到达终点。人类心智不是神圣心智，也不可能成为神圣心智。人类心智的提升，必定总是伴随着原路的下降。对一个人来说，最好的生活是上升和下降不断重复的生活。这些就是心智的谋划，在反对不虔敬者的论证中，雅典人提到了这点，但从没解释它（897c）。只有当雅典人描述完对话的第三个影像——夜间议事会——时，心智的谋划才变得可以理解，接着，第三个影像也有可能结合木偶影像与审慎和心智的影像，以获得对可能最好的人的完整论述。然而，心智的谋划虽安排了人类可能最好的生活，却不是心智的运动，而只是宇宙的旋转。雅典人明确指出，心智拥有"运动（κινήσει）、旋转（περιφορά）和谋划"。心智的谋划是心智本身的影像，而非心智运动的影像。

那么，什么是心智的运动？它既是宇宙的旋转，又是人类的谋划。因此，雅典人的全部三个影像，都是在描述心智的运动。雅典人也暗示，宇宙万物的创生连同其旋转，应该理解为心智在万物中的显现，恰如可以结合木偶影像和夜间议事会影像，去描述心智在人类中的显现。不过，对于造物主创生的描述，他没有称之为影像。任何人认识这种创生的方式，都会不同于认识心智的其他三种显现方式。心智的运动是唯一的。在宇宙和人类中，它做不同的运动。但是，当一个人惊奇地静观宇宙中的心智那令人惊讶的力量时，这两种运动可以合一。① 反过来，这又会通向对造物主

---

① 在关于太阳的第三个观点中，雅典人说，太阳的灵魂可能拥有某种极其惊人的力量去引导（ποδηγεῖ）它——从字面上看，去引导它的步调。在柏拉图作品中，唯有《书简七》（340c）用到ποδηγεῖ。它出现的语境是柏拉图对如下问题的描述：如何确定一个人的灵魂是否因哲学而变得火热。他说，最好的测试是表明，通向哲学的研究非常困难。如果一名学生爱智且神圣（θεῖος），就要引导他认为，他已经看到一条令人惊奇的道路（ὁδὸν θαυμαστήν），必须立刻启程。他将不能离开那条道路，直到他和他的引导者（ἡγούμενον）到达目的地，或者，直到他获得力量（δύναμιν）去引导自己的步调（340b‑c）。总的来看，柏拉图对ποδηγεῖ的两次使用说明了很多事情。雅典人第三个观点中提到的令人惊异的力量，不是灵魂的力量，而是理智的力量。理智令人惊异的力量，不仅照亮了宇宙，而且照亮了通往哲学生活的道路。这不仅表现在宇宙灵魂的力量以一种惊人的方式推动物体，而且表现在，人类灵魂的力量推动双脚走向一条惊人的道路。拥有这些力量的理智是神圣的。宇宙及人类的灵魂和形体，各自受它们的力量推动，却朝向同样的目标。那条朝向哲学生活的"令人惊异的道路"，可能始于对宇宙中理智的惊人力量的证明，并受其支撑。

创生的某种理解。

在《斐德若》（*Phaedrus*，246a–248e）中，苏格拉底对天外的领域（ὑπερουράνιον τόπον）大唱赞歌，他描述了心智运动的两个方面。一切有灵魂的存在者都想上升到这个领域，因为灵魂是不朽的，天外（ἔχω του οὐρανοῦ）的不朽之物是养育灵魂的源泉。只有在节日的场合，上升才有可能。尤其是，在每次宇宙旋转（περίοδοι）的周期（περιφορά）完成时，上升都有可能。在这样的时刻，人类灵魂就会乘着心智的翅膀向高处飞升。然而，飞翔会受制于可朽之躯，也会受制于灵魂中抵制上升的那些部分。这两者会以各种方式，拽着灵魂往下降。只有人的头（κεφαλήν）可以上升到外面的领域（του ἔχωοὐρανοῦ），而且需要很大的努力。一旦飞升到外面，它就靠旋转（περιφορά）来循环（περιάγει），但只是很短的时间——几乎不够时间静观存在者（τά ὄντα）。在天外的领域，"真正的存在者（οὐσία ὄντας οὖσα）只对心智可见，心智是灵魂的舵手（ψυχῆς κυβερνῆται μόνοι θεατή νοί）"。正是这个领域，能够滋养人类灵魂的心智之翼。然而，即使在成功上升的情形中，它们也很少得到滋养。这不仅因为人类心智很难静观存在者，而且，它几乎不可能静观万物的根源——超越真正存在者的万物。在这个领域，在某个时期的旋转中，人类心智不可能占有任何重要地位。也就是说，在宇宙旋转的外面，人类心智只能保持一段短暂的时间，因为在宇宙旋转时，人类形体和灵魂的运动，不可避免地要拽着它下降。人类形体和灵魂的运动，受限于宇宙形体和灵魂的运动。一旦上升的时刻过去，灵魂必须原路返回，即使它没能到达天外的领域。一旦下降到天空，"它就回家了"（οἴκαδε ἦλθεν）。在结束歌颂时，苏格拉底使用了"无法逃避的"复仇女神（Nemesis）阿德剌斯泰娅（Ardrasteia）的法律。他说，追随神的灵魂，瞥见任何天外真理的灵魂，会免于受到伤害，直到下一个上升的周期（περιόδου）或时刻。

从雅典人对心智运动的论述中，马格尼西亚人能够理解的，可望比克勒尼阿斯和墨吉罗斯所能理解的多得多。他们第一项法律的序曲，要求他们在各方面尽可能分有不朽（721c）。他们世世代代都向着神上升，这位神就是心智。在对马格尼西亚殖民者说的第一句话中，雅典人就明确描述了神的运动："有一位神，掌握着一切生灵（τῶν ὄντων ἁπάντων）的开端、终点和中段，他通过循环完成依据自然的直接进程（εὐθείᾳ περαίνει κατὰ φύσιν περιπορευόμενος）。"雅典人继续说道，紧随这位神的总是正义女神，她是那些背弃神法（θείου νόμου）的人的报复者。正义女神的信使，是复仇女神阿德剌斯泰娅（715e –716a，717d）。在《法义》最后的影像中，雅典人描述了所有马格尼西亚人进行不朽的上升和安全返回的向导。夜间议事会是城邦的头（961d）。每一天早上，它都要上升到天外的领域一段时间，这样，它就能依据神的准则，在那天用审慎和心智引导所有马格尼西亚人。

《法义》中的正义

斯塔雷（Richard Frank Stalley）撰

一、导言

柏拉图《王制》（*Republic*）的主要目标，是提供关于正义的说明，并指明正义何以值得我们〔追求〕。重要的是明白，在进行这项任务时，柏拉图没有试图分析普通语言。他意识到，不同共同体以及共同体中的不同派别，有不同的正义概念。《王制》的任务是去探究，什么是真正的正义。为了实现这一目标，柏拉图采取的策略基于如下观念：在可能的最好城邦中，能够找到真正的正义。因此，他描述了自认为理想的好城邦。当然，这个城邦的基础原则是：城邦公民划分为三个等级，按天性承担适合的工作，每一等级的人都能够各司其职。因此，柏拉图宣称，这一原则，或类似的东西，构成了城邦的正义。相应地，他将灵魂分为三部分，并认为，当灵魂的每一部分各司其职时，个体是正义的。正如柏拉图自己表明的，本质上，这一策略并不等于说，曾经存在、或将出现一个完全正义的城邦，或者一个完全正义的人。重点仅仅在于，为了发现什么是正义，我们需要着眼于一个完全正义的城邦和一个完全正义的人。

"如果我们真正找到了什么是正义的话，我们是不是要求一个正义的人和正义本身毫无差别，在各个方面都完全一模一样呢？还是，只要正义的人能够尽量接近正义本身，体现正义比别人多些，我们也就满意了呢？""哦，尽量接近标准就可以使我们满意了。"他说。"那么，"我说，"我们当初研究正义本身是什么，不正义本身是什么，以及一个绝对正义的人和一个绝对不正义的人是什么样的（假定这种人存在的话），那是为了我们可以有一个样板（παράδειγμα）。"（《王制》472b－c，肖里〔Shorey〕译。〔译注：中译文参柏拉图《理想国》，郭斌和、张竹明译，商务印书馆，2002，页212－213，

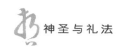
有改动。]）

由于《王制》描述的是一个理想的正义国家和一个理想的正义之人，因此，我们不能奢求，它的正义论述直接等于对正义的一般理解。不过，我们仍会期望它与一般概念有某种联系。因此，退一步说，柏拉图对城邦正义的论述，似乎与正义的一般概念完全无关，例如，其对正义或某种平等的要求，这有些令人不解。同样，柏拉图对灵魂正义的论述，一点儿也不像一般意义上的正义者。它使正义成为灵魂内在构成的问题，而非外在行为的问题，而且它没有解释，为什么应该设想，柏拉图意义上的正义者会行为正义。并且，它明显暗示出，在这个术语的严格意义上，只有哲人才能是正义的。① 此外，我们为什么应该期望，在柏拉图的正义国家中居住的是柏拉图意义上的正义者，这一点也并不清楚。

不同于《王制》，《法义》的主题并非正义，而且，它采取的是一个完全不同的论证策略。它的城邦不是为了成为正义的典范，而且缺乏《王制》城邦的三重结构。因此，《法义》不能以完全相同的方式表现正义。但另一方面，毫无疑问，柏拉图视之为这样一个城邦：它尽可能地做到正义，并在其公民中培养正义。因此，我在这篇论文中试图考察，《法义》如何论述正义，及其如何与《王制》的论述相关联。这是否表明，自从写作《王制》之后，对于［正义］那种德性，柏拉图已经改变了观点？或者，是否可以视为，将《王制》教诲应用到一个现实存在的城邦上？我也将探讨，对于《王制》论述中产生的问题，《法义》的论述是解决还是避开了它。

二、《法义》卷一中的灵魂和城邦（624a – 632c）

《法义》的开篇可能会让读者预期，城邦与个体之间的类比会与《王制》一样显著。雅典人从如下观念开始，即每个城邦都处于与所有其他城邦的不宣而战之中。克里特人克勒尼阿斯（Kleinias）和斯巴达人墨吉罗斯（Megillus）视这一观念为他们制度的基础。法律的设计，是为了带来战争的胜利（626a – c）。雅典人很容易就让同伴们承认，村社与村社之

① 关于这个问题，有相当多的文献。参 Sachs（1963）（Vlastos［1971，1977］对其进行了讨论）；Demos（1964）；Annas（1978）；Annas（1981），页 118 – 123，152 – 159。

间，同一村社中家庭与家庭之间，以及一个人与另一个人之间的关系，也适用相同原则。然后，他们承认，每一个人都是自己的敌人，战胜自己，是一切胜利中最重要的胜利。这让雅典人可以反转论证的方向，并宣称，家庭、村社和城邦需要战胜自身，或者我们可以说，"强于自身"（self-superior）。在那个较好的人胜过较坏的人的城邦，可以说，这个城邦强于自身，而当不正义的公民联合起来奴役正义者时，这个城邦就弱于自身（626d－627b）。接着，雅典人设想，在一个家庭中，正义和不正义的兄弟之间存在冲突，为了解决问题，他们找来一位法官。最好的法官，不是清除坏的兄弟，让较好的兄弟统治自己，甚至也不是让坏蛋自愿接受较好者的统治，而是调解各派，并通过颁布法律让他们言归于好，在彼此的友谊中生活。然后，雅典人将这些想法应用到城邦上。相比于外部战争，最好的立法者更关注内部战争。借助于建立和平与友谊，立法者努力避免这种战争。立法的真正目的，应该指向这种和平和友谊，而非战争（627b－628a）。虽然没有说得很明确，但这里暗示出，灵魂内的和平与和谐，也同样胜过单纯的自我控制。接着，对于提尔泰乌斯（Tyrtaeus）和特俄格尼斯（Theognis）的讨论，导出的观念是，最好的人，是在内战期间值得信任之人。这需要正义、明智、审慎，还有勇敢，因为即使是雇佣兵，也能表现出单纯的勇敢。因此，每位立法者制定法律，都应该着眼于最高的德性（τὴν μεγίστην ἀρετὴν），特俄格尼斯称之为"患难之中见真情"，或者宁可称之为"完美的正义"（δικαιοσύνην τελέαν）。（628a－630d）

这里有对《王制》的很多回应。尤其是，在城邦德性与个体灵魂的德性之间，存在类似之处。统治良好的城邦，处于其最明智、最好公民的指导之下，正如一个有德性的灵魂，处于其中较好因素的指导之下。在这两种情况中，理想的状态都是，各人之间和平、和谐的共存，而非一者将自己的意志强加给另一者。对那些已经读过《王制》的人来说，所有这些听起来都是那么熟悉。虽然，雅典人把同一共同体中较好的人战胜较坏的人，描述为正义对不正义的胜利（627b－c），此时，他们可能会感到困扰。这表明，对于城邦德性的论述，预设了个人正义的某些概念，而在《王制》中，城邦正义被用来阐明个人正义。

事实上，《法义》并非仅仅要重复《王制》的道德哲学，这一点很快会变得明显。雅典人继续批评那些人，他们认为，克里特和斯巴达的立法者们仅仅注意灌输勇敢［的德性］。这就是说，立法者们将法律指向德性的某个部分，而非德性整体（630d－631a）。真正的立法者必须瞄准他称之为"属神的诸善"的东西。在这些属神的诸善中，首先是审慎（φρόνησις），接着是"理性的节制"（σωφροσύνη μετὰ νοῦ）。结合这两者，是正义（δικαιοσύνη），第四位是勇敢（ἀνδρεία）。立法者必须告诉公民，"属人的"诸善，诸如健康、美貌、力量和财富，从属于属神的诸善，而所有属神的善则向领头的理智看齐（εἰς τὸν ἡγεμόνα νοῦν σύμπαντα βλέπειν）。立法者所有法律的组织，必须时刻记住这点（631b－d）。

关于这一段，有几个令人困惑的特征。① 明显的一点是，审慎的德性现在被称为φρόνησις，而非σοφία［智慧］。可能更重要的一点是，诸德性按照等级次序排列。审慎第一，理性的节制第二。正义排在第三，并被视为出于前两者，并结合了勇敢。勇敢自身排在第四。在《王制》中，正义是关键德性，主要是因为它被视为其他德性存在的条件。但在这里，正义似乎从其他德性中产生，因此是其他德性的结果。把勇敢排在第四位也很奇怪，因为看起来，节制和正义都需要勇敢，所以合逻辑的排序，似乎应该把它排在节制旁边，或者至少排在第三位，将正义排在第四位。另一种方法，似乎应该将正义排在第一位，其他引起它的德性跟在后面。假设文本合理，唯一的解释似乎是，柏拉图在这里首要考虑的是立法，他想证明，勇敢远非最重要的考虑因素。在克里特和斯巴达的体制中，勇敢是主要目标。

对德性的进一步论述，是通过讨论会饮，它占了卷一和卷二的大部分篇幅。这些讨论的主要目的，是训练年轻人忍受快乐（635b－c）。因此，他们提供了一种教育，雅典人述之以如下话语：

> 我认为，教育是儿童最初形成的德性。快乐和爱好、痛苦和憎恨在他们的灵魂中得到正确的安排，虽然他们还不能推理，而后，当灵魂确实能够推理时，这些情感便能与理性取得一致，这表明，他们已受到恰切习惯的正确练习。这种全面的和谐便是德性；有一部分德性就在于快乐和痛苦上的正确训练，为的是憎恨自始至终应该憎恨的东西，并热爱应该热爱的东西——如果你在言辞中分离出这部分德性，并称之为教育，在我看来，你所做的便是正确的宣称。（653b－c，据

---

① 一些评论者认为，《法义》开篇部分不连贯。参 Gigon（1954），Müller（1968），Görgemanns（1960）。

泰勒［Taylor］译文，有改动。）

因此，这部分强调的是，如下两者之间需要和谐：一方面，我们的情感和欲望；另一方面，我们的知识，或正确的信念。考虑到节制或自制（σωφροσύνη）在《王制》中（430e－432a，442c－d）被描述为，国家或灵魂中较好因素和较坏因素之间的一致或和谐，这可能导致我们认为，现在，节制是关键德性。确实，巴克尔（Barker）认为，"自制"是《法义》的"主动力"（mainspring）（巴克尔［1960］，页343）。但在《法义》中，很少提到相应的σωφροσύνη［节制］，而且，提到的这些地方，也并不将其关联于一个特别高的价值。正如我们刚刚看到的，在631c，并非节制或σωφροσύνη本身，而是理性的节制（σωφροσύνη μετὰ νοῦ）。同样，在696b－e，雅典人首先证明，离开了节制，没有德性有价值。例如，他宣称，我们不想跟一个勇敢但却无节制的人一起生活；接着，他证明说，离开了其他任何德性，节制并不值得特别尊重。这里看上去，与其说节制自身是某种善，不如说它是其他德性拥有任何真正价值的条件。或许在710a－b，情况变得更明晰，在那里雅典人区分了节制的普通种类（自然生长的那一类）与在一个更特定意义上称为节制的品质，后者被等同于审慎。所有这些，明显的解释是，除非信念本身符合理智，否则，纯粹信念和情感之间的和谐没有太大价值。因此，有价值的品质不是节制自身，而是节制结合理智。当柏拉图视σωφροσύνη为一种德性或属神的善时，他想到的是后一种品质。

在开头几页，对话谈到城邦强于自身（或弱于自身），这基于如下观念，即，城邦内部有较好的人和较坏的人，当城邦处于较好之人的控制之下，它强于自身，而较坏的人统治时，城邦弱于自身。既然［他们］一致同意，个人身上也会表现这些特征，因此，个体灵魂或人格也必定存在不同部分。但对这一点，柏拉图避免做出明确判断。他在644b重新提到，好人就是那些能够控制自己的人。接着，他对此加以阐释说，虽然我们每个人都是单独的一个，但身上都有两个对立而又"愚蠢的顾问"，它们是快乐和痛苦。同样，我们具有对痛苦的预感，称之为恐惧；对快乐的预感，称之为大胆。除此之外，还有推理（λογισμὸς），它决定何者更好，何者更坏。当这种推理表现为城邦的共同意见时，就叫作"法律"。接着，通过把人类描述为神明的"木偶"，雅典人对这一点加以阐明。推理的金绳索称为城邦的公法，与它合作是我们的责任。因为，为了要胜过快乐和痛苦这些坚硬、顽固的绳索，这根柔软和灵活的绳索需要帮手。这个故事是为了帮助我们认清，"强于自己"和"弱于自己"意味着什么，并且认识到，关于内在于我们的力量，城邦和个人必须领会这种教导的真义。"城邦应该采用的那种推理，要么来自诸神，要么来自这些事情的知者，此外，城邦还应该把这种推理设定为自己的法律，也设定为自己与其他城邦关系的法律。"（645b）有人认为这一段表明，柏拉图拒绝灵魂的三分理论（参波波尼奇［Bobonich］，1994）。事实上，这两种说法之间很可能可以调和，但至少在《法义》这一部分，总体上看，柏拉图避免明确提及有关灵魂存在不同部分的观点。当然，这意味着，他不能像在《王制》中一样精确区分这些德性。审慎和勇敢不能放在理智和精神的因素中。节制不能再被视为灵魂各个部分间的一致与和谐，当然，正义也不能被定义为灵魂每一部分各司其职的条件。

由于要避免讨论灵魂的各部分，因此，雅典人就不能通过讨论理智因素对其他因素的支配来表达说，有德性的灵魂处于理性指引之下。相反，理智体现于真实的意见中，这些意见可能来自个人或共同体（632c，644c－d）。这对《法义》的道德哲学有重要影响。雅典人认为，法律体现了正确的理智，因此，当我们遵守法律时，我们是在依据理智而行动。前面所引645b的段落表明，法律是一位神或某个有知识者的赐予。通过指出法律可能来自一位神，雅典人听从了其克里特和斯巴达同伴的意见，但很明显，他认识到，在实践中我们不能期待诸神逐字逐句提供一套现成法律。提到有知识者，可能表明了对哲人立法者的求助，就像《王制》的统治者一样。不过，雅典人更经常求助于老年人的意见和经验（659d，665d－e）。因此，法律代表着共同体累积的审慎。

这涉及《王制》和《法义》的另一个区别。在《王制》中，审慎是 σοφία［智慧］——哲人追求之物。但通常，σοφία用于技术专长的诸形式，当它指称无用或更糟的知识或技能形式时，可能含有贬义。在《法义》中，雅典人一般讲φρόνησις［审慎］，它没有这些意涵。而且，他好几次对比了这种审慎与单纯的聪明。① 柏拉图可能仍然相信，真正的哲人能够抓住善的本质，但他认识到，这种智慧如此罕见（如果真的存在的话），以致在现实中，我们不能依靠它来指导私人生活，或者公共事务。

关于德性的论述，660d－663d 表现了更复杂的情况。在这里，雅典人赞扬了克里特人和斯巴达人，他们要求诗人教导说，节制和正义的好人也是幸福的。因此，他们不同于大众，后者相信，那些称之为属人诸善的东西才是要紧的。另一方面，雅典人坚持认为，只有伴随着正义，这些属人诸善才有价值（661a－b）。他继而要求，新城邦要强迫诗人教导说，正义与幸福是一致的（661b－c）。如果立法者不接受这一点，那么他们就与自身不一致，因为他们自称正在寻求其子民的幸福，同时，也要求其子民正义（662c－663a）。此外，由于不能想象一种"同时既幸福又不快乐"的生活，因此，立法者也必须坚持主张，正派地生活，就是快乐地生活。在《法义》中，立法目标的整个概念都要求正义与幸福一致，雅典人指出这一点的确是对的。但这个段落突出强调正义，可能说明很多问题。第一，在对话的开头几页，雅典人坚持主张，立法者应当瞄准整体德性的教育，而非仅仅是德性的一部分。接着，在德性的等级秩序中，他把正义排在第三位。现在如此强烈地专注于正义，他似乎想表明，要么，正义以某种方式包含其他德性，要么，正义至少是诸德性中最重要的。同样值得注意的是，他没有做出任何论证，以证明正义与幸福确实一致。他所做的只是表明，立法预设了它们之间确实一致，正如他和他的同伴们所理解的那样。当然，柏拉图在《王制》中确实尝试证明，正义和幸福一致。在那里，其论证的一个关键要素是，与其说正义是外在行为之事，不如说它是我们灵魂的内在构成。正义的灵魂是，各个部分恰当地行使自己的功能，并因此使整体恰当地行使职责。正义之于灵魂，正如健康之于身体（444e－445b）。第二个关键观点是，灵魂的每一部分都有自己的快乐，但是，理智部分的快乐，比那些更低部分的快乐更好，它们主要为哲人享受（580d－586e）。由于没有区分灵魂的各部分，因此雅典人不能将正义视为灵魂的内在条件，在这种条件中，每个部分都正确地行使功能。的确，他

---

① 仅有的一处σοφία明白地被用作审慎的德性，似乎是689d。在很多地方，这个词被用于各种形式专长的中立意义，甚或贬义（644a，677c，679c，701a）；还有很多地方，雅典人用σοφία描述各种形式的愚蠢（691a，732a，747c，863c）。

看上去将正义等同于正派行为。此外，关于哲学智慧本身及其带来的快乐，他没有做任何说明。因此，他无法借用理智的快乐尤其珍贵这一主张，以支持正义者比不义者更幸福的观点。

正义的最清晰概念，很可能出现在卷九，那里雅典人讨论了不义与惩罚的关系（859d－864b）。他首先回忆起对话更早时候提出的观点，即没有一个不正直者是自愿不正直的（πᾶς ὁ ἄδικος οὐχ ἑκὼν ἄδικος，731c，参734b），或者，用他现在的说法，"不正义的人确实邪恶，但是，邪恶之人并非有意如此"（ὁ μὲν ἄδικός που κακός, ὁ δὲ κακὸς ἄκων τοιοῦτος，860d）。他利用这点暗示——无论何人做出不义之举，都是非自愿的，因此，他否定了如下普遍看法，即，虽然人们有时候是非自愿做出不义之事，但很多这样的行为是自愿的。因此，无人自愿作恶的主张，可能会侵蚀法庭对自愿与非自愿罪性的总体划分。为了克服这一困境，雅典人用不义与伤害之间的划分，取代了自愿和不自愿的不义行为之间的划分。根据他的看法，某人伤害了其他人，但并非有意为之，这并不构成不义行为。一个行为正义与否，并非取决于它有益还是有害，而是看它是否起源于一个"正义品格和倾向"（ἤθει καὶ δικαίῳ τρόπῳ χρώμενός，862b）。当开始解释何为不正义时，雅典人似乎歪曲提到了灵魂三分的观点。他声称，按通常的说法，灵魂存在某种东西，被视为部分（μέρος）或者情感（πάθος），以及所谓的情绪或激情（θυμός）。（863b）这是一种好斗的要素，经常以非理性的思想破坏事物。同样，还有一种快乐的要素，它不同于情绪，而是通过劝说和欺诈统治我们。恶行的第三个原因是无知（ἄγνοιαν，863c）。我们谈到有人被快乐或激情打败，却没有提到被无知打败的，虽然这三者通常都诱使人们违背其意愿行事。接下来的一段，细节非常不易理解，虽然雅典人似乎是在说，不正义要么存在于对于善的错误信念中，要么存在于被快乐或恐惧战胜之中（863e－864b）。如果这是他的用意，那它跟早几卷中的某些观点照应得很整齐。如我们前面所见，那里重点是强调达到如下两者之间和谐的重要性；一方面是正确的意见，另一方面是快乐或痛苦的感受。这意味着，我们做出恶行，要么是因为对什么是善做出了错误意见，要么是因为快乐或痛苦的感受与意见不和谐，导致我们做了明知是恶的行为。审慎使我们可以做出正确的意见，而节制和勇敢则确保我们感受与意见相和谐。加上卷九对不正义的论述，这意味着，不义等于作恶，是因为我们缺少某个或更多这些德性。因此，在某种意义上，至少就其涉及我们对他人的行为而言，正义是德性的整体。

这种观点有很多有利的地方。例如，朝着解决《王制》个人正义论述产生的问题，它迈进了一大步。尤其是，对于正义德性与正义行为之间的联系，它给出了更加清晰的论述。倘若一个人接受这种理智，他在很大程度上会认可传统道德，由此，这种观点也会拉近柏拉图式正义与一般意义下正义之间的差距。面对贪钱的机会，正义的人会正确地判断这样做是恶，他不会屈从于如下诱惑，即由想到金钱带来的快乐而产生的诱惑。因此，审慎结合节制，带来正义的行为。此外，不正义者可能会错误地判断认为，贪钱符合其利益。或者，虽然认识到那是恶的，他可能仍然屈从于诱惑。因此，他的ἀμαθία［无知］导致了其恶行。同样，对于雅典人分派给夜间议事会（Nocturnal Council）的任务，即考察德性如何既是一、又是多，这种观点也提供了一种处理方式（963c–d，965c–e）。用来描述四主德的术语，每个都看到了德性的一个不同方面。但如果这些术语在其完整意义上使用，我们必须认识到，它们不能彼此孤立而存在。为了实现真正的正义，一个人必须审慎、节制和勇敢。

要弄清这种论述如何与《王制》的论述相关，我们必须记住，在更早的那部对话中，柏拉图借用了一种理想方法。虽然在卷四中不太明显，但在《王制》后面几卷中，它越来越明显，即理智的统治权，依赖于其对形式的领会。由于只有哲人能够达到这种领会，这意味着，在这个词语最完整的意义上，只有哲人才能是正义的。等到卷九时，实际上，正义者等同于哲人。哲人的命令体现在法中，通过遵行它，普通男人或女人能够达到某种类型的正义（590e–591a）。作为描述这种正义的方式，神明的木偶形象更有帮助，因为它把理智说成，不是从我们灵魂内部产生的东西，而是从外部而来的引导形式。我们可以选择是否跟它合作。换句话说，即使在写作《法义》时，柏拉图仍然接受［灵魂］三分的观点，然而，对于描述马格尼西亚（Magnesia）公民达到的这种正义来说，它也不是特别有帮助。

虽然这种论述使我们能够处理很多难题——它们从柏拉图对正义的讨论中产生——但是，我们也必须认识到，它无法解决所有问题。其中一些未解决的难题，与《法义》的道德灵魂学有关。例如，即使在卷九中看到对三分灵魂的间接提及，我们也不得不承认，与其在《王制》中的作用相比，情绪的作用有很大不同。① 更严重的问题，涉及正义与幸福的关系。如果《法义》中公民达到的那种正义，不同于《王制》中哲人所达到的［正义］，那么，对于正义带来的好处，《法义》就不能简单地取用《王制》的论证。不过，看起来，在它们的位置上，并没有太多东西可以放置。

三、国家中的正义

《法义》712e－715d最明确讨论了城邦正义的话题。这一段有好几处明显影射到《王制》。在其中，雅典人论证说，民主制、寡头制、贵族制和君主制并非真正的政制，而是一些安排，通过它们，城邦的一部分人奴役另一部分人。为了解释真正的政制应该是怎样，雅典人讲述了克洛诺斯（Cronos）时代的神话。由于神明了解到，没有人能够完全控制人类事务而不充满肆心与不义，因此，他设立了神圣存在（divine beings）统治人类。这个神话的意义在于，除非某位神而非某个人统治这些城邦，否则它们无法摆脱各种艰辛（713c－e）。因此，我们应该模仿克洛诺斯的统治，顺从内在于我们之中的一切不朽因素，也就是说，遵循"理智规定的分配"，称之为"法律"（τὴν τοῦ νοῦ διανομὴν ἐπονομάζοντας νόμον）。另一方面，如果有个人，其灵魂沉湎于各种快乐和欲望，而他统治着城邦或某个私人，把法律踩在脚下，那就无可救药了（713e－714a）。

雅典人解释说，根据普通的看法，有多少种城邦，就有多少种不同的法律形式（714b），通过这种解释，他扩大了这种论点。这里再次产生关于正义和非正义的标准问题。流行的观点认为，法律不应当着眼于勇敢或

---

① 正如我们所见，显然，在前几卷中，他没有提到三分的灵魂，而且使用了一个心理学模型，神明的木偶。这个模型与那个观点并不容易调和。总体情况似乎是，理性与情感之间存在对立。节制的德性，使我们能够忍受快乐的召唤，而勇敢则使我们克服痛苦。另一方面，在卷九，我们更为接近三分的观点，虽然事实上，雅典人自己并没有致力于谈论各部分。此外，我们必须与之斗争的两种诱惑，并非来自快乐和痛苦，而是来自快乐和情绪，或忿怒。当然，如果忿怒被视为一种痛苦的情感，那么情绪和痛苦之间就存在关联。但是，当然存在很多其他种类的痛苦，它们似乎与情绪无关。同样真实的是，情绪可能使我们忍受痛苦。这就是在《王制》中，情绪为何被视为勇敢的处所的原因之一，但是，这并非柏拉图在《法义》卷九证明的论点。他在那里的论点是，屈从于这种忿怒的情感，我们可能会行恶。因此，在《法义》的不同部分之间存在差别。同样，在《法义》卷九和《王制》之间，也存在差别，至少，强调的重点显著不同。在《王制》中，强调的是情绪的正面作用，其任务是作为理智的助手，帮助它克服欲望的诱惑。而在《法义》中，作为反对理智的非理性激情的源头，它起到的似乎是负面作用。

整个德性，而应当着眼于对业已建立的政体有利的东西。因此，这些人将正义界定为"强者的利益"。他们的意思是，每种形式的政体，都是为了自身利益而建立法律。他们称这些规定为"正义之物"，并惩罚违反这些规定的人，判定其在行不义（714b－c）。很明显，这一段的思想和说法，想要让人记起《王制》卷一中忒拉绪马霍斯（Thrasymachus）的主张。但是，以此种形式组织的国家，没有真正的政制。它们是στασιώτας——"党派分子"（715b）。同样，他们所宣称的正义毫无价值。在雅典人及其同伴正在建构的真正城邦中，职务不是赋予富人，也不是基于力量、大小或门第，而是赋予那些最顺从法律的人。确实，那些现在称为统治者的人，确实应该被称为法律的"仆人"（ὑπηρέτας τοῖς νόμοις，715c）。主要就是这点，决定了城邦是得以保存还是遭受毁灭。"在法律本身受统治而不具最高权威的地方，我发现这个地方离毁灭不远了。但是，在法律主宰统治者而统治者成为法律奴仆的地方，我在那儿预见了安全以及诸神赐予各城邦的一切好东西。"（715d）

通过使用让人想起《王制》卷一的语言，柏拉图清楚表明，《法义》和《王制》一致拒绝认为，正义仅仅依据那些掌权者的决定，无论哪个党派碰巧掌握城邦权力。不过，这一部分同样存在其他因素让人想起《王制》。在715d，雅典人主张，任何城邦，如果其法律屈从于统治者，都离毁灭不远。这可能让我们想起《王制》473d 的说法：除非哲人做王，或者国王成为哲人，否则城邦始终无法摆脱艰辛。当然，这两个段落之间的差别在于，《法义》求助于法作为城邦的救主，而《王制》则转向哲人统治者。不过，接下来，《王制》484c 给出哲人负责统治的理由是，他们最善于"守卫"城邦的法律和习俗。事实上，整部《王制》经常提到保存和遵守法律的重要性。在为其理想城邦组织提出的建议中，苏格拉底提到了法律（νόμοι［礼法］）（例如，《王制》409e－410a，417b，424c－e，430a，458c，501a，530c），同样，当他考虑到理智和秩序的原则（它们是正义者的灵魂及正义城邦的政制的特征）时，也使用了νόμος一词（《王制》497d，587a，590e，604a－b）。甚至，他提到，哲人统治者是"法律的保卫者"（《王制》504a，521c）。因此，两部对话一致认为，城邦应当服从法律，应当由那些最能支撑起法的人统治。在某种意义上，两种类型的统治者，都是法的活生生体现。区别在于，哲人接触到不变的形式，对法的本质具有理性的洞察。马格尼西亚的统治者体现法律，则是因为所受到的教育，引导他们接受由一位明智的立法者制定的法典。

这意味着，无论是在《王制》还是《法义》中，当理智统治时，城邦都是正义的。法等同于理智的意见。在《王制》中，柏拉图设想，哲人统治者对于正义和善的洞察，使他们具有无与伦比的资格，去支撑和理解铭刻于法律之中的理智原则。为了确保那些理智原则支配城邦，所必需的是，保证这些民族（people）和这些个人（alone）成为统治者。因此，如果每个人依据自己的天性做事，并且各司其职，不干扰他人的分内之事，此时可以说，这个城邦是正义的。另外，在《法义》中不存在哲人统治者，因此，其任务是寻找某种其他途径去建立理智的统治。那里接受的立场是，理智可以在法典之中得到体现，这部法典由一位明智的立法者制定，并由老年人的经验所确认。因此，重点放在法典本身，而非统治者的洞察。最重要的是，确保统治者紧密地追随法典。这反过来表明，职位应当赋予那些最顺从法律的人。不过，它还有其他意涵。它表明：教育和惩罚机构的目的应该是，向所有公民反复灌输对法律的理解，及其对法律的顺从态度；选择官员的主要要求是顺从法律；一般政治机构是为了鼓励理性的决策。《法义》采纳了所有这些主张。因此，虽然其对正义的论述与《王制》差异很大，但它们建基于相同的原则——理智的统治。两部对话的主要差别在于，在哲人统治者缺席的情况下，《法义》寻求为城邦解释这一原则。

处理政治正义问题的第二段内容，在756e – 758a。那里，雅典人刚刚描述了挑选议事会成员的详尽安排。这些安排包括选举，但也有一些选择是通过抽签。雅典人评论说，如此进行的选举制度，是君主政制和民主政制之间的一种折中。接着，他继续区分了纯粹数量平等（给每个人分配相同数量）和比例平等（proportionate equality）（给大人物多些，给小人物少些）。正如奴隶永远无法与主人做朋友，在好人与坏人之间，即使分配相等的荣誉，他们也永远不会产生友谊。给不平等的人平等地分配，结果是不平等，除非按照比例［分配］（εἰ μὴ τυγχάνοι τοῦ μέτρου，757a）。相对而言，通过抽签选择的方式，数量平等比较容易实现。而按比例的形式，是最真实、最好的种类平等。这种形式更难于实现，不过，它组成了宙斯的意见（Διὸς κρίσις，757b）。虽然它只在有限的方面适合人类，但在其适合的方面，它给城邦或个人带来了所有善的事物。"给大人物多些，给小人物少些，按照他们的天性给予适合的分配。德性越高的人，给予的荣誉越大，但对于德性较低的人，要恰如其分地对待他们。"（757c）这构成了政治的正义，它应当是任何建立城邦者的目标。不过，为了避免冲突，只能用一种变相的方式来应用它。雅典人主张，公平和体谅，与严格的正义相冲突，因此，有必要引入那种通过抽签进行的平等（757c － 758a）。

这一比例平等的正义概念，让人想起亚里士多德（Aristotle）的正义论述，[①] 或甚至更接近伊索克拉底（Isocrates）。[②] 某些学者——最著名的像弗拉斯托斯（Vlastos）——认为，这一段表达的正义观念，完全不同于《王制》的看法。[③] 但看起来，《王制》本身也有一处提到这个概念，在那里，苏格拉底将民主制描述为"不加区别地把一种平等给予一切人，不管他们是不是平等者"（558c）。表面上看，至少在"做好分内之事"与"给平等之人分配平等事物，给不平等之人分配不平等事物"之间，存在很大差异。但事实上，正如亚里士多德所指出的，比例平等的正义概念是纯粹形式的［概念］（《政治学》，1282 b18 － 23）。依据所分配之物，以及对分配接受者资格的看法，可以形成非常不同的正义观点。寡头执政者认为，应该给那些富人更大的职位和荣誉。贵族们认为，应当给高贵血统的人分配更多。民主政体论者提供了极限情况，他们相信，唯一相关的资格要求是自由，以便所有公民都有平等的机会获得职位和荣誉。但即使民主政体论者也要承认，给予公民和非公民以平等对待，是不合适的。

考虑到比例平等的正义概念是纯粹形式的，看起来，几乎任何正义概念都可以符合它。在《王制》中，柏拉图宣称，有三种类型的公民，每种都有不同的天性倾向。重要的是，公民应当按照自己的倾向和训练，只做自己应尽的本分。特别是，只有那些天性倾向于哲学并受过哲学训练的人，才应当进行统治。显然，这依据的是比例平等原则，因为那些具有平等天性和训练的人，在政府中获得平等分配，而那些天性和训练不平等的人，在这方面受到不平等对待。但是，由于比例平等的原则是纯粹形式的，所以，用这种方式来表达一种特殊正义概念的事实，并不非常重要。

---

① 参《尼各马可伦理学》（EN），1131a10 以下；《政治学》（Pol.），1280a7 － 12, 1282b14 － 1283c22。

② 《论雅典最高法庭》（Areopagitus），20；比较《尼古克勒斯》（Nicocles），14 － 16。

③ Vlastos（1977）；对这种观点的批评，参 Heinamann（1998）。

区分一个概念与另一个概念的，是对如下问题的回答：（a）所分配的，是何种职位、荣誉或其他利益？（b）分配的接受者应当具有什么资格？

《王制》的正义论述，依据如下假定：

（1）城邦应当尽可能强大和稳定；

（2）这只有当每个人依据天性做自己最适合的工作时，才能够实现；

（3）统治的任务需要理智的力量；

（4）人类可以大致分成三种类型；

（5）其中只有一种类型完全发展了其理智能力。

从这些假定可以推断，每一类公民都应该按照适合的天性做好本分工作，特别地，只有那些具有理智力量的人应该统治。当城邦以此种方式分配任务时，它就是正义的。由于《法义》假定，（4）无法实现，因此，它不可避免会给出一个不同的正义论述。

四、结论

如我们所见，《王制》和《法义》有不同的目的，采取了不同的论证策略。《王制》想要研究正义本身，并因此研究理想的正义城邦。《法义》意在提供一种法规，在新的克里特城邦付诸实施。从本文的观点来看，这种不同的主要影响是，《法义》省略了群体的三重划分。这并不意味着假定所有公民都具有相同能力，而仅仅是假定他们之间没有确定界限。因此，人们不能一开始就假定，某些人特别适合统治，而另一些则特别适合战斗，或成为农夫。《法义》仍然坚持城邦必须由理智统治，但现在，理智体现在法典之中，而非体现在哲人统治者那一群体身上。这带来了如下观念，即当城邦的组织足以确保顺从法律时，城邦就是正义的。反过来，这意味着，职位和荣誉应当分配给那些人——他们最能够顺从和执行法律。因此，《王制》和《法义》政治哲学所建基的假设非常类似，但当应用于不同类型的国家时，它们产生了不同的正义概念。

我们可以考虑一下，对《王制》中正义论述产生的问题，《法义》是解决还是避开了它们。在某种程度上，答案是：很明显，它解决了问题。因为《法义》放弃了城邦正义与灵魂正义之间的严格类比，避免了这种类比产生的困境。由于个人正义存在于那些引导我们遵守法律的安排之中，因此，个人正义与城邦正义的关联，就不存在问题。在一个正义的城邦中，法律受到遵守，当然也会拥有倾向于遵守法律的公民。此外，由于柏拉图假定，法律体现大部分传统道德，因此这种正义概念与一般正义概念之间的联系也不存在问题。不幸的是，这并非必然意味着，《法义》的正义论述优越于《王制》的论述。基本困难在于"法是理智的体现"这一假定。证明这一假定，或者去说明雅典人提议的法律（在很大程度上，这些法律体现了一种相当传统的道德观点）如何源于理智，这些都做得很少。如果拒绝这一假定，那我们就被迫必须承认，法律所有的权威，都源于习俗，或源于人类统治者的决定，而他们可能犯错。这样一来的结果是，对于某个特殊共同体的规范而言，正义就是相对的。

参考文献

Annas, J. "Plato and Common Morality"（《柏拉图与公共道德》），*Classical Quarterly* 27（1978），437 – 451.

—*An Introduction to Plato's Republic*（《柏拉图〈王制〉导论》），Oxford，1981.

Barker, E. Greek Political Theory：Plato and his Predecessors（《希腊政治理论：柏拉图及其先驱》）. London：Methuen，1960.

Demos, R. "A fallacy in Plato's *Republic*?"（《柏拉图〈王制〉中的一个谬论?》），*The Philosophical Review* 73（1964），395 – 398.

Gigon, O. "Das Einleitungsgespräch der *Gesetze* Platons"（《柏拉图〈法义〉对话的开启》），*Museum Helveticum* 11（1954），201 – 230.

Görgemanns, H. *Beiträge zur Interpretation von Platons Nomoi*（《柏拉图礼法解》），München，1960.

Heinamann, R. "Social Justice in Plato's *Republic*"（《柏拉图〈王制〉中的社会正义》），*Polis* 15（1998），23 – 44.

Müller, G. *Studien zu den platonischen Nomoi*（《柏拉图〈法义〉研究》），Zetemata 3，München，（1968）.

Sachs D. "A fallacy in Plato's *Republic*"（《柏拉图〈王制〉中的一个谬论》），*The Philosophical Review* 72（1963），141 – 158.

Vlastos, G. "Justice and Happiness in Plato's *Republic*"（《柏拉图〈王制〉中的正义和幸福》），In G. Vlastos（ed.），*Plato：A Collection of Criti-*

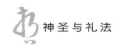

cal Essays Ⅱ, London, 1971, 35 –51.

—— "The Theory of Social Justice in the *Polis* in Plato's *Republic*"（《柏拉图〈王制〉城邦中的社会正义理论》），In H. F. North（ed.），*Interpretations of Plato*：*A Swarthmore Symposium*, Leiden, 1977, 1 –40.

原文来源

1. 如何阅读《法义》
André Laks, "The Laws," in *The Cambridge History of Greek and Roman Political Thought*, edited by Christopher Rowe and Malcolm Schofield, Cambridge University Press, 2000, pp. 258 – 292.

2. 神立法还是人立法
Zdravko Planinc, "God or Some Human Being?," in *Plato's Political Philosophy: Prudence in the Republic and the Laws*, University of Missouri Press, 1991, pp. 172 – 189.

3. 法义中的神学
Robert Mayhew, "The theology of the Laws," in *Plato's "Laws": a critical guide*, edited by Christopher Bobonich, Cambridge University Press, 2010, pp. 197 – 216.

4. 论属人的还是属神的
Robert Metcalf, "On the Human and the Divine: Reading the Prelude in Plato's Laws 5," in *Plato's Laws: force and truth in politics*, edited by Gregory Recco and Eric Sanday, Indiana University Press, 2013, pp. 118 – 132.

5. 法义中的宗教政治灵魂学
Thomas L. Pangle, "The Political Psychology of Religion in Plato's Laws," *The American Political Science Review*, Vol. 70, No. 4. (Dec., 1976), pp. 1059 – 1077.

6. 基本宗教信仰与虔敬态度的构建
Harvey Yunis, "Plato, Laws 10: Fundamental Religious Beliefs and the

Construction of the Pious Attitude," in *A new creed: fundamental religious beliefs in the Athenian polis and Euripidean drama*, Göttingen, 1988, pp. 29 – 58.

7. 恶的起因与根源

Gabriela R. Carone, "LAW X: First Cause and the origin of Evil," in *Plato's Cosmology and Its Ethical Dimension*, Cambridge: Cambridge University Press, 2005, pp. 162 – 188.

8. 法义中的灵魂学与德性教诲

RachanaKamtekar, "Psychology and the inculcation of virtue in Plato's Laws," in *Plato's "Laws": a critical guide*, edited by Christopher Bobonich, Cambridge University Press, 2010, pp. 127 – 148.

9. 心智的运动

Zdravko Planinc, "The Motion of NOUS," in *Plato's Political Philosophy: Prudence in the Republic and the Laws*, University of Missouri Press, 1991, pp. 190 – 214.

10. 法义中的正义

Richard F. Stalley, "Justice in Plato's laws," in *Plato's Laws: From Theory into Practice*, edited by S. Scolnivoc and L. Brisson, Academia Verlag, 2003, pp. 174 – 185.

编译后记

收录在这里的十篇有关柏拉图《法义》的译文，是笔者初入学界十年间陆续完成的。笔者的专业并非外国哲学，涉入有关西方哲学文献的翻译，实是机缘巧合，并端赖同门师兄林志猛教授的引荐和指导。译事艰辛，但也包含诸多乐趣。于我而言，翻译是一场修行，其中修炼的，不只包括反复打磨句词、文法所需的细心和毅力，更有不断深入理解古典精神所带来的生命滋养与扩充。

译文结集成册，要特别感谢张伟教授的美意和督促。感谢我的导师李兰芬教授一直以来的教导，感谢哲学系诸位师长的提携和鼓励，也感谢诸位同仁对我的支持。能够在中大哲学系这个"有情"的大家庭中学习、工作，聆听诸位师长的教导，与诸位同仁为着共同的事业而努力，是一种缘分，更是一种幸运。

感谢中山大学出版社嵇春霞副总编及本书责任编辑姜星宇等编校人员。本书能够顺利出版，离不开各位的辛勤付出和努力。

感谢妻子江小苏为家庭的辛苦付出，正是她的鼎力支持，让我没有后顾之忧地专心投入学术和工作之中。

最后，需略作说明的是，本书部分篇章曾经收录于不同文集出版。其中，潘戈《〈法义〉中的宗教政治灵魂学》、尤尼斯《基本宗教信仰和虔敬态度的构建》、卡罗内《恶的起因和根源》、普兰尼克《心智的运动》四文，曾收录于《立法者的神学——柏拉图〈法义〉卷十绎读》（林志猛编，华夏出版社，2013 年）；拉克斯《完成、修订和践履——如何阅读〈法义〉》、普兰尼克《神立法还是人立法》两文，曾收录于《立法与德性——柏拉图〈法义〉发微》（林志猛编，华夏出版社，2019 年）。此次收入时做了不同程度的修订，并对引文、专名、格式等做了统一。当然，书中错讹之处在所难免，尚祈方家不吝赐正。

译者谨识

2022 年 1 月